AF496666

凤凰卫视 友谊凤凰丛书

名人面对面

对话文化

名人

中国友谊出版公司

对 话 文 化 名人

DUIHUAWENHUAMINGREN

目　录

对 话 文 化　名人　DUIHUAWENHUAMINGREN

目 录

对 话 文 化 名人　DUIHUAWENHUAMINGREN

六个人的世界（代序）

　　什么是名人？人怎样才能成名？人们为什么会对名人"慕名而来"？为什么要看名人的谈话节目？做名人节目的意义又在哪里？

　　这是凤凰卫视《名人面对面》摄制组不断追问自己的问题，也是我们媒体人不断追问自己的问题。在狂热的"追星"文化氛围下，我们已经感受到了一股低俗或媚俗的气息正在伤害我们的价值取向、道德取向。

　　有人说，中国已经进入了"名人文化时代"。对各类明星的追逐和崇拜，成为一些人的生命意义。比如，一位兰州女孩狂热追香港影星十余年，导致家破人亡；比如，当今台湾电视的新闻头条，基本上是男盗女娼、色情、凶杀、自杀一类的东西，说穿了，就是"诽闻＋裸体＋尸体"。这是一种视觉污染，信息污染，时间久了，人会得病的。

　　名人文化在西方早已有之。美国学者埃普斯藤指出，名人文化在美国如一种严重的流行病一样，已经渗透到美国社会的各个角落，尤其是对于媒体来说，如果没有名人的话，几乎《纽约时报》《华盛顿邮报》的好几个主要的版面就必须关掉。岂止是报纸媒体，没有名人文化的支持，电视媒体就更没有什么内容了。西方国家的名人文化已经成为其流行文化的主流，并与消费商业有近乎完美的结合。

　　凤凰卫视作为商业媒体，毫无疑问，要靠赚钱才能生存和发展。也就是说，赚钱是必须的，是要坚持的。但在赚钱之上，还有一个标准，那就是，媒体是社会公器，是大众化的传播平台，肩负着对全民进行服务的功能。

　　因此，当我们这个平均年龄二十七岁的摄制组苦苦追问自己节目生存的意义时，我感到了欣慰。这种追问本身就是对名人文化的一种思考，一种怀疑，一种导读。

《名人面对面》节目已经做了整整八年了，八年里，这个节目能在众多的访谈节目中坚持下来，能给人一种淡雅、清新、亲和的感受，得益于摄制组的怀疑精神。采访一个名人，是对名人的一次考试，亦是对摄制组的一种考验。

这个节目先后有三位制片人，都是年轻的女孩，她们都对我吐露过心中的困惑：有时，她们对准备采访的名人，内心深处就有强烈的抵触；有时，收视率高的节目却是她们并不情愿做的节目，而那些有价值、能带给思考的名人却在收视排行榜排在难看的位置。电视界有一句老话：收视率是万恶之源。包括我在内的电视人都不能不为此困惑，不能不为此妥协。在媚俗的潮流下，妥协也是一种坚守。

这种坚守包括，不仅仅采访人气极高的娱乐界名人，还要采访文化名人、社会名人、争议名人、问题名人，还有小众的知识分子名人和那些"人生不满百，常怀千岁忧"的忧国忧民之士。当然，采访这些人要付出牺牲收视率的代价。

采访作家阎连科时，虽然明知道这期节目的收视率不会高，但是我们还是精心地传递了一个高贵者的正义、正直，无助与无奈，传递一种灵魂的震撼。从而成全我们的责任感、成就感。这种坚守包括，把真诚当做世间最美好的品德。节目不仅仅是对名人生活状态的纪录，还包括对他们生活的理解，生命的解读，内心成长的诠释，力求透过名人虚幻的光影呈现一个真实的普通人形象。

正如许戈辉在采访"80后"作家郭敬明时所说：对于这个人，我们永远矛盾：羡慕他——小小年纪，名利双收；不屑他——有什么了不起，不就是写点哼哼唧唧强说愁的东西，不明白怎么会迷倒那么多粉丝；要求他——你既然已经拥有这一切，就应该时刻准备好承担与付出；同情他——说来说去，不过是二十出头的年轻人，凭什么处处苛求处处为难人家呢？

而采访陈佩斯时，这个舞台上笑星却一脸严肃地问许戈辉，你穿的是羊绒衫吧？你知道吗？织一件羊绒衫要毁掉足球场那么大的一块草场。弄得戈辉直道歉，唉呀，那我以后不能穿羊绒衫了。这个小小的花絮也会引出很深的意义，戈辉后来在一篇采访手记中写道："得到的时候，一定想一想，你失去了什么。"其实，不仅仅是戈辉需要这样想，这是我们每个人都应该认真想一想的问题。人性有许多弱点，一分钟不警惕，它就会干扰你的心智。

这种坚守还包括，以包容之心对待不同的观点和不同的文化。无论是靠付出、坚持和实力换来的真名人，还是靠包装、靠美貌、靠绯闻成名的假名人，我们都看做是生活的题中应有之意。恰如不挑剔的口味，无论东西南北，无论川粤鲁豫，无论酸甜苦辣，还是臭不可闻，均能得其妙而食之。让大家知道，如今的世界，已经不应该是非黑即白，你死我活，文化应该越来越多元，我们也应该越来越包容。只有共生，才能共荣。这也许是《名人面对面》不从众、不流俗的原因所在。

表面上看，电视记者是"无冕之王"，上天入地无所不能，而实际上，进入这个庞大的群体，你会发现，现代化的分工使他们每个人的工作十分具体与琐细。这个节目组一共六个人，一位主持人，一位制片人，两位编导，一位摄像，一位外联。这是六个人的世界，他们互相出主意，一起去拜访名人们，到处联系拍摄场地，心无旁骛，专注事业，有时比兄弟姐妹还亲，有时又为了一个问题、一个镜头而赌气、争执、吵架。有一次，我见他们在采访之后因为对自己不满而坐下来互相批评，情绪激动但不失理智，声音很大但态度真诚，从夕阳西下争到月上西楼，虽然没有吃饭，但是我相信，他们这一天的收获一定是盆满钵溢。

六个人，三千个日夜，采访四百多位名人，正所谓，一花一世界，一叶一如来。在采访名人的过程中，他们也在成长，像那此曾经追星的少男少女那样，他们经过自己的劳作、思索和判断，为人们奉上了一种有价值的名人文化。现在，友谊出版公司把这些采访结集出版，让这些名人的故事以文字的方式再现，我希望它不仅仅是一种茶余饭后的谈资，还是一个会心的微笑，一段生命的感悟，一次睿智的心灵交流，一种往事并不如烟的历史回顾。

是为序。

凤凰卫视董事局主席、行政总裁

名人

陈丹青 | 老愤青

陈丹青简介

1953 年 8 月，出生于上海，文革初期开始上山下乡的生活。

1974 年，他的两部革命题材的连环画《边防线上》和《飞雪迎春》（与刘大春合作完成）发表，从那时起他开始受到美术界的关注，并由此被借调到《江西文艺》编辑部。1978 年考入中央美术学院油画系，1980 年发表《西藏组画》，引起轰动。1982 年移居美国，2000 年任教于清华大学工艺美术学院。2007 年与清华大学的合约期满后，辞去在清华的所有职务，重新恢复自由职业画家的身份。

导语：2005 年年初，陈丹青的新书《退步集》出版。这本书是陈丹青归国五年来部分文字的结集，三十余篇文章，话题兼及绘画、影像、城市、教育诸方面。"退步"一词，语带双关，不仅流露着作者的自嘲，而且渗透着对中国社会人文艺术领域种种"进步"现象的反思。4 月，这本书在北京三联书店的销售排行榜上跃居榜首。《新周刊》对《退步集》的评论是：这是一本说真话的书。

2004 年底，陈丹青向清华大学提出辞职。《退步集》里收录有他给清华校方的辞职报告。辞职一事虽未获批，但辞职消息却迅速传出，并在社会各界产生巨大反响。由辞职事件而引发的各界有关高等教育问题的热烈讨论，成为媒体关注的焦点。

从 2000 年他作为清华大学"百名人才引进计划"中的一员，成为清华大学美术学院特聘教授和博士生导师，到他无奈地选择辞职，这四五年当中，他一直生活在困惑和无法适应中。

艺术院校众多考生的成绩多年来一直受政治、外语所困，那些在艺术上才华横溢的学生却多因政治、外语考试的失利而被学院拒之门外。陈丹青从二十四名考生中严格挑选的五人，全部因外语不过关而落榜，由于这两门课程的关卡，陈丹青四年未招进一名硕士生。"大学生的中文能力已经非常可怕了，递上来提问题的纸条错别字连篇，文字不通，我们却要狠抓英文成绩。"他对现行的招生体制痛心，不认同，却无可奈何。

他对城市建设中的长官意志持以严厉的批评："我们只有行政景观，没有建筑景观。"

他的周围是一群沉默者。他的言辞虽然在私下里受到个别领导的鼓励、许多年轻老师的认同，但在公开场合他的发言却无人喝彩。他一语道出：这就是体制的厉害。

许戈辉：最近媒体对你报道最多的就是清华辞职的事情，你所说的核心内容给我的感觉是原本该被重视的事情，并不见得真的被重视了。但是，你说你辞职这个行为本身过分地被渲染了。

陈丹青：对，它变成一个新闻事件，不再是一个教育问题。新闻有一天会变成旧闻，但问题是教育不会变成旧闻，教育的现实一直在那儿，它牵涉到所有的年轻人，所有老师。这个事情被渲染，其实我很沮丧。

许戈辉：不光你沮丧，由于你指出了这些问题，又让大家看不到解决的方法，你使很多人都在沮丧啊。

哎，你说会不会是搞艺术的人经常处在这种状态下？

陈丹青：可能会，我们可能太敏感了，稍微蚊子叮一口，就在那直嚷嚷。我没听说过理工科的人出来说这些事情，或者有，我没有听到。艺术家有点大惊小怪，我知道。

许戈辉：你觉得自己也是这一类吗？

陈丹青：大惊小怪，就是对于一些司空见惯大家都不会惊讶的事情，艺术家可能要在那叫板，如果我胆敢说我是一个艺术家的话。

　　画家、作家、老知青、老愤青，很难用一个词把陈丹青这个人概括清楚。他是新中国第一代美术专业研究生，二十七岁时，就因《西藏组画》声名鹊起。1982年旅居美国纽约。2000年，应清华大学邀请回国任教，担任博士生导师。五年后，五十三岁的陈丹青因为对现行的教育体制无法苟同而辞职。

"我之请辞，非关待遇问题，亦非人事相处的困扰，而是至今不能认同现行人文艺术教育体制。当我对体制背后的国情渐有更深的认知，最妥善的办法，乃以主动退出为宜……这一决定出于我对体制的不适应，及不愿适应。"他的辞职信中如是说。

许戈辉：当你已经到了现在这把年纪，发现自己满怀热情回国来投身的教育事业，让你现在这么沮丧、灰心，我想知道就是在这一段时间，你的认识又有什么转变呢？

陈丹青：我不为我自己沮丧，我自己没有什么要沮丧的，因为我差不多已经被搁在一个非常受尊重的地位上，我不会损失什么，我的生活也很正常，挺满意。我沮丧的是，这么大面积的一个牵涉到所有年轻人命运的事情，就这么不可改变。教育它真是一个牵涉国本的，而且牵涉到一个大理想的一个东西，今天被弄成这个样子，这让人非常沮丧。更沮丧的就是我个人只能退出，没有任何良性的方式能够让我继续做下去。

许戈辉：那退出算逃避呢，还是算超脱？

陈丹青：逃避，一定是逃避。赶紧逃避，逃避以后，我可以把自己救出来，我可以做自己的事情，虽然我微不足道。

《退步集》是陈丹青的第四本文集。从2000年到现在，陈丹青先后出版了《纽约琐记》《陈丹青音乐笔记》和杂文集《多余的素材》。他说"熟悉我的人都知道，我既没脾气，又没架子，只有部分文字中才能看到我的愤怒"。

许戈辉：有人说现在陈丹青有一点弃画从文的趋势，我觉得弃倒还不至于，但是好像是接触文要更多一些。

陈丹青：票友，就是票友。我起先是在纽约业余写写，因为有出版社邀请我要出书。回国以后，正好我的第一、第二、第三本书在头三年就陆续上市了，上市以后，完全没有想到会有很多读者，而且差不多都是二版三版这样子，那这个会撩你，就是你觉得，哎，有人要看我的文字，我就会保持去写。

再有就是，很多感受你画面上画不出来的，文字可以写出来。我在纽约18年从来没有画过纽约，但是我在文字里面可以谈纽约。

许戈辉：那是因为觉得它太大，画不出来？

陈丹青：不是。它是这样，我是文革一代人，文革一代我们的美学差不多是苏联的，苏联美学就是革命的、悲剧性的、主题性的、历史的那样一个东西，而且主角大多是革命者，比方工农，这是我们少年时期受的一个教育。所以等我醒过来，到了纽约我发现，这是非常非常过时的一个东西，我面对一个都市文化，非常摩登的一个世界，我过去那一套语汇，没有办法去说它，也不太想说它。

　　1980年创作完成的《西藏组画》，成就了陈丹青在中国当代绘画史上的地位。他曾经在毕业的时候说，如果把他的这组作品纳入现实主义，他实在不敢担当，并且受宠若惊。对苏联绘画的崇拜，是他们那一代人的青春记忆。

　　《西藏组画》是陈丹青七件毕业作品在1980年展出后外界给予的名称。这部作品彻底摆脱了苏联油画多年来对中国油画的统治而开"生活流"和"乡土情"之先河，树立了中国油画的又一个里程碑。被视做1949年以来中国油画在造型艺术上体现现实主义创作精神最成功的作品。

　　而陈丹青则把《西藏组画》认定是失败的，至少是未完成的作品。那时的他们只是有个撞上时代的机会，此后却未将当初的命题延续并展开。2000年回国后，他发现《西藏组画》至今还有持久的影响，仍是他的标志，除了惊讶外，并无自豪之情。

许戈辉：因为我在你的一些文章里，看到你经常提到记忆这个概念。

陈丹青：我现在想起来很有意思，我十六岁插队，一直插到二十五岁。就在江西和江苏两个地方流窜，上了火车就开始抽烟，一直抽到现在。现在我翻回去想，那是非常好的一段日子，就是我开始自习绘画，当中遇到了很多非常好的老师，其中包括陈逸飞。

　　陈丹青十三岁那年，文化大革命爆发，艺术院校的大门几乎无一例外地关了起来。父母均为右派的陈丹青也融入上山下乡的知识青年洪流中。学习绘画的梦想，被吊在半空，不敢说，也无处去说。

　　陈逸飞比陈丹青年长多岁，他们是同乡，相识于"文革"中的1972年，同在苏北农村插过队。那时的陈逸飞是上海美专公认的三大才子之一，他对陈丹青的艺术道路产生过很深很大的影响。80年代他们先后来到美国，1983年两人在纽约结生芥蒂，直到陈逸飞去世。他们不再往来，而仅仅是在一些活动上偶尔做做嘉宾，碰碰面。

　　陈逸飞走了以后，陈丹青不断感慨：他走了，没有人可以替代他，从此上海少了一个话题。我不相信，中国的艺术界可以有人取代这个话题。

陈丹青：我当时羡慕的就是陈逸飞那些职业画家，因为我当时是一个农民，他们是
　　　　职业画家。
许戈辉：你不能把知青称做农民吧，在当时？

陈丹青：真的是农民。

许戈辉：在当时你认为你自己是农民吗？

陈丹青：他们叫我们知青，但是我们的户口就是农民，
　　　　因为我们按照农民的规定来领粮食。

许戈辉：可是恰恰因为你的户口是农民。那个时候，
　　　　一个上海的青年到了农村，他一定在心里反
　　　　复地告诉自己，我不是农民啊。

陈丹青：不，不，不，当时的价值观就是做一个农民
　　　　是光荣的。我们从幼儿园开始就唱歌，长大
　　　　要把农民当，结果真的当了农民。当然是非
　　　　常绝望的。我最绝望的就是我一辈子得当农
　　　　民，我跟在牛后头下工回来，在田埂上走，非
　　　　常绝望。天开始黑下来，我想完了，我到老
　　　　都在这个村子里面。但问题是会有很多东西
　　　　让我觉得做农民也是很诗意的一件事情。

许戈辉：诗歌的诗，还是失落的失？

陈丹青：诗歌的诗，比方说我们从小念唐诗宋词，全
　　　　都讲的是农耕生活，再有就是我是画画的。
　　　　我到江西去的时候，非常喜欢樟树。非常大，
　　　　婷婷如盖那种樟树。我现在想起来很有意
　　　　思，就是它忽然让我想起欧洲古典油画里的
　　　　那些景象，可是我实际上的生活，又真是猪
　　　　狗不如。

　　"文革"开始，陈丹青刚刚小学毕业，1968 年他
开始学画油画——白天画毛主席像，夜里临摹达·芬
奇、米开朗琪罗的作品。在他看来，画毛主席像和临

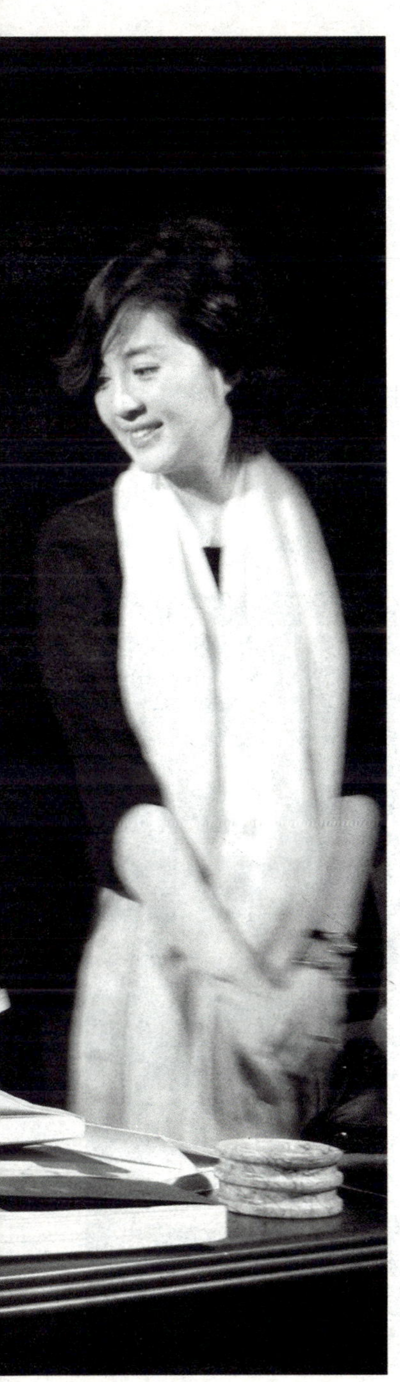

摹裸体画并没有什么冲突和不妥之处，显然那些临摹米开朗琪罗的男裸体纸片难逃红卫兵的抄家恶运。

1970 年陈丹青去江西插队。插队期间，能够找到一份画连环画的差事，已经是最让陈丹青感到满足的事情了。

1976 年的一个偶然机会，陈丹青第一次被借调到西藏画画，那年毛泽东主席逝世，他就画了大幅创作《泪水洒满丰收田》。这幅画入选了当年的全国美展，并成为他的成名作，颇受圈子里的人的赞同。

1978 年，中国的大学恢复招生。陈丹青以第一名的成绩考入中央美术学院油画系研究生班。一年前还在稻田边抬头仰望却看不见未来，一年之后就变成了天之骄子。再高明的导演，也会感叹命运戏剧性的安排。

陈丹青：现在想起来是我完全没有准备好这么一个
　　　　过程。怎么可能在短短几年里面，我忽然变
　　　　成一个大学生，变成一个教员，然后又变成
　　　　了一个留学生，都没有想到的。70 年代末
　　　　80 年代初，整个中国是在一个非常戏剧性
　　　　的转变当中，再加上中美建交，然后改革开
　　　　放，然后中越战争，种种这些，我正好在一
　　　　个大时代。我二十五岁上大学时，就很密集
　　　　地见证了国家当时一个大的命运。昨天
　　　　（2005 年 4 月 21 日）张春桥死了，可是我在
　　　　上大学的时候，我们每天晚上等着看电视，
　　　　就是看审判四人帮。那是非常戏剧性的一

个时期。

许戈辉：但是你经历这些的时候，未必会这么清晰地认识到。在六七十年代，有没有什么在当时你看来简直是天都要塌下来的那种大事？

陈丹青：有。

许戈辉：但是现在回过头来可以一笑置之的。

陈丹青：有，有，有。你看，一个是我当农民非常绝望；另外一个是文革开始的时候，我父母都是右派，被抄家，那真是天塌下来，奇耻大辱，但是你一点办法也没有。你会看着自己父亲给人摁下去斗他，看着邻居在吐口水。然后小时候一块玩的朋友，第二天立刻不理你了，他还可以向你扔石子，这是很小很小就经历过的，而且看不到会结束的一天。当然，谁都不会想到三四十年后，就是变成一种回忆以后，可以拿它来写散文。

许戈辉：那段经历，你觉得在你身上的烙印的体现是什么？

陈丹青：我想就是对苦难特别敏感，对侮辱性的东西特别敏感。

许戈辉：比如说……

陈丹青：考试就是侮辱。就是你一定要做这件事情，你没有别的选择。我们年轻的时候，出身不好，考不上，这是侮辱。现在是英语不好考不上，这也是侮辱。

许戈辉：如果你没有……

陈丹青：我对这些事情之所以大惊小怪，我相信我对侮辱的体验太强了，整体性的
　　　　侮辱。

许戈辉：但是如果你没有在美国十八年的经历的话，可能……
　　　　你会觉得这个考试是理所当然的。

陈丹青：对，我知道另外一种经验，是那么做人的，然后是那么办教育的，然后社
　　　　会上一个人的地位是这样的。我想美国教会我这样，是一个巨大的参照。
　　　　我在美国看见每件事情都会想到中国，所以我跟人说出国不是为了去看国
　　　　外，其实你会看清自己。

　　1982年，陈丹青赴美留学。在国内绘画界的成就，让陈丹青很快摆脱了留学初
期的体肤之苦。而东西方文化的巨大差异，夹杂着人权、毒品、流行音乐和后现代
艺术，撞击着陈丹青刻满"文革"痕迹的心灵。

许戈辉：在美国本身有过受到侮辱的经历吗？
陈丹青：倒是没有。他们问我，比方你有没有感到种族歧视？没有，我没有觉得。

　　陈丹青的女儿从八岁移民美国，念完了小学、中学和大学，接受的是美式教育。
在女儿的成长中他看到的美国教育是：艺术学校中没有类似中国的"美院附中""音
乐学院附中"，他的女儿就读的是一所规模与设备皆优的"艺术与设计高中"，话剧、
音响、服装、画画等等，凡与艺术沾边的都要涉及。

　　中学毕业后女儿考入纽约视觉艺术学院深造。他们所谓的大学入学考试，就是
在家里写一篇"关于对你有影响的一本书或一部电影、描述你的一个梦"，寄出后
等待面试，面试过后就是通知录取或落榜，如此简单。美国的艺术学院没有年龄限
制，不授学位，只是兴趣教育。他们更强调艺术面前人人平等。

许戈辉：你在美国生活了十八年，你的女儿呢？所以你觉得她在美国待了和你差不多
　　　　的时间，你们父女两辈人，是什么样的状态，什么样的差别？

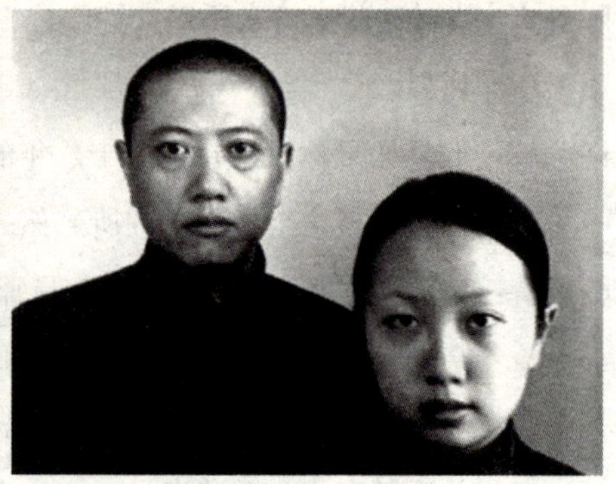

陈丹青：我们会争起来。有时候，就是当我在批评中国的时候，她说，爸爸，你不知道美国也有很多问题，因为她的成长经历，她知道的比我要多，她说美国有种族歧视，也有人权的问题。

许戈辉：为什么呢，你们几乎是差不多的时段生活在美国？

陈丹青：可是身份不一样，我已经是个成年人，她还是个孩子。

许戈辉：那恰恰应该反过来才对呀，就是她在批评中国的时候，你说，孩子，你不知道，其实美国社会的问题也很多。

陈丹青：不，不，不，我了解美国的程度远远不如她，而且我是带着一包记忆到美国去的，在美国看到的事情虽然可能很表层，但是会触动我在中国的那一摊记忆。可是她去的时候没有多少，她只有八岁，所以后来构成她记忆的都是美国的东西。她们根深蒂固的有一个就是，我觉得这也是美国教育非常成功的地方，就是你不要看不起别人，大家都是人。但同时社会也培养一种东西，就是你对虚伪的东西，对罪恶的东西，也要非常敏感。所以她会告诉我你不要光批评中国，美国也有很多问题。她经常是我的一个提醒者，就是我可能是对那个灾难的年代，一直在一个青春记忆当中。所以它一直带到我现在对中国任何发生的事情，可能一直保持着过敏。

　　陈丹青爱穿中式服装，立领、对襟、盘扣、黑色的中式上衣几乎成了陈丹青的标志形象。他的怀旧情结来自于民国。他把自己的长辈都归结进民国时代。至今，他还记得小时候，和弟弟曾经穿过长衫。这也是他搭建民国情结的第一道桥梁。

2006年6月，在南京四方美术馆举办的《民国油画珍品展》中，陈丹青说出一句石破天惊的话："民国油画在历史上瞬间亮相，虽然开花却没有结果，就像是美好但虚幻的春梦。"

他把徐悲鸿大师概括成一位民国时代的文人艺术家，徐悲鸿的天时、地利、人和是他被公认为大师的先决条件。

天时：是少年时代迎来中华民国的诞生，是青年时代经历五四新文化运动的洗礼。

地利：他生在江南，长在江南。那里是清末民初时候中国的文化中心、文化重镇。

人和：是他遇到了多位民国初年的文艺精英，第一个赏识提携他的有力人物是康有为，另一位是一个法国公使。徐悲鸿当年在法国时，因买艺术品而陷入拮据，正是这位法国公使为他寄去了学费，解决了他生活上的困难。回国后，徐悲鸿任教于南京中央大学艺术系，他不必为招生而安排政治、外语考试，可以自主决定要与不要，只要他看准了，就能收进来。他有着提拔人才的眼光、热情、雅量和能量。

所有这些，陈丹青皆当做是构成"大师"的基准。

在给自己贴标签的时候，陈丹青总是说自己是"文革一代人"。也许艺术家、老海归、教授这些称谓，都不及"文革"对他而言来得更真切、更致命。当然还有他的愤怒、反叛与不随众，同样起源于"文革"经历后遗留给他的脆弱和敏感。

许戈辉：我觉得"反"这个字，在你身上也有一种特别有趣的体现。以前没有见过你本人的时候呢，是觉得陈丹青应该更激烈一点，但是我发现你的所有的"反"都放在你比较温和的外表下面了，形成一种很有趣的反的形态。

陈丹青：我知道你是学外语的，英文里面什么anti、dis、constraction什么的，我们在中文里面很多对应词找不到，所以只能叫反。可是中国的这个"反"字是很可怕的，你反了，好像你造反。我想这个英文前缀词这种反的意思，怎么说呢，我自己的感觉就是，我因为小时候看不到原作，只能看印刷品，所以我总是非常着急，我想看到一个雕塑的背面，维纳斯，它的背面到底怎么样。

许戈辉：像我小时候，总想看到电影的背面。

陈丹青：对呀，还有小时候听无线电，非常想看背面，有没有人在里面，其实这就是反，我所谓的反。其实我在反任何一个东西的时候，我只是想，你已经给我看见了，我很想绕到你后面，或者旁边去看看，其实就是这个意思。

许戈辉：或者再换一个角度，就是有的时候我们用反的方式，其实是在去找更多思路来佐证它。

陈丹青：对呀，我总是说，我们不要争论，因为每件事情都有两三个以上的立场，两三个以上的角度，但最后你决定选择哪一个，这是你的事情，但跟这件事情不一定有关系，包括这次我辞职，我批评教育制度，我一点不认为我说的就是对的，我非常希望有人出来告诉我，你这样说是错的，或者哪一部分是错的，可是我没遇到，绝大部分都是支持我的，这就是有问题的地方。

许戈辉：那现在的状况往往是要不就是太多的人附和，要不就是太多的人害怕，说，哎呀，有人要反。

陈丹青：对，所以它最后不真实，所以我们总是不能接触真实。这是到目前为止，我比较沮丧的一件事情。

许戈辉：很多很多年以后，你希望别人记忆里的陈丹青是一个什么样的人？

陈丹青：没有，我不会有这样的想法，我不会有。我父母从小教我，不要多谈自己，也不要夸张自己。我真的没有这样想过。但有时候，我会被告知，比方说你当年曾经怎么样怎么样，所以我通常都是借着别人的回馈来看一眼，哦，我当时就是这个样子。

许戈辉：艺术家不都是自恋的吗，不都是希望能够名垂青史的吗，你例外吗？

陈丹青：但是我很早就学会了自嘲。自嘲比自恋有意思，我亲眼看到很多人因为自恋，就弄得越来越没有意思，真的。

尾声：2007年1月，陈丹青刚刚完成对他最后一批研究生的论文答辩辅导。此时，与清华美院的合约也已期满，他还是选择了离开，悄然走出清华大学美术学院，摘下"教授帽"，回到画案前潜心作画，继续做个体艺术家。

丁绍光 | 记录在美国画坛的华人

丁绍光简介

1939年，出生在陕西省城固县。1962年毕业于中央工艺美术学院，毕业后在云南昆明师范大学艺术系执教十八年。其间，他以西双版纳风情为线创作出版了《丁绍光西双版纳白描写生集》，继而为人民大会堂云南厅作画——《美丽、丰富、神奇的西双版纳》。1979年，首次在北京举办画展获得成功。1980年赴美，以"具有杰出才能的国际知名艺术家"的资格定居美国，在加州大学洛杉矶分校教授中国水墨画、中国现代重彩画，同时从事艺术创作。他多次在美国各大学及博物馆举办个人画展。1992年3月，美国中国美术家协会成立，丁绍光当选为首任会长。2005年，在中国成立首家丁绍光艺苑。

导语：2005 年 2 月 27 日，丁绍光艺苑在北京低调开业。这位蜚声美国画坛的中国传奇画家，他的作品曾在世界各地举办过一千多次个人画展，在全球一千五百家画廊中都有销售，连续七年保持全美销售最高纪录。令丁绍光享誉世界的是他那充满神奇韵味且唯美的重彩画。

1960 年，丁绍光第一次来到云南的西双版纳，为一部少数民族的史诗作插图。阳光普照的红土高原，山峦秀丽的亚热带森林，四处奔流的壮观瀑布，那里的一树一木，一花一草都被大自然赋予了生机勃勃的气息。

生活在那片土地上各个民族的人们生活简单，民情淳朴，就像他们的民族舞蹈一样，鲜明多姿，流露着优雅和纯真，那是与中原大地迥然不同的世外桃源。自然而质朴的美深深吸引着丁绍光，他用手中的画笔一次又一次地将他看到的美丽描绘下来。在西双版纳的六个月里，他画了大量的白描，并逐渐形成了自己的画风。

许戈辉：对于艺术家来讲啊，故土应该是给他的艺术创作最多的源泉，但是我发现您的题材都是云南的，可是您并不是云南人，所以为什么云南对您的艺术创作有这么重要的作用？

丁绍光：我的毕业作品是在云南创作的，我还没有大学毕业的时候就到了云南。我选西双版纳当然有很多因素，其中一个因素就是我也受到一个西方艺术家高更的影响。高更是离开了繁华的巴黎到了"塔西提"这样一个原始民族那里，到了原始部落以后，他的心整个静下来了，画了一些今天来看非常有意思的画，比方说我是谁，你是谁，你从哪儿来，人从哪儿来，人到哪儿去。像类似这种很朴实很朴实的东西，也都是艺术家在思索，其实每个人都在思索的。

丁绍光：刚到的时候我觉得很困惑，因为那时候我已经开始在学毕加索、马蒂斯的画，完全是色块很强烈，但是一到了亚热带森林，全是绿颜色，我一看没颜色，就觉得没法画，当时第一印象是这样。但是我转了一个星期以后，慢慢我的心就静下来了，所以我觉得我的艺术风格应该是从西双版纳开始的。那时候我就觉得天地万物都有它的性格。

　　在云南采风的创作过程中，丁绍光逐渐发展出他绘画的独特风格，他在宣纸上用矿物质调色，用的原料是炭石加水粉，用桃胶调和，再用毛笔、调色刀或手指画在纸上，在宣纸上的两面加色增强明丽与特殊韵味，令他的画色彩鲜艳绚丽。

丁绍光：我那时候就带一个糯米团子，坐在那一天，画这些树，这些树你越画越有性格，越画越有意思。因为亚热带植物的确是丰富多彩，形形色色，而且互相纠缠在一起，那真是就像大自然，像人生一样。有的像一个很老的老人，到处都是皱纹，饱经沧桑，有的又像小孩子，很天真，各种形态都有。我在画的时候就好像把这一大片森林当一个人的肖像画，你就会看到好像很重要的，像有眼睛一样的，可能这张画里头最重要的一棵树就是人的眼睛，我就无限敬畏地，把它连叶子都摘过来了，包括叶子上的刺我都画了，有些地方完全是种情绪来围绕着它。所以这样画画，慢慢地，我就把西双版纳画进去了。

许戈辉：那时候用了像现在这么多的色彩吗？

丁绍光：没有，没色彩。

许戈辉：那时候画白描，是吧？

丁绍光：哎，我把所有颜色，带的颜色都扔了，我真的扔进澜沧江了。

许戈辉：主要是线条。

丁绍光：我觉得光线就够了，色彩可以再重新考虑。那时候我只是用线，我的线很
　　　　严谨，这一批画我觉得是非常非常关键。我一个北方大汉在西双版纳变成
　　　　另外一个人了，我的心静下来了。

许戈辉：就是性格在那一阶段被……

丁绍光：心静下来了。

许戈辉：重新塑造了一下，是吧？

丁绍光：对，文化大革命中我第二次又到西双版纳的时候，我的感觉就更强烈了。
　　　　这个重复就更强烈了。和谐就从西双版纳那儿来的，这是西方评论家很注
　　　　意的一种。

许戈辉：所以在那一段时间就是整个中国在经历劫难的日子。

丁绍光：对。

许戈辉：你等于是找到了一个可以逃避的精神乐土？

丁绍光：对，应该这样讲，两个地方，一个是这里，还有一个是麦积山、敦煌。

　　　"文革"期间，为了看到麦积山石窟，丁绍光在去往新疆的途中，临时在甘肃
天水下车，步行十几里到麦积山。沿着丝绸之路，他又到敦煌莫高窟，他在那里不
仅看到了线与雕塑的完美结合，还做了大量的临摹工作。千余年来先人辉煌的艺术
成就深深地震撼着他，敦煌壁画的风格和构图也在日后融会于他的作品当中。

许戈辉：我发现敦煌真的是一个给艺术家灵感的地方。很多画家都有这个经历。

丁绍光：对，张大千啊，很多人都是。

许戈辉：所以我就想，哎呀，你看敦煌石窟里边，黑洞洞的，但是这个石窟却像明
　　　　灯似的照亮了好多艺术家自己的道路。

丁绍光：是，是，是这样。

　　西双版纳六个月的生活，麦积山与敦煌石窟的临摹线雕，奠定了他坚实的绘画基础，创造出他独特的艺术风格。就是这种融合东西与古今的风格最终成就了丁绍光的绘画事业。

许戈辉：云南画派这个概念是那个时候提出来的吗？

丁绍光：云南画派是到了1986年，美国人提出来的，美国人那时候开始发行我的画以后，为了宣传方便，叫云南画派，但是我个人对这个提法一直是持反对意见的。

许戈辉：为什么？

丁绍光：我觉得20世纪的艺术讲的是一种哲学，一种体系，如果只是用一个地方来命名，我觉得不准确。

许戈辉：你觉得狭隘了，是吗？

丁绍光：对，狭隘。

许戈辉：那这种哲学和体系应该表现在哪儿呢？

丁绍光：我觉得你或者用画种来提也罢了。

许戈辉：您会怎么定义您的画种呢？

丁绍光：我觉得是现代重彩，现代重彩画。

许戈辉：刚才我们说到云南对您的影响，麦积山给您带来的收获。其实您在北京也生活了不少年，像您儿时就在北京生活过，后来上学又在北京，但是为什么我在您的画里边好像看不到北京皇城的那种痕迹？

丁绍光：这倒是一个很尖锐的问题，第一次听到这样的问题。怎么说，你要说没有影响，起码一个民族、一个大国的气度还是在我身上，对我性格的培养，北京还是很起作用的，非常非常起作用。但是在画画上来讲，我想可能是，后来我对中国的传统文化，特别是文人画，我是很早就有看法的，我这个看法还是很强烈的。我看到的是千人一面，万人一面，大家都只是照着传统的方法在画画，这就是我毕业时坚决要求去云南的原因。

　　当丁绍光第一次来到西双版纳的时候，他爱上了当地一位身材高挑美丽的傣族女子，这个女子叫刀玉娟。结束了在云南的写生后，丁绍光回到北京，当他再次来到云南时，那个女孩子已经结婚，并成为四个孩子的母亲。

　　多年后丁绍光来到美国，他以一幅美丽的作品《乐园》来纪念这位初恋情人和这份纯真恋情。

许戈辉：那您最终也没有在西双版纳安家落户，对吧？

丁绍光：版纳当时不让我去啊，我到了昆明以后，我们当时的党委书记现在跟我讲，
　　　　哎哟，那时候我们不让你去，我们是怀疑你，怕你从西双版纳逃跑。

许戈辉：叛国？我知道西双版纳不仅仅给您艺术上的灵感，而且曾经带给您生命中
　　　　最重要的爱，对吗？

丁绍光：对，有个初恋的情人在那里。

许戈辉：初恋的情人一定会对您的审美，对您的感情的向往有很大影响。

丁绍光：对，那当然，非常纯洁的一种东西，那是永远永远都不会忘记的。

许戈辉：我们现在在您的作品里看到那么多非常非常美好的女性，一定也和这段经
　　　　历有关。

丁绍光：对，和这段有关。

　　1980年，怀揣二十美元的丁绍光赴美，在沉默了五六年之后，丁绍光形成了自

己的新画风格。融合从麦积山、敦煌石窟临摹线雕的基础、云南西双版纳白描的格调和源自西画中强烈色彩的灵感，经过多年不懈的努力和探索，他的画渐渐为美国主流社会所欣赏，连续三年被选为"联合国代表画家"。

1992年，他的作品《白夜》以二百二十万港元售出，这是中国在世画家作品售价的最高纪录。

许戈辉：那个时候去美国，怀着一种什么样的期待呢？

丁绍光：很希望我的艺术能够被国际承认，就是这样一个想法。

许戈辉：但结果是好长一段时间没被承认，是吗？

丁绍光：对，去以后，开始是碰钉子，这个钉子碰得也很厉害，因为没有一家画廊，哪怕说有一家画廊说我看看，如果在你看完了以后你再说你不喜欢，这我也能接受，我所遇到的就是所有画廊都拒绝。

许戈辉：就根本不想看？

丁绍光：不看，他们不看。

许戈辉：理由呢？

丁绍光：他就问你是哪里的画家，说中国，他一想是中国画家，他认为不可能的，不可能。我记得一个比较有意思的故事，在中国城，日本城，有一个亚洲艺术展，而且是在美国的亚洲画家的画展。我画了一张很大的画，四尺乘九尺吧，那时候我租的那个房子很小，用桌子来画也不行，用床画也不行，最后是床桌加在一起画这张画，画完以后我就抬去，那时候也不会开车啊，就抬着这张画在大街上走。

许戈辉：自己抬的？

丁绍光：自己抬，我那时候四十岁。

许戈辉：就看见一张大画，然后下边长着两只腿在走，是这样吗？

丁绍光：哎，就这么拉着走，满街（人）都在看我，我就觉得别扭，就把画调了个个儿，就这样抬到画展去的。到画展放在那以后，有一个美国教授看了以后很激动，他说这画不应该摆这儿，应该送博物馆啊。他说这个画家我要见。

丁绍光在美国的作品受到重视，源于一位美国伯乐的发现。

丁绍光：我不会讲英文，我记不太清楚是梅兰芳的孙子还是重孙，当时跟我住在一
　　　　起，跟我一样，也是住那么点儿小房。他会讲英文，就帮我翻译。这个美
　　　　国教授对我说，我要去你的画室，我要去你的Studio。我说我没有Studio。
　　　　他说你在哪儿画画呢。我说在我住的房间，他非要去。这个美国教授啊一
　　　　进那个屋子就开始骂，骂美国，很强烈，说美国怎么这样来对待艺术家，
　　　　像这样的艺术家住这儿……这个老头儿让我有点儿感动，这以后他就介绍
　　　　我参加了一个艺术家协会。

　　　　此后六年，丁绍光每日进出博物馆，研究西方绘画要点，体验西方现代画色彩的
富丽。

丁绍光：六年时间，我觉得我在学习，自己学习，我看博物馆，另外是在思索我的
艺术风格，我怎么样
打进美国画廊。我自
己的感觉啊，西方现
代艺术运动像毕加索、
马蒂斯他们，他们学
习的主要来源一个是
原始艺术，一个就是
东方艺术，他们很多
对艺术的观念，都是
向东方靠拢。举两个
最主要人物的例子，
一个塞尚，他讲不要

再画眼睛看到的世界，要画心灵感受的世界，所以他画出了永垂不朽的苹果。毕加索就讲，我不画猫，我不要它，我画它的微笑。就是不要猫的形，不要猫本身，只画它的微笑。像这样一些理论啊开始向东方靠拢，所以我看了博物馆以后，我就充满信心，我觉得我们中国人是应该在国际上立足的。

丁绍光把美国画家画不出来的画出来，作品中既体现出中国传统绘画艺术对他的影响，同时也不难发现西方现代派艺术大师的印迹。他认为，不要跟着洋人跑，要创造自己的鲜明文化，注意跟世界交流，让自己的作品经得起世界的考验。

丁绍光：我开始就是以东方的艺术作为根。我重新学中国美术史，这时候学我觉得和过去不同了，我了解了西方，再看东方我觉得我才能看清楚，所以这一段时间是慢慢地成熟。成熟了以后我的画就开始变了，在色彩上有很大的变化，另外我也吸取了很多西方现代的材料。到1986年才开始进入画坛，这是一个过程，等于是个再学习和思索的过程。另外在美学上、哲学上的思索主要是我看了西方的一些绘画，特别是近代绘画，它基本上表现的是一种冲突，以冲突、矛盾对比，这种东西为主的，和谐没有了，而且所有的评论文章里没有这个词，和谐这个词很少见，我就主张入手了，你没有的我要开始。

为纪念联合国"世界人权宣言"，1993年丁绍光被联合国选为指定画家，创作了《人权之光》，联合国以限量版画出版，在全世界发行首日封。1994年，联合国为纪念国际家庭年，发行了丁绍光的《母性》。在一封联合国副秘书长雯娜代表联合国给他的致谢信上说，丁绍光精湛的作品《人权之光》与《母性》表明他已经足以加入与世界著名的艺术大师达利、夏歌儿、卡尔德、米罗、罗林伯格和佛萨雷利等齐名的行列。他们全部都为世界联盟这一崇高的项目做出了贡献。她代表联合国向这位具有特殊天赋，并虔诚为联合国宪章努力及对人类富有强烈同情心的艺术家丁绍光，致以最深的敬意。

1995 年，为纪念联合国成立五十周年和第四届世界妇女大会的召开，联合国再一次限量出版以丁绍光的《宗教与和平》六幅版画制成的邮票及两幅首日封。

丁绍光最推崇《易经》，他深受中国传统文化中天人合一观念的影响，他的作品追求的就是和谐。

许戈辉：我总结您刚才说就是为什么最终西方接受了您的画，从主题上讲，您在表现和谐，那么从这个手法上讲，您用一种东方和西方结合，古典和现代结合的手法，是吧？

丁绍光：是。

许戈辉：那，为什么一定是结合呢，为什么不能是纯粹呢？您说对于一个想在海外发展的艺术家来讲，是不是说如果他做纯东方的东西，人家不理解，不买账，纯做西方的东西，你又没有什么优势可言，所以最终采取这个结合的办法，是不是一种无奈的妥协呢？

丁绍光：不是，我觉得不是。为什么这样讲呢，以前吴冠中讲过，就是说人类的文化就好像爬山一样，东方人在东边爬，西方人在西边爬。我觉得朱德群在得了法国的美术院院士的时候一段讲话，也讲得非常清楚。

这中间山的阻隔互相是没法沟通，到了顶端，由于人性相通，他们见面了，就是说，在高峰上是统一的。在今天来讲，我觉得应该是两边都爬。东方人如果已经爬过的，最好爬爬西方，从西边爬，西方人应该到东方来爬，这样，他（朱德群）讲的这个就非常有意思了，他讲这两大文化，西方文化、东方文化，21 世纪是该到了一个融合在一起的时候了，这点我觉得他说得很好。

许戈辉：那是不是这样说，不仅仅是文化，现在整个世界的发展，从经济上、从科学上都在趋向融合，东西方也是在融合。

丁绍光：是。

许戈辉：所以呢正是因为这种全球的大趋势，人们的整个价值观、审美品位趋向都

　　在趋于融合。

丁绍光：完全正确，对，就是这样。

许戈辉：那这样会不会使艺术、艺术家缺乏了自己的个性，丧失了自己最本源的那
　　　　个根，慢慢慢慢变得越来越没有特色，大家你像我，我像你，最后就会说
　　　　像您刚才说的这个变成千人一面了？

丁绍光：我觉得不会。全球检验的时候就包括了你的个性在里头，包括了民族性，
　　　　这个本身不矛盾。怎么讲呢，个性就是在民族的根里的种子，这个根的种
　　　　子，决定了将来开什么样的花。我觉得世界性的全球文化就像阳光雨露，
　　　　它可以帮你这个树迅速地开花，开得又大、又美，但是由于是中国的种子，
　　　　它还是中国花、中国树。

许戈辉：我知道您的画之所以可以卖那么多，其中和您这个画的印刷品用丝网印刷
　　　　的关系很大。

丁绍光：是。

　　所谓"丝网印画"，就是将某位名家的画作，用极优美的印刷技术制作，每一幅限量印制五百份，再以中产阶级家庭能够接受的价格（如原作动不动要几万、十几万以上美元才能买到，而与其逼真的"丝网印画"则只需几千美元便能买到）出售，但因"丝网印画"限量印制，并有原画家签名，故其在满足欣赏的同时，仍有一定收藏价值，使艺术与商业做到了极完美的对接。

　　美国"丝网印画"印制专家盖利具有很高的艺术鉴赏能力，对印制工艺非常认真细致，通过与盖利的合作，使丁绍光的画作通过"丝网印

画"方式，既基本保持了原画的本质，又具有了极大的商业价值。

许戈辉：您可不可以给我更详细地讲一讲，因为可能有的人看过会说，一个画家怎
　　　　么能去用这种印刷的方法去画，那不是就和骗钱没什么区别吗？

丁绍光：对，好像在《南方周末》发表了一篇这样的文章，当时我没有反驳。但是
　　　　这是个常识问题，因为丝网版画的发明是在中国明朝，到了西方以后，只
　　　　是在衣服上印刷，像我们所看到 T 恤上的几个颜色。后来到了（20 世纪）
　　　　40 年代以后，在美国大学的艺术系里就开始有丝网版画这个课了。他们的
　　　　丝网版画就可以很准确地复制某些画种，不能说全部画种。到了 50 年代的
　　　　时候，已经有很多世界的大师都开始做丝网版画，丝网版画就被美国的艺
　　　　术法律、国际法律定为有收藏价值的艺术品。

许戈辉：但是由于您的原画是画家完全用手来绘制的，但是丝网版画呢其中加入了
　　　　一些工艺，就是有另外的人在这个工序中参与了。

丁绍光：是。

许戈辉：所以我们能不能这样理解，就是说画家的原作可以叫艺术品，但是丝网版
　　　　画只能称为是工艺品呢？

丁绍光：也不能叫工艺品，但你要这样叫的话，我倒没意见。但是那些做丝网版画
　　　　的艺术家会有意见的，他们认为那是艺术的再创造。

许戈辉：哦，可是我真的还是看不出区别来，您告诉我一点儿窍门怎么去看它和原
　　　　作的区别？

丁绍光：当然你不仔细看是看不出来区别的。

许戈辉：所以只能靠签名来判断了。

丁绍光：你看原画的话，它有一种水分的感觉，因为我是画的两面画。

许戈辉：就是重彩嘛。

丁绍光：它有些颜色，像这些颜色都是背后过来的，的确做的很难让人分辨那倒是
　　　　真的，这些都做得很好。只有同样的画，一张原画一张版画摆在你面前，
　　　　你就能分别了。

许戈辉：放在一起然后来比较。

丁绍光：你就能分别了。别人给我的画提意见，中国人很容易给我提意见，学院派给我提，说你画的女性基本上都很像一个人，都是长脖子，长腿，长胳膊，长脸，都是个子很高，都是这样，这就是我的风格。

许戈辉：那为什么不追求变化呢？

丁绍光：变化也只能在这个统一美学里变化，再出现风格。

许戈辉：您为什么不忌讳说我重复呢，您还觉得重复是一件好事，是吧？

丁绍光：重复是我风格出现的必然手段。如果我今天画的是个胖子，明天画的是个瘦子，今天画这样的美，明天画那样的，你想谁会记住啊。那是生活，不是艺术，人家记不住的。但是这种东西如果到了一定程度不能变化，那就是说你自己已经没有才华了，或者说你的才气已经尽了，就像一个螺丝钉已经拧进去了，拧得不能动了，螺丝钉是风格，拧的过程留下的痕迹就是作品，到不能动的时候，生命就没有了，这时候应该去寻找另外一个螺丝钉。我现在就正处于这个时候，我觉得我不能再这样画了。

许戈辉：那到底是什么又让您现在处在了一个求变的阶段了呢？

丁绍光：因为我感觉已经枯竭了，再这样画下去，我已经没有感觉了，我可以画，我可以用我的技术来画，我的技术来控制，现在你让我画一个什么也很容易，但是我这样画已经没有生命力了，没有感觉了。

许戈辉：但是以您现在在国际上的被认知度，如果想做一种改变的话，应该是很难的吧？

丁绍光：要有勇气，第一，我觉得得冲出商业圈子。

丁绍光在美国比华利山庄的别墅，曾经被评为美国五大豪宅之一。这个别墅内特别设有一间如篮球场般大小的画室，因后来别墅租给摇滚巨星迈克尔·杰克逊，而使他在娱乐新闻中备受瞩目。2004年，他卖掉贝佛利山庄的别墅，花钱买回画廊的作品，退出商业专心创作。

不再与任何画廊签约，成为自由人后，丁绍光最想去西藏、新疆或者巴厘岛等地体会异域的民情民风，修养生活，等待灵感降临，继续他的艺术创作。

丁绍光：我觉得每一个画家都有个过程。在学生时代，在年轻的时候，我的思想就
　　　　和现在很多青年画家的思想一样，我说我要画一种画，谁也看不懂，人家
　　　　越看不懂，我越觉得我了不起。

许戈辉：越阳春白雪越好。

丁绍光：哎，就觉得好像我为下一个世纪画画了，我起码比你们提前一个世纪，那
　　　　是很狂的一种思想。但是随着年龄增长，随着我到了国外对艺术的了解，
　　　　我觉得艺术恐怕最高的境界应该还是雅俗共赏。所以一个艺术家要真正成
　　　　功，就是到某一天，比方说世界上最具代表性的大博物馆都在抢你的画，
　　　　认为没有你的作品我的博物馆没水准，那才算成功。至于联合国表扬也好
　　　　啊，某一个组织表扬也好啊，或者在哪个博物馆又得了个什么东西也好
　　　　啊，哪个市长给你个奖也好，都没用的，没用的，对艺术家没用的，那是
　　　　个虚东西，真正的东西历史会给你评价的。我希望我的作品能留下，最起
　　　　码即便是我死的时候，我觉得我尽力了，至于后人认为你还是不行，那也怪
　　　　不得谁了，怪你自己没本事，你起码不遗憾。如果我觉得我有一种可能画出
　　　　更好的画来，却因为一些事拖累我，怎么做了钱的奴隶了，那我会死不瞑目
　　　　的，我死的时候觉得我这一辈子真冤啊，在这一点上我觉得应该庆幸。

许戈辉：但是如果我们换一个角度看，如果您在去美国之后一直到今天都没有被西方认可，那您的创作会有什么样的变化，您的思想会有一个什么样的轨迹，还会坚持吗？

丁绍光：我认为会有问题了，已经说明某种问题了。

许戈辉：比如说什么问题？

丁绍光：说明你艺术有问题，如果你到了美国二十年，在世界上一点动静没有，你已经是完了，我就这样认为。

许戈辉：那我们再换一个角度，如果要是对于像凡高这样的人，现在我相信仍然还有好多的艺术家可能具有他的那种性格，或者身上有他的影子，在海外发展也好，在国内发展也好，郁郁不得志，对他们这样的艺术家您有什么样的忠告？

丁绍光：我觉得现在这种怀才不遇的情况不能说百分之百没有，但几乎不存在。"凡高事件"最起码教育了画界的商人，他们会瞪着眼睛在全世界大小角落到处挖掘凡高式的人物，挖掘出一个他要赚大钱的。除非这个画家很孤僻，画了画以后藏在床底下不给人看，他只要露面，世界就会承认的。我相信今天不是凡高那个时代了。我举一个例子，洛杉矶博物馆有这样的展览，连这样的作品都被承认了，这个作品就是二十米的一个墙，这个画家的作品就是从这个墙往那个墙上跑，到那个墙就撞，撞完了从那个墙再往这个墙上撞，最后是一身鲜血昏死在地上，这儿都OK了，那你说还有什么怀才不遇的，不会的。

许戈辉：可能就是您的这个主张会让很多人不以为然。

丁绍光：我相信。

许戈辉：我发现您所说的青年时代那种很狂妄的性格现在还有一些影子，就是您自己其实是不掩饰自己的观点的。

丁绍光：当然不掩饰。

许戈辉：也不在意去得罪人。

丁绍光：不在意，只要是真心的，不是坏心，好心，只要是好心，都不怕。

二月河｜"皇帝"作家

二月河简介

　　二月河，本名凌解放，著名历史小说作家，中国作家协会会员，国家一级作家。1945 年生于山西省昔阳县。高中毕业后入伍，1978 年转业到河南南阳市委工作，现任河南省作协副主席，中国红楼梦学会河南理事，南阳市文联主席。

　　"二月河"是他在写作《康熙大帝》时用的笔名，这样做主要是为了和小说的内容很好地协调。"二月河"之意即二月的黄河冰凌解冻，向下游奔放，原名和笔名一个是谜面，一个是谜底。

　　主要著作：《康熙大帝》《雍正皇帝》《乾隆皇帝》《匣剑帷灯》《二月河语》等。

导语：二月河的名字现在广为人知，被称做写皇帝的“专业户”，他写作的三部长篇历史小说《康熙大帝》《雍正皇帝》《乾隆皇帝》本本畅销，并被改编为电视剧。曾经有人这样说过：华人在哪里，二月河的读者和观众就在哪里。他出生在黄河岸边小城，后南下定居南阳，他说他的书里都充满着“黄河的味道”。

　　几年前，随着《康熙王朝》《雍正王朝》的热播，电视剧原著一时洛阳纸贵，原著的作者二月河也走进人们的视线。而几乎与此同时，中风却让他走到了生死的边缘。如今，大病痊愈的二月河，逐渐远离了大部头的写作而走入了更为纯真的田园生活，他把这样的生活戏称为“五个一工程”。

二月河：一幅字，一个画，一首诗，一篇短文章，一个小时的路。

许戈辉：一个小时散步。

二月河：我院里面种葡萄，你比如说种葡萄，写个诗：葡萄架，青荫大，遮遍天下，我家支它，夏也潇洒，秋也潇洒，打个赤膊，撮张凉席，切个西瓜，呼邀好友来，烟酒棋扑克茶。

许戈辉：您这诗算什么体啊，好像……

二月河：散曲，散曲。

许戈辉：散曲，但是又有点儿打油的味道。

　　偏居老家、偶著小文、一杯美酒、与妻偕老，二月河为颐养天年做出了最好的诠释。然而就在去年年末，一直试图远离喧嚣却又争议不断的二月河，再一次被卷入了舆论风暴的中心。

　　2006年岁末，《财经时报》推出了中国作家富豪榜。有人为这个榜叫好，也有人斥其无聊，说其和泛滥成灾的音乐排行榜没什么差别，类似一个娱乐事件。

许戈辉：在前不久，我看到了一个作家财富榜，当时财富榜是把余秋雨老师排在第
　　　一位，紧接其后的就是您二月河，是作家里边第二有钱的。

二月河：这个事，如果你们对这个事情有所关注的话，我也可以说说，但是几个报
　　　纸采访我，我都拒绝这个答复，我对这个事情不感兴趣。因为我感觉到就
　　　说我们这个社会，人生构成，有些时候就是处于一种不是很公道的状态。
　　　第一，这稿费多少或者是你这个书卖得好坏，并不代表你这个作家品位的
　　　高低，以及你对于人类作出多大的贡献，这个不代表；第二点，即使是余
　　　秋雨或者是我吧，或者是所谓的富豪榜排列出来那个数目字，现在又能吓
　　　住谁呢，在哪个城市里边，你找不出几个亿万富翁，找不出几个千万富翁，
　　　这个千万富翁算个什么呀，值得这样大惊小怪吗，这是第二点；第三点，
　　　我要说的更重要的一点就是，希望不要太关注别人有多少钱。

　　　　在作家富豪榜中，二月河以一千二百万的身价位列第二。发榜媒体解释，作家
的身价主要根据图书版税，而版税的多少则由发行册数乘以定价再乘以百分之十的
版税率而定。

二月河：那究竟他算得对不对？我们看了，当然在网上或者在其他地方，我都没有
　　　进行过反驳，今天在这个地方，聊天嘛，我作为一种玩笑式的，我也就说，
　　　我说你闲了，你去打扑克去吧，比这个东西有意思，或者你搓搓麻将也可
　　　以，不要像葛朗台一样，去算别人有多少钱，算自己有多少钱，那有什么
　　　意思呢？累死你了怎么办呢？

许戈辉：那好，那如果今天所有的人都承认二月河是一个特别好、特别优秀的作家，
　　　但是人家就不给您这个稿费，那您挣不了这么多钱，您现在的书也卖不出
　　　去，或者卖出去了，人家也没给您这么多钱，那您心里，心态上能平衡吗？

二月河：现在事实上不是这样的，我们整个社会现在向前推进，并不是金钱的推进，
　　　并不是用金钱来真正来体现一个作家有多大的价值，就是很多作家没有得
　　　到这种应该得到的这种东西，二月河得到的已经太多了。

许戈辉：那您应该很欣慰才是。

二月河：那不见得，作家如果是只为自己得到了太多感到欣慰，那就不是作家，如果说是你能够感受到还有很多作家应该是日子过得好一点而没有过上好日子，为这一点感觉到不安的话，那才是作家的心态。

　　关于财富的敏感并没有成为这次争论的终点，有人认为二月河著作的热卖是因为这些作品正好迎合了当今社会很多既得利益者的需要，更有甚者将二月河列入了五大"伪作家"之列。

许戈辉：您看，我看到的有一些评论，就是觉得您是唯皇帝、唯皇史观，还有这个伪平民立场。

二月河：你客气了，你真是对我很客气了，如果你上网去看一看的话，"千刀万剐二月河"的有的是。

许戈辉：真的？

二月河：就是唯皇史观。

许戈辉：那您看到这些评论，您是什么样的一种反应。

二月河：我跟你讲我的创作理念，我不讲他对不对，我不做评论，我跟你说说我自己的创作理念是怎样的。

　　二月河四十岁开始文学创作，他的作品以描述清代皇帝康熙、雍正、乾隆的三部长篇历史小说名闻天下，《雍正皇帝》问世后曾荣获河南省政府文学大奖。

　　《雍正皇帝》包括《九王夺嫡》《雕弓天狼》《恨水东逝》三部，一百四十万字。香港和台湾的出版社也推出了中文繁体版。

　　《雍正皇帝》后改编成电视连续剧，反复热播，引起了"帝王热"，轰动海内外。

　　"任何一个人，不管他是什么出身，只要在某些方面做出贡献，地主也好、帝王将相也好、农民也好，我就是歌颂。"所以他的书中大量歌颂康熙、雍正和乾隆。"英雄和人民同时创造历史"是他的历史观。

二月河：封建皇帝即使是做出贡献，也不能够歌颂，贫下中农即使是做出对当时人民生活不利的东西，我们也不能够进行鞭挞，如果你在这个理念上跟我辩论的话，我可能会搭理你，如果你要是说不和我辩论，只是在那个地方说我这长那短的话，二月河永远不予理睬。我当成风，当成耳旁的风，不知道你懂不懂，像耳边刮过去的风一样看，就像我们走在路上听见别人咳嗽一声，我们不必在意，你打了个喷嚏，跟我有什么相干呢，你如果是能够查到一篇二月河反驳这些人的文章，那就算你有水平。

　　一部作品的生命力体现在两个方面，一个方面，拥有不拥有读者，第二个就是拥有不拥有时间，但是我自己说了不算，我跟你讲了，我也说了不算。最终说了算的是将来的读者，如果说是很快就会被淘汰了，那就说无论如何来讲，二月河今天只是跟你在这里，在凤凰卫视这个地方曾经出过风头而已，而已而已。

　　军人出身的二月河，兼具着极多的矛盾因子，富裕与简朴，帝王与平民，顽固与求变，忍辱负重与出人头地。停写大部头多年后，二月河即将出版自传，他在书中着重阐述了著书立说的原动力，并将此书命名为《密云不雨》。

　　"密云不雨"出自周易《小过卦》——"密云不雨，自我西郊。"虽然满天乌云密布，但却不下雨。

　　《密云不雨》是二月河一部关于自我、家庭、成长的自传，是一部自己的"历史"。

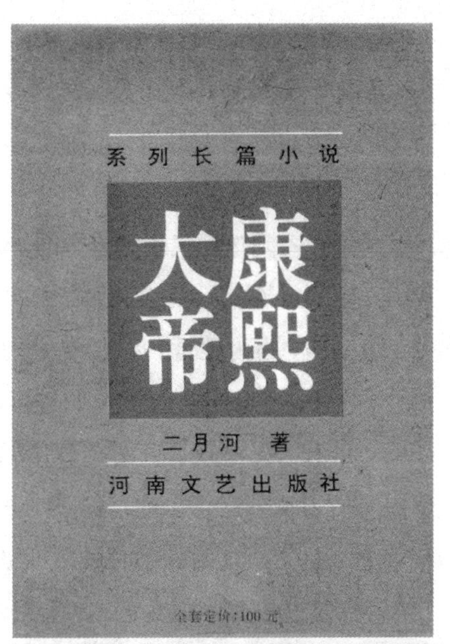

二月河：我自己本人是个军人出身，喜欢更为自然的这种生活，喜欢那种，你比如说不穿袜子。

许戈辉：对呀，我今天就发现这个秘密了，怎么大冬天，您都不穿袜子啊。

二月河：不穿袜子，实际上你们不相信，你们试一试，不穿袜子比穿袜子舒服。

许戈辉：那您怕不怕人家说您土老冒儿啊，穿个皮鞋，还光个脚。

二月河：我本来就是土老冒儿，别人说我土老冒儿也没有什么关系。

许戈辉：密云不雨，就是浓密的云，但是没有下雨。

二月河：这是《易经》里边的一句话，这密云不雨不是我创造的词。

许戈辉：那为什么会选这么一句话做您自传体小说的名字呢？

二月河：那就是说我们整个家庭的一个特点。这样一个特点，到了我跟前，应该说下了一场倾盆大雨，是这样的。我们这个家庭就是除了我二月河之外，我父亲、母亲都有他们自己的这种传奇色彩。

　　二月河两岁时跟随八路军的父母过黄河南下，定居河南南阳。几十年来，他偏居在南阳小城，安家、立业、阅读、思考、写作。远离大城市的喧嚣与繁华。

许戈辉：我看到过您关于您母亲的一些描述，说母亲真的是一个特别富有传奇色彩的革命者，她会骑马，会打枪，还进过山，剿过匪，是吧？

二月河：对，因为她是1944年参军，她在栾川这个地方参加剿匪，和我父亲并肩在那个地方战斗。我父亲进栾川的时候是七个人，从栾川这个地方出来的时候，拉出来了一支一千多人的队伍，有这么大的一个贡献。可是由于他背着成分这个包袱，长期就没有得到应有的重视或者重用。

许戈辉：那这一切对您小时候，对您的童年有影响吗？

二月河：因为父亲所丢失的东西，或者是父亲所得不到的东西，我感觉到我有必要从这个社会上得到某种取用或者某种报酬，或者是他们所不能够获得的功名，我要把它给夺取回来。这种情绪，它可能反映在各种情况下，如果我要去做官的话，我就不愿意做小官，我要写书的话，我也不可能去做小书，去写那种很小的豆腐块，火柴盒，我要做就做大的，要么就不做，就是受这种家庭的影响，无论如何在自己心里边，有一种争一口气的思想。

　　作为一名享誉海内外的作家，原名凌解放的二月河却仅仅是高中学历。他从小痴迷《水浒传》《西游记》等中国古典名著。在老师眼中，二月河小时候并不是一名好学生，从小学到中学他都有留级经历，直到二十三岁才高中毕业。

　　二月河给自己中学读书的总结是：一塌糊涂数理化，一枝独秀是文史。那时他所有的业余时间都用来读闲书，吃饭时读，躺在床上读，别人催着还的书，他还要赶在课堂上读。

二月河：我当兵的时候，已经超龄了。我1968年入伍，1969年入党，1970年提干，我从战士一下子提到了副连级，我爬得也并不慢呢。但是这个基本年龄已经超过得太多了，所以也就没有多大前途了。再加上部队里面的图书，我已经都看完了，没有什么值得我再进一步研究的资料，历史书籍比较少了，因此就从这两个因素决定，都是基于一个原因，就是

年龄已经偏大了，赶快离开部队，赶快去寻找自己的第二条出路，这才回到了地方。1978年从部队转业的时候，我已经是三十三岁了，到地方我又当了干事，接着是副科长，然后又是科长，我仍旧是爬得不慢。我当科长的时候，已经是三十五六岁，将近四十岁了，你还能有多大的发展呢，不可能了。所以说在这种情况下，我自己选择不做官了，给官我也不做了，我就是要做事情了。

没有学历、没有背景、不再年轻，年近不惑的二月河放弃已有，两手空空。而与此同时，在他身上也有着常人不具备的天资、责任和毅力。

二月河：讲得通俗一点，到了该成名成家的时候了，自己就要在这个地方咬着牙，忍受一些痛苦，把你自己所能够做出来的事情做出来，这样才不负父母对你的教诲，不负祖宗对你的重托，不负你来人世走这么一遭。

二十岁留级，三十岁当兵，四十岁写作，二月河经历着怎样的人生转折？他为何成为一名作家？又经历过怎样的煎熬？煎熬中，他又如何面对种种得到与失去、永恒与蜕变？

二月河将人生飞跃比喻为"软着陆"和"硬着陆"两种，"经过系统学习的人然后取得成功的叫'软着陆'，反之则是'硬着陆'"。

二月河：一种叫做"硬着陆"，一种叫做"软着陆"，所谓的软着陆，比如说你上了小学上初中，上了初中上高中，高中完了以后上大学，然后当研究生，当博士后，沿着一条铺满鲜花的道路走向了成功。硬着陆，那就是在飞机上面跳伞，但是你没有伞，你只能闭上眼，从飞机上往下跳，跳下去摔死了，叫硬着陆，摔不死，也叫硬着陆。二月河就是硬着陆。

二月河将自己的成名成家称之为"硬着陆"，但是对于这种近乎悲壮的方式，二月河也戏称，他把这种着陆分成了两级跳，他首先将红学研究当做了历史小说创作的敲门砖。在部队当兵时，二月河就开始对《红楼梦》进行研究，从此介入清史。对大量史书的刻苦钻研，为他在日后的写作积累了井喷般的能量。

二月河：后来我看《红楼梦学刊》，那里边的编委，每一个常务编委名字上头都带一个"米字花"，第一位常务编委"米字花"就是冯其庸先生。我给冯其庸先生写了一封信，同时又给冯其庸先生附带了一篇稿子，我写这封信就是想说《红楼梦》是人民的，不是红学家的，然后我请冯其庸先生再看看我自己作为一个业余《红楼梦》爱好者的稿子，写这个稿子是很不容易的，如果我凌解放就不是搞红学的材料，那么请冯先生，你给我一句话，我就不在这方面努力了，我就不在这方面浪费时间了，如果我尚有一线之命，那么也请冯先生给我一个回话，我好在这方面继续努力。我在这期间给所有的编委投了不知道多少稿子，从来没有一个人像冯其庸先生回得这么快，七天之内给我回了一封信，比我写得还要长。

有了冯其庸先生的赏识，二月河被吸纳为红学会的会员。1982 年 10 月，二月河应邀参加了红学会第二次全国《红楼梦》学术研讨会，就是这次会议，他做出了

创作《康熙大帝》的决定，一时语惊四座。

　　因为一个偶然的机会，二月河便开始了《康熙大帝》的创作。熬夜写作自然是家常便饭，实在瞌睡难耐他就用烟头烫自己的胳膊，用以驱赶疲惫，写完《康熙大帝》第一卷时，二月河就因劳累过度得了"鬼剃头"。女儿抚摸着他的头幽默地说："这一块像尼加拉瓜，这一块像苏门答腊，这一块像琉球群岛。"

　　在2000年，二月河又因写作过度劳累引起中风，《乾隆皇帝》最后是完成于病榻之上。

　　"每写一部书，就等于穿越一片大沙漠，确实感到寂寞而空寥，完全是一个独行客。当然在行进中也能找到自己的乐趣。有些地方写起来很困难，感觉就像是在沙漠里边。绕过去，就有一片绿洲在等待着自己。"二月河这样比喻自己的写作生活。

　　二月河把今天的获得和成就，归于力气第一，然后才是一点点才气和自己无法掌握的运气。

　　不是比别人聪明，有的只是比别人更多的勤奋和专心。二月河数十年来坚持钻研《史记》《资治通鉴》《二十四史》等各类古籍，从而在他的脑海中形成了一种对中国各个朝代的制度和各种社会关系的深刻把握，再加上自己对历史的理解，于是有了二月河笔下的官场文化和权术斗争。

从康熙写到雍正再到乾隆，他怀着非常伤感和遗憾的心情写完这三部书。书中一方面描绘了中国最后一个封建王朝的绚丽和灿烂；另一方面也流露出对于夕阳西下，黑暗就要降临的悲哀，这是一个由盛及衰的必然过程，他更为恰当地把这三部书称为"落霞三部曲"。

许戈辉：我挺难想象的，因为我知道您在小时候不是一个爱读书的好学生，但是到后来您那种韧劲，那种肯往里边钻的那个劲儿，简直判若两个人。

二月河：如果是人到了穷极的时候，他也就会产生另外一种动力。我在大同参军，穿上长筒水靴，头上戴上矿工帽，戴上矿灯，腰里拦上一根绳子，下到煤井下面，蹚着那个黑水，从那水里面哗哗地蹚过去的时候，我就感觉到自己走到了人生的最底层。走到人生最底层的意思是什么，就好比说我们炒菜的那个锅，你走到了锅底，那这个时候你不论朝哪个方向去努力，你都是向上的。

二月河在文学上的知识积累大多来源于生活。"处处留心皆学问"，"好的书籍胜过好的大学"，是他经常挂在嘴边的两句话，也是他的经验之谈。他真正是自学成才的典范。

二月河：我的自学生涯实际上是从大同这个地方开始的。我自学古文，实际上是在我们部队驻地的那些破庙里边的碑碣上，用铅笔把碑拓下来，然后自己在那个地方钻研的。这样的话你读了这些东西，回过头来再读《中华活页文选》，读《古文观止》，就像喝凉水一样。

社会生活中没有永久不落的太阳，文坛上也没有不落的太阳，人到抛物线顶点的时候，下滑的趋势也就是不可避免的了。这就是二月河洒脱的人生观。

许戈辉：因为很长时间没有再创作历史题材了，我想知道，就是离那种密集式的写
　　　　作，逐渐逐渐远了以后，您是一种解脱呢，还是会觉得心里特别痒痒，特
　　　　别遗憾？

二月河：也不是解脱，也不是痒痒，就是感觉到一种无可奈何的怅惘，就是回想起
　　　　自己当年那样的一种精神，那样一种勇气，夏天把双脚泡在水桶里面，我
　　　　能够手臂上缠着毛巾，扇着芭蕉扇，我能够那样去写，感觉到自己现在已
　　　　经没有那个力量了，就感觉到一种失去不再来的那种怅惘，感觉到自己老
　　　　了，感觉到自己很无奈的这样一种精神状态。可是如果你不行了，你还要
　　　　在那个地方勉强去做，你是违天行事，强汉不能与天争，也就是说必须尊
　　　　重客观规律。老老实实地，说自己不行了就不行了，就像太阳落山一样自
　　　　然，太阳落山就叫它落山，二月河要死就叫他死去。只有这样一种心理状
　　　　态，我认为才是一种健康的心理状态。你要是为太阳落山而悲哀，那么你
　　　　就每天都会悲哀，因为太阳每天都要落山的。

　　　　　　前年，我带着女儿一块儿上五台山去。五台山那个地方有一句话，叫
　　　　做上也五台，下也五台。我去上五台是为了我的平安坠落，平安降落，我

带着女儿去，是为了女儿能平安起飞。上也五台，那是她，下也五台，那是我。

　　从2003年开始，二月河将无偿签名改为有偿，并将签名获得的收入全部捐献给"希望工程"。他说这辈子的愿望是用捐款建成五个希望小学，让读不起书的孩子能去读书。

许戈辉：我听说您现在签书有一个条件的啊，叫做二月河签书要求付钱。

二月河：是的，不是说无条件的。有些人一签上百套，上百套那你算算，这一套三百块钱，一百套就是三万块钱，那三万块钱，你能一次拿三万块钱的话，拿出一两千块钱，给小孩们去读书，我自己也不要你的钱，反正你是给"希望工程"捐款。他就再生气，气死他也没啥说我的，他不能骂我，是不是。

贾樟柯｜从"地下"走向世界

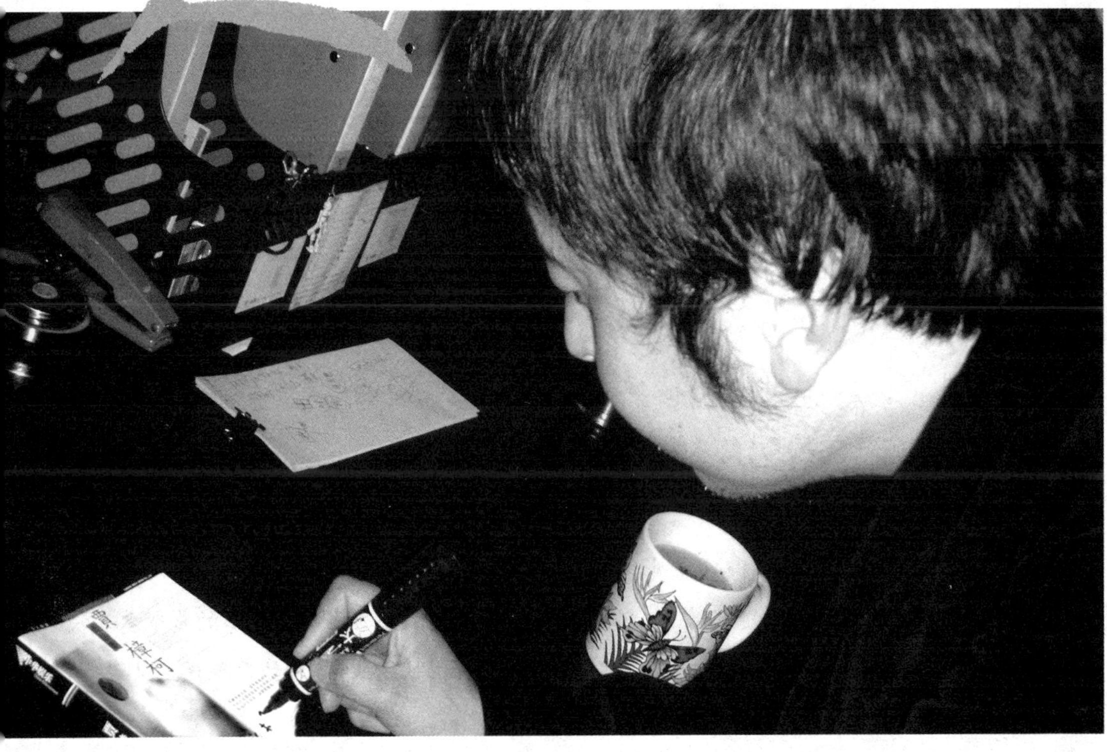

贾樟柯简介

1970 年出生于山西汾阳，1993 年毕业于北京电影学院。现居北京。

代表作品：《小武》《站台》《小山回家》《任逍遥》《世界》《东》。

德国电影评论家乌利希·格雷戈尔称他为"亚洲独立电影闪电般耀眼的希望之光"。

《纽约时报》的影评人撰文说"贾导演犹如一位拥有古典智慧的后现代主义者。"

导语：1991 年，一个偶然的机会，贾樟柯在太原的一家电影院看了《黄土地》，从电影院出来后，贾樟柯说他以后也要拍电影。就是在亲人朋友眼里突然冒出的这个不可思议的念头，就是这场普通的电影却改变了贾樟柯的命运。后来他从山西汾阳来到北京，实现了他的电影导演之梦；他的电影也从"地下"走向世界，站在国际的舞台，进入大众的视野内。贾樟柯作为第六代导演的领军人物，他所执导的电影亦代表着一种文化符号。

2006 年 9 月 10 日，中国"第六代"导演领军人物贾樟柯，凭借电影《三峡好人》斩获第63届威尼斯国际电影节最高荣誉——最佳影片金狮奖。由此，他也成为威尼斯电影节历史上最年轻的金狮奖得主。另一部与《三峡好人》套拍的纪录片《东》，在电影节颁奖典礼开始前三个小时获欧洲纪录片协会与欧洲艺术协会奖。

我想用电影去关心普通人，首先要尊重世俗生活。在缓慢的时光流程中，感觉每个平淡的生命的喜悦或沉重。

——贾樟柯

许戈辉：你把这个金狮带回去的时候，妈妈是什么样的反应？

贾樟柯：我妈就是，就基本上是爱不释手吧。第二天早上起来，我起得比她晚一点，然后我起来穿衣服，看到我妈在拿布擦那个金狮。

许戈辉：是吧？

贾樟柯：对，特别喜欢。

许戈辉：她把那个（金狮）摆在什么地方了？

贾樟柯：摆在我父亲的书架上，旁边就是我父亲的像。其实，整个家庭还是今年大喜大悲吧。

父 亲

2006年初，就在电影《三峡好人》进入后期剪辑之时，贾樟柯的父亲却因癌症不幸去世。这对于平时与父亲甚少交流的贾樟柯来说是个沉重的打击，他一度陷入对父亲的悲情之中。

贾樟柯：2005年差不多这个时候，突然我姐给我打电话说我父亲生病了，我那时候正在上海，然后我还没有当回事。

许戈辉：父亲身体一直挺好的，是吧？

贾樟柯：一直特别好。他年轻时候打篮球。我父亲个子不高，但是他是我们县里面的篮球明星。与他同时代的那些叔叔阿姨跟我回忆起来，老说他打篮球打得怎么好，基本上不怎么生病，身体特别好。但可惜他就是一直抽烟，去年，我姐先说（父亲）生病了，然后又过几天，我还在上海办事，我姐打电话说，可能基本上确诊是肺癌。我整个人都傻了。其实就是，刚刚想尽孝，父亲已经生病了。因为有一个什么问题啊，我总觉得父母还没有老，总会有这种感觉，因为自己还没有到感觉到父母已经老了，需要自己去照顾的那个年纪。

"樟柯"二字取自于父亲，樟是有香气的不生虫的木，柯是斧子的手柄，必需但不是最主要。

父亲在年轻的时候亲历了《我们村里的年轻人》在山西的外景拍摄，这段使父亲激动的经历，一遍一遍地讲给自己的孩子。贾樟柯把自己导演职业的选择归于父亲的这段经历。

父亲平时话不多，父子之间也很少对他的电影做过交流。父亲只是在身后给他默默地支持。在完成《站台》的拍摄后，贾樟柯在片头写下了"献给我的父亲"。

贾樟柯：那时候我刚拍完《三峡好人》，然后什么都不想做，就觉得人特别脆弱，就说你可以在某一个行业里面干得很好，可以克服很多困难，但是生命这个东西真是一下子让自己显得无能为力，特别脆弱。

我从十九岁离开家，一年跟我父亲母亲在一起的时间不超过十三天，基本上就是上学的时候，寒假回去过个年，暑假自己在外面疯。那时候我刚开始离开家是学画画嘛，暑假都在外面去写生啊，旅行啊，后来到了电影学院上学，出来拍电影，生活就更不规律了。所以陪他们的时间，特别陪我父亲的时间就太短了。而且父子之间的话并没有那么多，可能中国父子都那样吧，其实感情上特别亲近，但是就是在我父亲在世的时候，我特别后悔没有多跟他聊一聊，其实我觉得他特别想了解我。

有一年回家，那时候已经是拍了《世界》之后了，有一天我起床，看我父亲一个人在摆弄一个本，然后他见我出来，他就很自然地把它放起来，中午我又翻出来，是一个剪报夹，里面都是我们山西地方报纸，什么《山西晚报》《山西广播电视报》上面关于我所有的剪报，他看完之后就剪下来贴在那儿。所以那一刹那，我觉得一直有一个目光在后面看着我，不管我做什么，走多远。我父亲过世之后，我突然觉得少了一个目光，我做事情都没有动力了，我觉得就是空空荡荡的，整个人是空空荡荡的一种感觉。

拍《站台》的时候，有一天在拍一场戏，是文工团排练合奏《姑苏行》，就是一个手风琴，一个笛子，那个音乐特别忧伤。他们穿着中山装，在马恩列斯毛的画像下面。我通过取景镜看的时候，突然就哭了，因为我觉得好像看到我父亲一样。我爸多才多艺，除了打篮球之外，他年轻时候也组织乐队，那时候是红宣队，他交响乐什么都会做，就是最早那种记忆都是从他那儿来的，所以我好像看到我爸一样。后来整个影片剪接完成之后，我在片头打一行字：献给我的父亲。

正因为生活里面那么多感慨，那么多你无法掌控的事情，那么多人的脆弱感，人的孤独感，这些生命里面无法回避的问题，都可以通过电影来抒发。比如说为什么电影的乐趣不仅在于拍摄的是一个无中生有一个过程，它的放映，一千个人、两百个人聚众，大家在一个黑暗的屋子里面，一起去面对一段故事，面对一个生活的片段，那么这种聚集在一起的感觉，我觉得它也是消除人的那种孤独感的一个非常好的方法。

《三峡好人》简介：

影片《三峡好人》讲的是普通人的普通故事。山西的一个普通煤矿工人，十六年前买回了一个四川媳妇，媳妇刚怀孕就被公安局解救回去了。十六年天各一方之后，煤矿工人去三峡地区寻找他的女儿，而因三峡工程的缘故，前妻家所在的县城早已被淹没在水底。前妻的家人对他不怎么友善，几次三番折腾之后，他终于见到了前妻，两人决定结婚。影片中另外一个寻找的故事，结局就没那么皆大欢喜。赵涛演的护士虽然找到了自己的丈夫，但心知感情不再，终于还是黯然分手。

2006年，《三峡好人》在威尼斯电影节上荣获最高荣誉金狮奖。

许戈辉：你还记得你当时，知道获奖这个消息的时候是什么反应吗？

贾樟柯：我是在现场知道的。因为我今年有两个片子在威尼斯，还有一个纪录片，

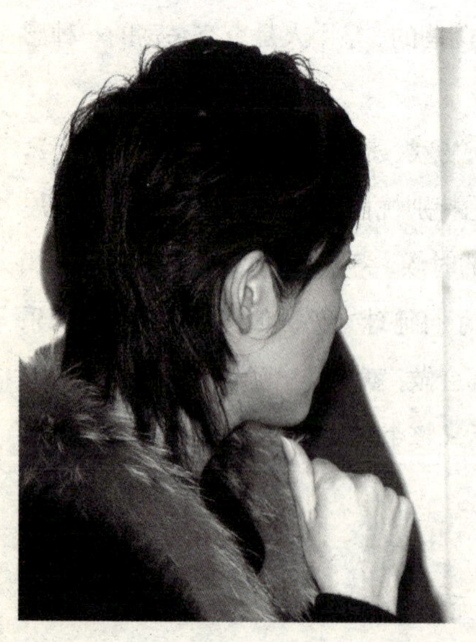

我一直以为是纪录片得奖了，而金狮奖的颁奖在后，我都以为没戏了。

许戈辉：那个时候是越来越惶恐，还是越来越欣喜？

贾樟柯：我自己是有点茫然，我以为是搞错了，因为今年在威尼斯的过程就没有太多时间考虑得不得奖啊，评论怎么样，太紧张了。

许戈辉：那时在干吗？

贾樟柯：我整整四个月没做后期，因为父亲病了，我什么都不想做。父亲过世后，我回到北京，特别消极，然而我的制片人就鼓励我，他说你不能什么事情都不干。这么多人，差不多一年的时间拍的电影，你应该把它尽快地做出来，那后来才逐渐地回到工作里面。当工作真的展开的时候，影展也快开幕了，所以一直在赶。我临上飞机的时候字幕还没做好，是我的副导演们把字幕做好，又晚了两天把拷贝带到威尼斯，接下来就是放映的活动，又有两部影片同时去。所以到颁奖那一天是筋疲力尽。

许戈辉：所以你根本来不及对它产生任何期待，是吗？

贾樟柯：对，没有空间，没有时间说坐在那儿发会儿呆，说，哎，今年我怎么样，能不能得奖，根本没那个时间，就整个事情都忙完了，坐到那儿，已经是颁奖典礼了。所以到最后就是一宣布，德纳芙宣布说《三峡好人》得金狮的时候，一刹那间，就有一种特别释放的感觉。

领 奖

十余年的电影生涯，从地下到地上，贾樟柯的镜头始终关注的是那些缺乏话语权的大多数人。他的电影更多地呈现出生活在社会边缘，有着各种人生困境的小人物。以个人的角度叙事，以个性化语言拍摄这个纷繁复杂变化万千的转型时代，他因此获得了大多数人的共鸣。

最早萌发拍摄《三峡好人》的念头是在四年前。那时，贾樟柯为了拍纪录片《东》而在三峡待了一个多礼拜。一天傍晚，突然而至的大雨向他袭来，一股从未有过的孤独如同三峡库区的雨水一样浸透他的全身，拍摄这部影片的想法也由此出现。只

　　用了三天的时间，《三峡好人》剧本已经初步形成。

　　2005年，《南方人物周刊》评选贾樟柯为"青年领袖"之一，称赞他是当代中国最富洞察力的记叙者。

　　"我希望尽量客观地呈现他们的生存状态，他们的成长，他们的慌乱，他们的镇定和自尊。所以我选择用这种拍摄方法，我不想讨好任何人。"

贾樟柯：我往台上走的时候，就变得特别从容，因为我觉得其实它不单单是说贾樟柯他们这一帮人做的电影受到了鼓励，不是这么简单。因为我觉得我电影里面的人，从《小武》到《三峡好人》，五部长故事片，十年的时间，我们拍的人群，我们关心的问题没有改变过。我觉得拿到金狮奖是对这些中国最普通的劳动者，最普通的人，中国人的日常生活的一种尊敬。

　　这部电影英文片名叫《静物》嘛，所谓《静物》就是被忽略的现实。那么三峡，我觉得在2000年～2004年特别热闹，全球差不多有一百多家媒体集中在那儿，现场直播那个变迁，移民啊，拆迁啊。但是当三峡工程作为一个新闻热点消退之后，又变成一个沉默的土地，那儿的人的生活怎么样，他们经过那样大的一个变动之后，要他们面临什么样的问题。我觉得它不是一些枯燥的数字说有一千或一百万人移民，这是没有实感的，因为它就是一个数字而已嘛。但是你看看，生离是什么样子，死别是什么样子，看看生离死别，看看具体的人，哪怕是一个人吃饭的时候，他饭碗里面的食物，他吃饭的姿势，他蹲在长江边的悬崖上，然后在那儿吃一碗饭，底下就是万丈深渊那样一种感觉。还有走到街上，看到一个家庭回流，就是移民走了又回来，本来是本地人，走了一圈再回来的时候变成外地人了，这个地方变成一个异乡，这种感受，我觉得通过电影表达出来之后，希望能给观众一种更加复杂的感情吧。

许戈辉：我看到你在颁奖礼以后，就不止一次地表示过，说你在发言的时候有一句话没有被翻译出来，你觉得特别遗憾。

贾樟柯：对。

许戈辉：你当时说，你觉得做电影是你寻找自由的一种方式。

贾樟柯：对，因为我越来越觉得，其实我们的生活空间并不是那么宽阔，比如说我
　　　　们生活里面有非常多的禁忌，那么电影是触摸这些禁忌的一种方法。

　　从学生时代的第一部实验短片《小山回家》，到第一部故事片《小武》，再到获
得"金狮"的《三峡好人》，贾樟柯始终延续着他自己的电影传统——冷眼叙事、迷
离彷徨。在意大利新现实主义和中国社会飞速发展的多元社会背景下，他的作品抒
发着那些游离于社会边缘的人们，对故乡、对都市、对爱情和对周围世界的独特感
受。

贾樟柯：也有人会怀疑说，贾樟柯，你一直拍不愉快的生活，拍那些困难的生活，
　　　　你为什么不去拍别的东西。因为我们习惯生活在一个简单的感情里面，我
　　　　们不去想那些麻烦事，不去想那些不愉快的事，但实际上我们逃不过去，
　　　　它会对我们的生活有影响。

许戈辉：但是恐怕直到今天，恐怕直到《三峡好人》，这种质疑你们拍电影的类型
　　　　和动机的声音肯定还是存在。

贾樟柯：到现在还有。

许戈辉：他们认为，就是贾樟柯这一批人吧，包括以前的张艺谋啊，似乎都是在为
　　　　外国人拍电影，是在贩卖一些中国的负面元素。

贾樟柯：对，这个批评到最近还有。那么这里面我觉得最主要的东西还是一个文化
　　　　信心的问题，也就是当一部中国电影能够在国际上产生影响的时候，人们
　　　　不去相信它是因为饱含着感情元素，和电影本身的那种创造力产生了这样
　　　　的成绩和影响，而是觉得这是一种阴谋论，说正好是符合了外国人窥视中
　　　　国落后的这样一个心态。

　　　　　其实我们看这十几年里，就国际电影界对中国电影的这种接受和认
　　　　识，你就能看到一个很大的变化。一开始能够被国际市场认可的中国电
　　　　影，基本上都有一个东方的奇观和东方的想象，不管是丝绸也好，小妾也

好，深宅大院也好，黄土地也好，它都有一个奇观在里面，就是有一个对东方的想象在里面。那么逐渐地日常生活进入到中国电影里面，逐渐地到我们这代导演被国际接受的时候，我们电影里面是现实的中国社会、现实的中国生活，也就是说西方在接受中国电影的时候，逐渐进入到中国的当下、进入到中国的当代，而不是停留在对中国的想象上面。也就是说我们今天的生活、今天的文化也是足以有一席之地，能够让整个国际文化对它产生浓厚的兴趣。

国内上映

《三峡好人》在国内的放映档期和张艺谋的大片《满城尽带黄金甲》选在了同一时期，有关这两部影片放映的口水战也因此展开，甚至广电总局的官员也不得不出面干涉。

其实，《三峡好人》在威尼斯电影节获奖之后，影片海外版权销售的丰厚回报早已经令贾樟柯不再担心票房问题。

虽然他第一部获得公映的电影《世界》在国内的票房不尽如人意，但贾樟柯自信《三峡好人》在国内的票房可以排进前三名。

许戈辉：《三峡好人》是在这个贺岁档，在国内上映是吧？

贾樟柯：对，现在初定是（2006 年）12 月 14 号。就是跟张艺谋的"黄金甲"同一天，我觉得有趣，有挑战性。

许戈辉：对，几乎已经毫无疑问地可以预见，到时候媒体可能会充斥着一个词，就叫"PK"，什么贾樟柯的小制作艺术片 PK 张艺谋的大成本商业片之类的。

贾樟柯：对，所以我的问题就在于为什么要 PK，不可以是联手？我希望能够通过这一次的放映，让人们知道这个共存，是一个联手，是一个多类型的共存，不是互相抵消。我们再也不要用一个斗争的哲学来考察一切问题，来对待一切问题。

"我能"广告同期：（贾樟柯为"全球通"拍的广告）

不管别人怎么看你，用你自己的方式去看世界，坚持自己的选择，做最好的自己，我能。

新 片

在2008年开拍的新片《双雄会》中，贾樟柯将力邀国际影后张曼玉饰演女主角，这与他前面作品对演员的选择截然不同。张曼玉也将成为贾樟柯电影中的第一位明星大腕。

许戈辉：你这样说倒让我想起你给中国移动拍的广告，就是那个"我能"。我在看到那两个字——"我能"的时候，我脑子里想到的是，我想问问贾樟柯，他觉得有什么他不能？

贾樟柯：其实我一直在想，我不能。我觉得对导演来说，可以尝试很多东西，但问题在于，其实做导演的，他一定知道自己什么能，什么不能，所以不要妄图当一个全能的冠军。比如说周星驰的电影，我觉得他很有世俗文化的感觉，我觉得我做不了，因为我自己成长过程中，生活给我的压力感让我不可能嬉笑怒骂，让我不可能用那么后现代的方法，用一种游戏的方法去面对社会。比如说我不可能拍《花样年华》，

因为王家卫的文化是文化的一种传承，是1949年之前中国流行文化没有中断的延续。你比如说《花样年华》这首歌本身，它就是旧上海的一个流行音乐，包括对女性化妆的认识、旗袍的认识，所有这些流行元素，都是从1949年之前上海文化延续过来的。但这种文化在1949年之后，在大陆是被中断的。我们是没有接触到的，我们也不知道这些东西。所以他可以拍《花样年华》，我不可能拍《花样年华》。这就是我们的局限。

许戈辉：你要和张曼玉合作，但是我很难把张曼玉和贾樟柯这两个名字联想到一起，所以在我的脑海里，这是一件不可能的事。

贾樟柯：其实它可能。

在《三峡好人》拍摄的过程中，贾樟柯就已经奔波在台湾和香港为他暗自筹备多年的另一部电影《双雄会》做资料准备了。在这部讲述20世纪50年代中国香港的故事中，张曼玉出演片中一位不穿旗袍穿制服的空姐，而这无疑将成为贾樟柯电影历程中又一次全新的尝试。

贾樟柯：这几年我对历史特别感兴趣，特别是对民国的历史、对1949年后这一段历史我非常感兴趣，因为它离咱们这么近，但实际上我们的认识是很片面的。有一年我在巴黎，一个人去密特朗中心看一个摄影展，那个摄影师是布勒松，他在1949年前后拍了大量中国的照片。然后我就看到一张照片，拍的是1947年一个国民党士兵的溃败。整个山坡上都是被打散的国民党士兵，毫无组织，一片狼藉，视觉的中心有一个将军或军官吧，下级军官，拿一个暖水瓶，那个暖水瓶外面用棉布做了一个封套，那个军官紧紧抱着它。我就一下觉得那个暖水瓶是那个时代特别珍贵的东西，如果是发生在今天，有可能是一个人抱一个笔记本电脑，因为那是他的家当，是他的希望。当你站在一个更全面的高度看这个国家的时候，你会发现原来我们曾经发生过那么撕心裂肺的一种罹乱，其实它才过去几十年，五十年或者六十年。其实我们不那么了解它，这样的话，我就进入到这个题材的想象里面。

所以有些东西是会发展的，以前我对历史没那么多兴趣，现在除了对现实特别有兴趣之外，开始对民国的历史有很多想象。

《站台》拍完之后，就有法国片商要以5000万美元资助贾樟柯拍片，却被他婉言拒绝了。

他也多次表示过，不会为钱而拍摄自己不感兴趣的电影。

2007年年初开机的《刺青时代》，将为贾樟柯开启商业电影的大门。与前几部影片不同的是，这是一部描述一个黑帮由成长至衰败的影片。这部作品更多地要表现人的衰老及整个心理变化过程。

在2004年电影局"解禁"第六代电影人之前，贾樟柯经历了十年之久的"地下"生活。那时，他们被称为"独立电影人"，那时的"独立"，也许是游离于体制之外的"独立"。而今天，已经被体制接纳的贾樟柯，面对国内电影市场汹涌而至的"国产大片浪潮"，是否仍然会继续坚守着他那份"独立"呢？

贾樟柯：我记得，2002还是2003年，我去纽约的时候，去马丁·斯科塞斯导演的剪辑室跟他聊天，那时候他正在剪接《纽约黑帮》。那部电影有一亿多美元的投资，是他当时拍摄资本最大的影片，资方给他非常大的压力，包括片长，要生生剪掉二十五分钟。我跟他见面的时候，是他最痛苦的时候，

　　然后他就一直给我看，这是一个版本，这是另一个版本，他说，这是我喜欢的版本，这是他们要的版本。跟他聊完天，他送我坐电梯的时候，我觉得他非常真诚。他非常意味深长地跟我说，要保持低成本，保持你的自由。那个话我一直记在心里面，所以我自己一直是这样做的。到《站台》之后，我有很多机会可以拿到很高的投资，但问题是目前我想拍的电影不需要那么多钱。我为什么要花那么多钱，我为什么要说，哎，今天我贾樟柯有能力，我花五千万，六千万，我要这个经历，那个没有用。有用的是你怎么样在这个资本的游戏里面一直保持你的独立性，往前走。

郎朗 | 来自东方的莫扎特

郎朗简介

郎朗，1982年生于辽宁沈阳，是在国际上享有盛誉的青年钢琴家。他是第一位受聘于世界顶级的柏林爱乐乐团和美国五大交响乐团的中国钢琴家。他被数家美国权威媒体称做"当今这个时代最天才、最闪亮的偶像明星"。《人物》杂志称其为"将改变世界的二十名青年"之一。

2005年，郎朗应邀到美国白宫举行个人独奏音乐会。美国总统布什和部分美国政要观看了演出。

2006年，在纪念莫扎特诞辰二百五十周年的萨尔斯堡音乐会上，郎朗担任钢琴独奏。

导语：2005年6月8日郎朗与维也纳爱乐乐团合作《柴科夫斯基第一钢琴协奏曲》，指挥是祖宾·梅塔。那场演出吸引了十万名现场观众，六亿的电视观众。音乐会获得极大的成功，第二天，维也纳所有的报纸说："郎朗是这个世纪最伟大的钢琴家、艺术家。" 同年6月15日，郎朗再次与维也纳爱乐乐团合作，在维也纳的金色大厅，他与爱乐乐团的合作创下几十年音乐会最高的票房纪录(包括台上加座和站票)，乐团艺术家们激动地说："卡拉扬出世了。"

六七年前，名气尚未打响的郎朗，被经纪人安排到南加州的棕榈泉举行独奏音乐会。他抵达时，剧院负责人是用狐疑的眼光来欢迎他的。但当他演奏结束离开时，剧院负责人已惊觉到他日后无穷的潜力，并感伤地说："这是第一次，也是郎朗最后一次，到这个小地方演出。"

就在那次演出的几年后，郎朗真正脱颖而出，成为世界上演奏和票房方面最杰出的钢琴家。每年他都与世界许多著名乐团、著名指挥家合作，在世界主要音乐厅巡演，行程遍及世界各地，是名副其实的"空中飞人"。

许戈辉：其实你现在生活在美国，但是可能真正在家……

郎　朗：我一年在家，就是在费城的家里面十五天。

许戈辉：一年里面在费城的家才十五天？

郎　朗：对，我下一次回家估计是8月份了。

许戈辉：那你这一年里边，总地算下来会有多少场演出？

郎　朗：一百二十场吧。

许戈辉：平均差不多就是三天一场演出。如果在这么紧的行程下，还有这么大的体力消耗，那种艺术感觉还有没有？

郎　朗：对我来讲，只要是在台上，不管你是在纽约，伦敦，或者在东京，或者在北京，或者在香港，对我来讲是一个感觉，那就是舞台。

　　在中国，郎朗的钢琴演奏会，观众里除了爱好音乐的成年人，还有很多家长带着学琴的孩子前去聆听这位偶像的演奏。对于他们来说，这是最好的激励方式。家长们期待着有朝一日自己的孩子也如郎朗一般幸运辉煌。

　　郎朗三岁学琴，四岁师从朱雅芬教授，五岁和七岁连获两次沈阳钢琴比赛第一名，九岁考入中央音乐学院，十岁获全国星海钢琴比赛第一名，十五岁进入美国费城柯蒂斯音乐学院师从钢琴大师格拉夫曼。郎朗学琴及至成名的经历一直被视为"中国琴童"的范本。

　　还是在孩提时代，郎朗就梦想成为世界钢琴大师，他说："我相信在音乐里能追求一个更好的人生，更好的未来。"

许戈辉：十年前的你在台上也是这样的一种感觉吗？

郎　朗：我记得头一次上台，是五岁的时候，就是说真正上台，当时是获得了我第一次比赛的第一名。那次我觉得我还算挺有勇气的，因为那次是在将近一千人的一个舞台上演奏。

许戈辉：那算是蛮大的一个剧场了。怯场不？

郎　朗：那次一上去我就感觉，舞台的灯光，我特别喜欢。那是一种暖洋洋的感觉。五岁的时候我就特别喜欢上台演出，而且我特别喜欢有人听我的音乐会。我也喜欢弹琴，自己给自己弹。但是我是比较喜欢有现场观众在那儿来听我弹琴，而且我特别喜欢掌声，喜欢有人献花。我很小的时候就很喜欢这种，可能这个想法不太对。

许戈辉：对，那就是说你算是表现欲很强的孩子。

郎　朗：对，我的表现欲望特别特别强。

许戈辉：但是，我相信没有哪个艺术家是不充满了表现欲的。

郎　朗：当然你到了一定年龄你可能想，我实际上喜欢音乐，是真的喜欢音乐，而不是说为了当明星。但是我从小就立志要当钢琴大师，我从小就很羡慕钢琴大师的这种水准。

许戈辉：在那之前你看过一些比较正规的古典音乐会吗？

郎　朗：没有，我那时候只看过一些录像。我记得给我印象最深的就是《猫和老鼠》。而且我还记得有一个画面给我的印象特别深，就是我看到了各种不同的乐器，乐器里面加了一个手，不是人的手，等于是一个乐器自己拉上琴了。然后说，这是低音提琴，是它的大兄弟，这是大提琴，然后这是它们的小姐姐，这是中提琴，然后这是什么小妹妹，这是什么什么小提琴。我记得最后出来一个钢琴，那个钢琴自己就长手，然后就弹上了，我觉得，这个钢琴好像挺特殊的。因为它看起来就比较大，而且有种气派，我挺羡慕的。我当时就觉得，当钢琴家的这种感觉肯定很好，而且有一种在舞台上的优越感。因为你是坐着在演奏，你一个人在控制一个乐器。

1982年，郎朗出生在沈阳一个充满音乐氛围的家庭。在父母的影响下，郎朗很小就对音乐产生了浓厚的兴趣并表现出非凡的天资。从三岁第一次上钢琴课开始，郎朗就将心交给了钢琴。和中国上千万的学琴儿童一样，郎朗童年的学琴经历也异常辛酸和艰苦。

许戈辉：那你每走一步，你在同龄人里边，或者说基本上同水准的那些孩子里边，一直是比较好的吗？

郎　朗：应该来讲，我一直都是非常杰出的，非常突出的。我给自己定的目标太高了，我想当世界级的钢琴大师，所以我什么都要最好的，什么都要做到最好。

许戈辉：那我问你，你这个最好的，到底是说得到别人的认可，还是说自己心目中有一个标准？我知道你在七岁的时候有一次比赛你就对那个名次很不服，是吧？

郎　朗：对，那次我弹得挺好的，但是那次出了一些意外。什么意外呢，我当时穿了一个背带裤，你知道，这等于是我弹琴的时候有两个背带。

许戈辉：小背带。

郎　朗：弹琴的时候突然那个背带因为太松了，所以就一直勒着我的两个胳膊，结果就没有发挥出来。

许戈辉：也没法把它给弄上去。

郎　朗：弄不上去，因为已经搁上了，然后就这么弹下去了。弹得也挺好，但是也有种种原因吧，我只拿了一个优秀表演奖。我就特别不高兴，觉得这太不公平了。

许戈辉：你心里觉得你应该能得第几？

郎　朗：我最起码也能拿个前三名，而不至于到这种程度，感觉挺没面子的，你知道。我就冲进那个评委会，当时他们正在开会，冲进去后我就说你们这不公平，比赛不应该这样。人家都觉得挺奇怪：一个小孩儿，怎么就跑进来了，还冲进来讲不公平？我爸当时就拦着我，哎，你别这样。后来我细想起来，觉得挺好玩儿的。

许戈辉：我了解到你那一次得到的奖品是一个小狗。

郎　朗：对，当时我得到的是一只狗，还是长得挺可爱的一只狗。然后我拿着那个狗，就往地上一摔。我不要这只狗，破狗！然后开始砸，踢，但谁都没管我，就让我自己在那发泄，我发泄了半天。因为我还是挺喜欢那只小狗的，我就抱着小狗哭了，说：我打错你了，我不打你了，是我的错，然后还给小狗赔礼道歉，还给它梳毛。那时神经真是有点问题，真是让人哭笑不得。我说从今以后我要跟你成为最好的朋友，你得陪着我练琴。然后我就把那小狗放到钢琴上面了。以后我就每天对着那只狗练琴，对着那狗说话，我一定要为你争气，一定要取得好的成绩，后来那只狗成了我的吉祥物。

　　在郎朗的成长道路上，始终离不开父亲郎国任的陪伴。郎朗的父亲郎国任是当代中国家长望子成龙的典型代表，他在郎朗的成长过程中起着至为关键的作用。郎朗从小学琴并不是一帆风顺，他与父亲的感情也充满了曲折。为了儿子的琴艺不断提高，父亲的教育方式严格得近乎严酷。一只曲子十几遍上百遍地练习，爸爸不近情理地"逼迫"着郎朗向艺术的高处攀登。甚至曾做出逼儿子自杀的举动。

许戈辉：我一直特别想跟你谈谈你和你的家庭，尤其是你和父亲的关系。因为我觉得你的父亲是成千上万中国望子成龙家长中一个极致的体现，他和你的经历本身就是一部特别好的小说，特别好的电影，简直太戏剧化了。我记得是莫扎特吧，曾经形容他的爸爸说，他的爸爸对于他来讲仅次于上帝。

郎　朗：对，是莫扎特说的。

许戈辉：要是让你来形容你爸爸的话，你会怎么说？

郎　朗：目前来讲，我没有一个真正的宗教信仰，所以我觉得很难用上帝这种词。
　　　　但是我觉得我的父亲肯定是全世界最伟大的父亲之一。

　　父母为郎朗学琴而购买的第一架钢琴是家里半年的收入。1992年，为了郎朗能考入中央音乐学院附小，父亲毅然辞去工作，陪郎朗到北京读书。郎朗的事业就是父母的事业。爸爸在辞去沈阳的正式工作时，给单位领导的辞职信中这样写道：我必须去北京培育我的儿子！

　　辞职的第二天，九岁的郎朗跟随爸爸来到北京，在京郊一幢破旧的筒子楼里开始了父子相守，艰苦的求学生涯。父子俩在北京的生活费用全靠妈妈在沈阳一个人的工资来负担。

郎　朗：我们很多的东方式教育就是这样。首先我喜欢弹琴，所以他很严格，另
　　　　外他是看到我已经在进步了，所以他要求再严一点。但那时候我是个小
　　　　孩，我也不知道我应该怎么样，所以我父亲那时候等于是一个很强大的辅
　　　　助的力量，帮助我，帮助我确定这个目标。像你说的所谓的严酷，确实是，
　　　　我也承认，但是呢，我觉得如果想成功的话，你不可能一点代价都不付出。

　　郎朗有着很高的音乐悟性。爸爸的二胡演奏是专业级水平，妈妈年轻时候也曾经做过舞蹈演员。除了先天的艺术基因外，今日的郎朗走向世界，是靠他自幼的刻苦和父亲的"魔鬼"训练方法。四五岁的时候，郎朗就可以每天练琴八个小时以上，并在枯燥的训练生活中找到乐趣和动力。

　　成名以后，郎朗在博客里这样回忆自己的童年生活："父亲的严厉使我的意志更加坚强，妈妈的温柔始终温暖着整个家庭。我对他们的感动和感激已经演变成融化在我血液和生命中的一种力量了。这不是常人所能理解的，我父母培养我走上弹琴这条路，为了我的演奏事业，可以说是倾尽了所有的心血……"

　　为了更多地了解钢琴知识，爸爸每节课都要站在郎朗教室外"偷听"。等下课

回家后，父子俩一边吃饭一边讨论老师教的课。终于在郎朗九岁那年，他以第一名的成绩考入了中央音乐学院附小，从此一个崭新的生活开始了。

许戈辉：你在父亲面前叫过苦吗？

郎　朗：当然叫过。

许戈辉：那父亲在你面前流露过苦的意思吗？

郎　朗：没有，没有。

许戈辉：从来没有？

郎　朗：从来没有，他从来也没告诉我。他辞职也没跟我说。他只说，你只管弹你的琴吧，我这还有开支呢，我这有什么什么病假，瞎编呗，反正就是减轻我的这些压力。我头一次参加国际比赛是在十一岁，去德国。当时我父母决定借五万人民币。那时候我也不知道，我如果知道借五万块钱去比赛的话，我想我的压力会很大，我可能就弹不好琴了。

许戈辉：所以父母没有告诉你？

郎　朗：一直都没说，结果那次我还真是争气。我就记得在宣布完第二名的时候，然后……

许戈辉：他是倒着宣布的。

郎　朗：倒着宣布。那个比赛组委会的主席德语说得特别慢，我还以为，第一名空缺了。你知道，因为有时候第一名会空缺。当时他念得特别慢，我也听不懂他说什么，他就说，这次有一个特别特殊的情况，我们听到了一位来自中国的小钢琴家的演奏，我们想因为他，我们来再创造一个奖项，再给他多一个奖项，他不光是得了第一名，这次我们给他设立一个奖，叫"杰出成就艺术特别奖"。我和我的老师都听不懂德文，谁知道他在讲什么东西，当时就很紧张，而且觉得可能什么都没拿着，我们都已经灰心了，然后突然……

　　一本名叫《爸爸的心就这么高》的书真实地记录了郎爸在陪伴儿子学琴的十几

年生活。特别是1994年郎朗在德国获奖的那场重要比赛，当时在现场的爸爸得知儿子获得第一名后，失声痛哭。"梅花香自苦寒来"，那次比赛，成为郎朗钢琴生涯的一个里程碑。

许戈辉：你当时和你父亲，还有老师，都是坐在一起吗？

郎　朗：没有，我父亲那时候永远都当幕后英雄，他绝对都是坐在最不让人注意的地方。

许戈辉：你和老师坐在前排，是吗？

郎　朗：我和我的老师在前面，我们俩紧张得都已经有点崩溃的时候，突然听到两个字，郎……朗。当时，我和我的老师就在凳子上蹦起来了！就是高兴得不行了那种。

郎　朗：后来我回到中央音乐学院，当时学校开庆功会的时候，放了一段录像。这是另一个国家参赛选手的家长录下来的。结果我看到，在我和我的老师在那蹦跳，就是都已经高兴得忘记自己是谁的时候，我父亲，这是我看到他一生里头一次痛哭流泪，这个景象我是永远不会忘记的。看完后，我真是说不出来话了。我就觉得，这可能吗？我父亲能这样吗？他永远在我面前都那么坚强，而且是那种非常严厉的形象。他怎么竟然会失声痛哭，我真是体会不到这种心情。但是我再过了两三年以后，随着年龄长大了，我就越来越能体会这种感觉。我觉得他确实是很伟大，而且我也觉得也只有我们中国父母能够做到这一点。

1997年，当同龄人还在父母怀里撒娇的时候，十五岁的郎朗已经顶着重压，远赴费城柯蒂斯音乐学院深造。他师从钢琴大师、学院院长格拉夫曼。除了钢琴技艺日渐成熟之外，郎朗也从这里迈出了他职业演奏生涯的第一步。

刚到美国学习时，郎朗只能弹下来七首协奏曲，而一年半以后，他完成了三十首协奏曲的演奏，就连格拉夫曼都惊呼郎朗创造了奇迹。这时候的郎爸，虽然不懂英语，却依然与儿子一起上课，帮助儿子做笔记，课后与儿子一起研讨。

郎　　朗：我父亲那几年对我要求很严厉，但是我感觉我父亲在美国待了一段时间
　　　　　后，他的很多也都在变化。可以这么说，我父亲现在是最不严厉的家长。
　　　　　我小的时候，我父亲会替我想很多事情，但是他来到美国以后，很多时候
　　　　　我就觉得，可能也是因为我年龄大了，他更多的是想给我创造一种让我很
　　　　　快成熟的环境。我觉得对他来讲，这也是另一种文化对他的影响从而产生
　　　　　的一种变化。

　　郎朗的外形阳光俊朗。他和姚明常会被美国的年轻人当做偶像。在钢琴热席卷
整个中国时，郎朗也是中国无数琴童心中的偶像。
　　中国的另一位钢琴大师傅聪给了郎朗很高的评价："他的血液当中流淌着独特
的、只有中国艺人才具有的气质。他在弹琴时有一种忘我的境界，非常投入，但又
不失控制。他在与乐队合作时，会仔细地倾听整个音乐，因此他的每一个细节处理
得都非常有性格，富有创造力。他给了我极大的惊喜，超出我的想象，这孩子没参
加过什么大赛，也不再需要任何比赛了。"

郎　　朗：从小，不管多忧郁，多有压力，我都喜欢弹钢琴，我都是希望当一个音
　　　　　乐大师，而且我总会看到那个希望。
许戈辉：你从来没有恨过？
郎　　朗：我从来没有恨。有一次，我差一点放弃弹琴。那是刚来北京的时候，一
　　　　　切都很不顺。在学校里面换了一个新的环境，尤其我又是从别的城市来，
　　　　　整个都不是很顺。再加上，我当时来北京时有一个钢琴老师，我怎么弹那
　　　　　老师都说我弹得不对。到下一次上课，她又忘了她上次跟我说什么了，她
　　　　　就说你这么做也是不对的。所以说我弹什么都不对。在这种情况下，我觉
　　　　　得一个人就会失去对音乐的兴趣。作为一个老师，她绝对不能恶语伤人。
　　　　　假如你的学生没有才能的话，你也要鼓励他。我那时候是非常努力，而且
　　　　　并不是没有才能，但被这个老师说得一文不值。她说你肯定当不了钢琴

家，而且没有任何理由，最后她狠狠地说了一句话，"我不教你了，你不会有希望的"，就给我踢出门了。那时候对我是一个非常大的精神打击，因为我觉得我这么喜欢弹钢琴，而且我也希望在钢琴上面有自己的一些理解，但是她想完全把我的个性抹杀掉。我当时就不想弹琴了。我觉得弹琴，第一痛苦，第二没有希望，我弹它干吗。

在美国深造近八年，西方的教学方式将郎朗带入一个新的天地。他的个性得到充分地张扬，也使他对音乐教育形成了自己的看法。

郎　朗：现在很多时间我都在思考一个问题：为什么我们中国有很多有才能的小孩，但是到了一定程度后为什么发展不上去。这是一个很值得思考的问题。艺术这个东西没有对和错。它有一种传统，传统是能学到的，而创造的意识是学不到的。所以我觉得我们中国，甚至于亚洲音乐界要非常重视的一个项目，就是怎么样能让学生在传统和创造之间找到平衡。就是说，一个曲子完全是在当时曲风之下的这种弹法，同时把自己的个性弹出来，这才是成功的老师。

前不久，郎朗接受了朱丽亚音乐学院的聘请，成为该院历史上最年轻的钢琴大师班的老师，他用自己对音乐的理解，带领更多的孩子进入音乐殿堂。

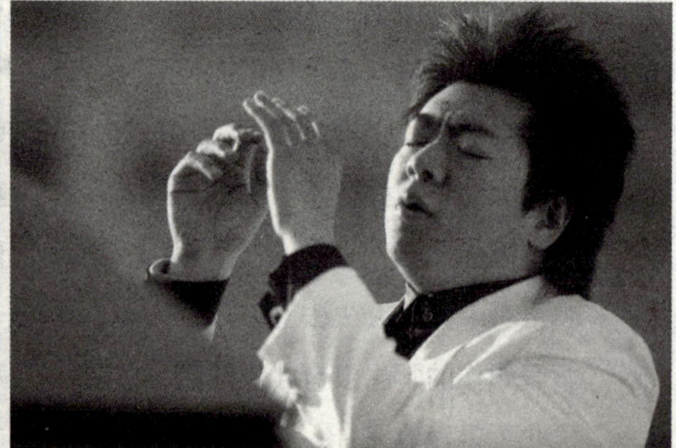

　　凭借超凡的天资和卓越的琴技，郎朗在世界舞台上展尽风采，获得众多赞誉。他是首位受聘于世界顶级水平的柏林爱乐乐团和美国五大交响乐团的中国钢琴家。2002年，伯恩斯坦艺术成就大奖的获得，更使郎朗成为世界第一位获此殊荣的中国艺术家。2004年5月20日，郎朗在纽约接受了联合国儿童基金会授予的"儿童亲善大使"称号。

许戈辉：有那么多的家长希望自己的孩子能在艺术方面有所成就，但是最终能够走到这个金字塔顶尖的，只有很少很少的人。那么最终能够走上塔尖的这些人，他们到底应该具备什么样的素质，接受什么样的训练，还有经历什么样的人生历练呢？你通过你自己的经验，会怎样来总结？

郎　朗：说句实话，人生历练，并不很重要。因为我觉得在国外成长起来，比较优越，很多伟大的艺术家并没有太多的痛苦，他照样能弹出催人泪下的作品，这跟人生历练没有什么太大关系。我觉得最重要就是，首先你要热爱钢琴；第二是才能，才能也很关键，但是才能不等于一切；第三背后要有人扶持你。你要有很好的老师，要有好的条件来学习钢琴。

许戈辉：刚才说了这么多条，还没提到勤奋呢。

郎　朗：对，我们刚才说，勤奋跟热爱是联系在一起的。如果不热爱的话，你不可能勤奋，所以第一点我说是热爱，然后到了一定程度的时候，你才能开始勤奋。

许戈辉：但是我们知道有很多的长辈会强调勤奋，会说这个成功等于百分之一的天赋加上百分之九十九的勤奋。

郎　朗：勤奋是很重要的，但是不可能是百分之九十九的勤奋，一分的天才，这在钢琴界里，我觉得是不可能的。你如果说百分之五十的勤奋跟百分之五十的天才，我认为这是对的，因为你的勤奋跟你的天才程度必须要一样才行。

许戈辉：那你从小就要求自己做到最好，在每一个阶段都给自己……

郎　朗：那我是希望在演奏方面。

《黄河之子》是郎朗第一张全部中国作品的专辑，其中收入了1939年冼星海《黄河大合唱》的改编版和一系列富有中国民族特色的乐曲，比如《枫桥夜泊》《春江花月夜》等。郎朗说，这是他系统地将中国民族音乐推向世界的第一步。

我希望《黄河之子》可以为世界各地的听众们开启一扇门，让他们认识中国的文化和音乐。除了钢琴演奏之外，我还在这张专辑中使用了琵琶、古筝等中国传统乐器。要想让外国人一下子接受琵琶、古筝弹奏出的声音恐怕有困难，所以我利用了钢琴这个他们比较熟悉的乐器跟琵琶合奏，这样他们接受起来会容易很多。

——郎朗

如今，父子二人钢琴与二胡合奏的《赛马》，是他们世界巡演的保留节目。

向全世界推广中国音乐，并不是说说就算了的。其中的艰辛和挫折可想而知，也许需要十年、二十年，甚至更长的时间。但郎朗说，这并不是别人硬性指派的任务，而是自己成名后的"野心"。

许戈辉：在每一个阶段都给自己定一个目标，那现在你给自己定的目标是什么，你要超越的下一个目标又是什么？

郎　朗：我现在更追求通过在国际上应有的地位，继续发展一些新的作品，尤其亚洲的作品、中国的作品。我觉得这是很有挑战性的。因为毕竟西方人对我们中国的音乐并不了解，这个事情也是我们每个中国人都应该去争取的。要为我们自己的民族，我们自己的文化，在世界这个舞台上争到一份很让世人瞩目和尊重的一席之地。

尾声：2006年10月22日，《郎朗的歌　献给2008》电影音乐艺术片的第一支曲子在故宫午门前奏响。郎朗将在影片中把完美的旋律和中国的名山大川融合在一起，向世界展现中国。这在钢琴历史上是第一次这样拍摄。

名人

梁朝伟 | 谜一样的男人

梁朝伟，生于1962年，祖籍广东。1982年加入无线电视演员训练班第十一期，正式步入演艺界。随后拍摄了《鹿鼎记》《杨家将》《新扎师兄》《倚天屠龙记》《绝代双骄》《花样年华》《春光乍泄》等多部脍炙人口的作品。他与刘德华、黄日华、苗乔伟及汤镇业并称"无线五虎"，是两届香港金像奖影帝，凭《花样年华》荣获戛纳影帝。

梁朝伟简介

　　梁朝伟，生于1962年，祖籍广东。1982年加入无线电视演员训练班第十一期，正式步入演艺界。随后拍摄了《鹿鼎记》《杨家将》《新扎师兄》《倚天屠龙记》《绝代双骄》《花样年华》《春光乍泄》等多部脍炙人口的作品。他与刘德华、黄日华、苗乔伟及汤镇业并称"无线五虎"，是两届香港金像奖影帝，凭《花样年华》荣获戛纳影帝。

导语: 他曾经四度夺得香港电影金像奖最佳男主角, 两度夺得台湾电影金马奖
　　　最佳男主角, 是继葛优后第二位华人戛纳影帝。他是矗立在香港电影界
　　　一座无法超越的丰碑。

　　　　　坐在采访现场的伟仔, 目光环顾, 游移中依然电光四射。他是蓝色
　　　的, 忧郁的蓝色是他在一个又一个的电影镜头中逐渐堆砌起来留给观众
　　　的印记。眼前的他就是一个典型的蓝色梁朝伟, 他的眼神里包含着太多
　　　内容让人无法看穿, 他的忧郁气质最令人着迷。

　　梁朝伟就像他在《花样年华》中饰演的周慕云一样, 腼腆、忧郁、成熟、内敛。
他从小就有着自闭独处的性格。当走上演艺之路后, 他发现通过演戏和音乐表达自
己, 是唯一与现实沟通的方式。

　　梁朝伟那双迷人的眼睛有着摄人心魄的魅力。王家卫说:"梁朝伟是可以不要
嘴巴的, 单靠他的眼睛就可以演戏了。"

许戈辉: 我是许戈辉, 你好。到上海一般你都会去什么地方玩?
梁朝伟: 我都不敢出去的。我不太喜欢被一堆人看。我觉得很不舒服, 所以我平常
　　　　都不出去。
许戈辉: 其实你应该很习惯被人家盯着看啊。
梁朝伟: 我拍戏会习惯。但是在平常生活里面, 我希望像普通人一样, 可以逛逛街,
　　　　没人理我, 我很难有这样的机会。不过没办法, 都是这样的, 谁叫你是做
　　　　这行的, 没办法, 除非易容或是改装吧。
许戈辉: 你试过戴上帽子、眼镜、口罩?
梁朝伟: 我试过了, 还是认得。而且大家奇怪梁朝伟为什么要这样。

　　2006 年 12 月 6 日, 梁朝伟出席贺岁大片《伤城》新闻发布会。
　　《伤城》是梁朝伟第一次演反面角色。在片中, 梁朝伟戴着一副眼镜, 表情怪

异，整个人显得不阴不阳。梁朝伟用铜像杀死自己的岳父和管家的镜头在片中多次重复，血浆飞溅到油画和相架上的场面被导演用特写镜头加以突出。看过电影的观众多以"变态""残暴"来形容他。

许戈辉：你自己曾经说过，你说你喜欢演戏的一个原因，是你可以通过这个角色来释放你被压抑的那一部分情感，而你释放的时候，人家又不知道那是你。

梁朝伟：对。

许戈辉：那么通过《伤城》里边的这个警官角色，你觉得你释放的是哪一部分？

梁朝伟：我不知道啊，我真的不知道。平常生活里面，有的时候受了很多气啊，受了很多压抑啊，我可能就在电影里面宣泄出来。

许戈辉：生活中谁会给你气受？

梁朝伟：都会啊，有的时候你工作不一定很（开心）。每个人都有开心不开心的时候嘛，我相信一定有的，每个人都会有的。

许戈辉：或者说生活中什么样的事情会让你不开心？

梁朝伟：有时候我喝不到一杯威士忌都会很不开心，有的时候吃不到一个很想吃的东西都会很不开心啊。

许戈辉：那你是一个生活特别精致的人。

梁朝伟：因为小狗去世，我都会很伤心，情绪都压抑在里面。很多东西都会让我很不开心，比如下雨啊，都不开心。我属于比较 sensitive 那种人，就对有些东西的感受特别强烈吧。

《伤城》的故事发生在一个伤心之城。故事以一宗残酷的灭门惨案开始，带出各人的过去，逐步揭示出惨案中所隐藏的事情真相。梁朝伟扮演深藏不露的总督察刘正熙，金城武则饰演一位智勇兼备却又嗜酒成性的私家侦探丘健邦，二人亦师亦友，为生死之交。丘健邦带着过去的伤痛，却又和舒淇扮演的细凤的关系扑朔迷离，徐静蕾扮演的金淑珍为刘正熙的新婚太太，却不知自己是被丈夫利用的工具。人性的诡异与布局的奇情，在本片中得以全面的彰显。

许戈辉：我看到你曾经对媒体表示过，魔鬼警官这个角色，是你拍戏以来遇到过的
　　　　一个最具有挑战性的，最有难度的角色。到底它难在哪儿？

梁朝伟：其实也不算难，对我来讲是比较新鲜吧，我很少演这类型的角色。

　　　　这个人物小时候发生一件事情，对他心理打击很大。我觉得小时候他的心
　　　　理已经有问题了，他有虐待小动物的习惯。他的情绪没办法宣泄，他就怨
　　　　天，为什么要这样对我，为什么会发生一件这样的事在我身上。大了以后
　　　　他当警察，对付坏人的刑罚也是扭曲的，不正常的，是他宣泄自己情绪的
　　　　一种方式。到后来他有机会报仇，就一直伤害所有的人，其实也是在伤害
　　　　自己，只是到最后他才理解到。他太太死，他哭了，不是因为他太太死，
　　　　而是因为原来那么多年，是自己在伤害自己。

　　刘伟强（《伤城》导演）：这是极大胆的尝试，因为梁朝伟演戏二十年，都没试

《伤城》上海新闻发布会

过演奸角，挑战很大。他自己都觉得挑战很大。

　　梁朝伟：当初我不会想这个人一定很奸险，我认为可能是一个很负面的人物。我只想这个人为何是这样，为何最后会伤害这么多人。

　　杜汶泽：伟仔演这部戏也相当痛苦。我相信，因为他入戏入得很深。

梁朝伟：那是比较自毁的角色，演起来不太舒服。刚开始的时候，我觉得怪怪的，不太喜欢自己这样。不过这个过程总是这样的，你必须要慢慢接受。刚开始我不习惯演这个类型的角色。

许戈辉：不习惯演，为什么会接呢？

梁朝伟：因为我想挑战自己啊，演一些不是我从前惯演的。我本来是演金城武那个（角色），但是后来我看到那个角色像"侦探版"的《流氓医生》，又像一些我从前演过的一些比较颓废的人，所以我就觉得不如试一下，演另外一个人吧。

许戈辉：所以是你自己主动跟导演提的？

梁朝伟：对，我说我想去演那个（刘正熙），不是更好吗。那个正派比较容易找人去演。演反派很难找啊，又要帅，又要会演戏，又得愿意来演，比较难啊。我就（对导演）说，不如我来演吧。

许戈辉：自信心爆膨。

梁朝伟：我不是说我，我是说找一个帅哥来演那个反派很难。

　　　　　我不是说我帅，我是说要找一个长得帅的人来演这个反派，找不到，然后……

许戈辉：但事实上他们确实是找到了一个很帅的人。

　　《伤城》花絮：

　　金城武：跟他对戏的时候，我不太敢看他的眼睛，那会让你觉得，哗，觉得很稳。

　　舒淇：我觉得他的那个眼神就有那种忧郁，要进到你心里头，但是又把自己爆发出来的那种感觉。

许戈辉：但是我知道你在这个戏里面偏偏戴了一副眼镜，这样就把你最有魅力，最能够表达的那部分给遮起来了。这不是把你的一个杀手锏、一个最有杀伤力的武器给剥夺了吗？

梁朝伟：我觉得那个小道具蛮好，是导演的意思。他第一天跟我说造型的时候，他说没有看过梁朝伟戴眼镜演戏。我戴完以后，就觉得蛮像这个人物，深沉，阴森。在玻璃镜片上面还有一层灰色，这样他在后面看人，人家就要透过眼镜才能看到他。戴完以后

我就觉得，（这副眼镜）对我投入这个角色也蛮有帮助。

　　还有就是我觉得，常用眼睛演戏也会很闷的，每一场都一样。我觉得演员应该是除了眼睛以外，脸、手、身体，包括你声音的控制，你的台词，你的对白，都是你表演的一部分，不一定要每一场都用眼睛，有些时候用身体，有些时候用声音。我觉得这样多变，人家看起来才会好看。表演不是单一一个东西的，所以我也不觉得戴眼镜会有什么影响。本来他们是希望不常戴的，我说不常戴，你给我一个眼镜干吗。我说每一场都要戴。因为我戴完以后，看镜子我就能感觉到那个人物，很有那种感觉。

刘伟强：有一个镜头，他看完问我觉得怎么样？我说很好，他问我有什么好？

我说那个人都不是你，对观众来说也有新鲜感，不要只做电眼先生，做些……原来
梁朝伟也可以这么奸啊，是啊，他可以很奸。

许戈辉：我知道有的时候呢，导演会给一个人物设计一些特别的东西，包括服装，道
　　　　具，或者一些小动作。但是我不知道你会不会在接到一个角色之后，也会去琢
　　　　磨，去想，然后为这个人物设计一点属于他的特别的小东西？

梁朝伟：基本上最主要还是他。剧本以外的一些东西，就是从小到大，他经过什么
　　　　东西，有哪件事对他影响很大，这个对他以后待人接物，或者是对一个事
　　　　情的看法，影响很大的。

许戈辉：对，好像你特别强调这个人物童年的经历对他以后的影响。

梁朝伟：对，就好像我梁朝伟是经过四十几年，其中某些东西对我有特别强烈的感
　　　　觉，所以形成今天的我。我创作角色也是这样，我必须要知道他从前是怎
　　　　样长大的，哪一年开始拍拖，哪一年开始抽烟，喝酒，然后哪一件事让他
　　　　差不多要崩溃，有什么事情，什么时候跟人打架……我是这样去准备角
　　　　色。其他外在的都是后来再想，比如说一些走路的姿势，或者声音放的位
　　　　置，可能声音放这里，放这里，放这里，不知道……

许戈辉：你觉得你自己童年的什么经历对你现在影响最大？

梁朝伟：所有，不是应该所有吗，所有的都对我影响很大。有好的影响，有坏的影
　　　　响吧。

许戈辉：好的是什么，坏的又是什么呢？

梁朝伟：好的是，我特别有忍耐力，耐性特别好；不好的是，会变得很忧郁，很沉
　　　　默，沉默寡言啊，不会、不懂得跟人家沟通。

　　1962年出生的梁朝伟，童年生活并不幸福。父母的不幸婚姻给他幼小的心灵，
烙下了一道刻骨铭心的伤痕。

　　父母离异在他的心里留下了至深的阴影。由于害怕别人问起家里的事，梁朝伟
索性从小就习惯把自己封闭起来，怕去学校，怕和小朋友沟通，因此变得越来越孤

僻。那时他除了不会表达自己，在人多时还会害怕。

梁朝伟：其实我爸爸从小就离开我们，我从那个时候开始就不爱讲话，不跟人家接
　　　　触，是因为害怕，很怕跟同学聊到你家庭里面，聊到爸爸，你就不知道讲
　　　　什么。害怕，就开始拒绝，就自我否定，就开始沉默。但是也有好处，那
　　　　就是因为这样，很多东西都压抑在心里面，所以可能眼神里面有那么多东
　　　　西，是因为不会表达自己，所以所有东西都在眼睛里。这个你说是好是坏，
　　　　很难讲，对我演戏来讲是好，如果不是这样，我今天表演也不可能有那么
　　　　多情绪，所以是好是坏，难讲，反正都对你整个人生有很大的影响。

　　　父亲绝情离去后，作为那个破碎家庭中唯一的男性，年幼的梁朝伟承担起保护母
亲和妹妹的责任，人一下子变得成熟起来。由于家中经济拮据，十五岁那年，梁朝伟
被迫辍学，在舅舅的杂货店当起了报童，后来还先后卖过空调、洗衣机和冰箱。从小
强迫自己离开人群的梁朝伟，唯一的乐趣就是看电影，也正是在一次看电影的途中，
他结识了演艺圈中的第一位好友——周星驰，同时拍摄了自己人生中的第一部短片。

许戈辉：你这一次演这个反面的角色，你说你也是比较少接触这样的角色。但是我
　　　　知道这不是你第一次演一个反面的角色。
梁朝伟：对，我从前也演过，比如说《暗花》里面那个坏警察，还有⋯⋯
许戈辉：最早是什么时候？
梁朝伟：最早是拍电视剧的时候。
许戈辉：最早应该是你和周星驰拍的一个什么八分钟的短片，是不是？
梁朝伟：那个，那个不算是坏人，我那个时候根本不会演戏，都是装。那个不算，
　　　　那个心理上没有坏人的那种情怀，所以完全只有外表。
许戈辉：为什么你曾经说，好像是周星驰最早来教你怎么表演？
梁朝伟：他不是找我来表演，他找我帮他达成他的心愿，去拍他想拍的东西，我只
　　　　是一个工具而已。

许戈辉：噢，你这么形容你当时的作用？

梁朝伟：对，只是一个工具。

许戈辉：那这个工具表现得怎么样？

梁朝伟：那个时候我对演戏根本不感兴趣，也还没有开始接触演戏，我又不知道演戏是什么东西，然后就叫我这样，叫我那样。

许戈辉：那你觉得什么时候算你真正对演戏开窍了？

梁朝伟：开窍，其实我喜欢演戏是从我在无线演员训练班开始。当接触演戏以后，我就发觉能躲在一个人后面宣泄自己的情绪，是很舒服的。那个时候开始喜欢演戏。

　　1982年，梁朝伟考入了香港无线电视艺员培训班，由此开始了自己的演艺生涯。

梁朝伟：我第一次接触，就发觉很enjoy（享受），因为它是唯一可以宣泄我自己情

绪的方式，我第一天就找到了，我知道我会喜欢这样。

许戈辉：你也知道你以后就一直以这个为职业？

梁朝伟：那我不知道。因为那个时候，几千人收几十人，几十人里面到时候能签约的可能只有十几个人。反正很喜欢，就在那边学吧，学完以后还要考试，每三个月都会有一些被筛出去，也不知道有机会会演戏，就是知道自己喜欢而已。

许戈辉：但那个时候有压力吗？

梁朝伟：没有压力。

许戈辉：会觉得在这个环境中生存，竞争很激烈吗？

梁朝伟：我从来没有。我做人是从来没有什么压力的。没有压力，尽了力，尽了力就好了吧。

1984年，刚刚从无线艺员培训班毕业不久的梁朝伟，因为在金庸大作《鹿鼎记》中成功扮演韦小宝一角而名声大噪，成为当时香港影视圈中最炙手可热的小生之一。

许戈辉：你最早出道成名，应该是演韦小宝，对不对？你身上有像他的地方吗？还是完全是你演出来的？

梁朝伟：我觉得完全是我演出来的。因为第一次演的时候，我是根据我一个演员同事，根据他的外表，他的肢体语言，他的那种……反正是他，其实我看韦小宝的时候，突然间想到他。其实我在学他，我是扮演他。

梁朝伟和刘嘉玲爱情长跑了十八年，他尊重刘嘉玲的生活方式，欣赏她的性格。梁朝伟曾毫不犹豫地表示，如果在演艺圈真的让两人不开心，他可以放弃一切，陪她离开演艺圈。这样不顾一切的告白，使刘嘉玲深受感动。刘嘉玲曾经这样形容梁朝伟："他是很干净的天使，不论思想、为人都很正直，现在已经很难找到。"

梁朝伟：但是跟其他演员之间的感情，感情还是我自己的，戏是假的，形体也不是我，形体，那个声音啊，音量，是那个人的。我哭还是我自己的眼泪，我愤怒还是我自己的愤怒，开心也是我自己的笑。所以你说是不是我，肯定有一些东西是我，但是有一些东西不是我，是我借回来的。

许戈辉：你羡慕像韦小宝这样的男人吗？

梁朝伟：我拍完以后，一点都不羡慕，因为很累的，你要同时间应付六七个女人，是很痛苦的一件事。

许戈辉：只有享过这样艳福的男人，才会不羡慕，才会知道累，你要知道有多少男人很羡慕他？

梁朝伟：你要知道女人之间那种勾心斗角就让你烦死了。

许戈辉：所以还是应付一个女人比较好。但是我肯定是很多人问过你无数遍的，就是既然和一个自己心爱的女人生活在一起这么久，为什么还不走入婚姻？

梁朝伟：有这个需要吗？一定会觉得有这个需要你才会这样嘛，我觉得没这个需要，做出来是给人家看的。

许戈辉：那你怎么看待婚姻和感情？

梁朝伟：我有一点阴影，童年的阴影，我觉得蛮害怕的，可能是爸爸妈妈的离婚，让我觉得（婚姻）没安全感，对婚姻有一点害怕吧。还有就是大了以后，我又觉得有这个必要吗？两个人开心就在一起，而婚姻不是说，大家不喜欢要离婚的时候，就可以拿这个分一点钱，我觉得没有这个必要。

许戈辉：所以婚姻对你来说更多是一种形式？

梁朝伟：对啊，就是做给人家看的，是不是签了那个字，就代表感情会更深呢？

许戈辉：那你介不介意别人怎么看你呢？

梁朝伟：其实我是一个很矛盾的人，有时候介意，有时候不介意。

许戈辉：或者就说你介意一些人怎么看你，你不介意其他那些人怎么看你？

梁朝伟：其实有时候我就会说我不介意，但有时候，他们的想法跟我的想法不一样的时候我就会介意。

　　20世纪80年代，香港娱乐业进入空前繁荣的时期。先后毕业于无线艺员培训班的汤镇业、黄日华、苗乔伟、刘德华和梁朝伟，纷纷在电视圈崭露头角，辉煌的"五虎将"时代由此来临。

1984年，凭借《鹿鼎记》一炮而红之后，梁朝伟的事业可谓如日中天。作为"五虎将"之一，他又先后拍摄了《新扎师兄》《绝代双骄》等一系列脍炙人口的电视剧。

随后他进军影坛，凭借电影《人民英雄》和《杀手蝴蝶梦》两度夺取香港电影金像奖最佳男配角奖。

许戈辉：香港的很多演员，一年要接很多很多的戏，所以可能作为演员，戏里戏外自己可能都会分不清了。你会分得很清吗，会把拍戏中的情绪带到生活里来吗？

梁朝伟：会，在那段时间里面会带回家。我觉得演员毕竟也是人，你需要花很多精力，很多准备把自己逼进一个这样的角色里面，你不可能一收工，按一个按钮，然后就离开，没有这回事的。因为你要演一个人物，从你开始准备，开始逼自己进去的时候，是需要一段蛮长的时间。进去以后要出来，相对也需要一段时间。这对于身边的人来说，会比较痛苦，因为常常会觉得今天是这个样子，然后明天又是另外一个样子。但是没有办法，这就是我喜爱的工作，我这个工作就是这样要求的。

1989年，梁朝伟一改以往嬉笑耍宝的戏路，出演了他演艺生涯中第一部具有国际影响力的影片——《悲情城市》。在台湾著名导演侯孝贤的执导下，他将剧中"文清"这一哑巴角色演绎得惟妙惟肖。

《悲情城市》是一部以台湾"二二八事件"为背景的影片。梁朝伟在片中虽没有一句台词，却将心事重重的表情融化在侯孝贤的天空、树木和摇荡的风中。

许戈辉：在你电影里的很多的角色中，眼睛是你表达的一个渠道。最早，可能是侯孝贤导演拍《悲情城市》的时候，他干脆就剥夺了你嘴巴说话的权利。所以大家发现，哎，还有一个可以不靠嘴巴去演戏的演员。

梁朝伟：我想他也是没办法。因为那个时候，我根本听也听不懂(台语)，讲也不会
　　　　讲，一句都不会讲，讲出来人家都会笑的那种，跟聋哑没什么分别。他索
　　　　性就……算了吧……那你就聋哑吧，反正比较容易演的，反正我根本也不
　　　　知道他们在讲什么。

许戈辉：可见这个导演（侯孝贤）还是特别特别地看重你，他不惜来改变这个角色。

梁朝伟：我也不知道原因是什么。其实那次合作后发觉我和他在创作方面都是一样
　　　　的。他（侯孝贤）创作电影，我创作一个角色，原来都是这样的。他今天
　　　　还是这样，很关心我，常常会打电话问我，你最近怎样啊，不要喝那么多
　　　　酒啊，然后，这个年纪要有规律啊，睡觉要早啊，不然体能不够啊，拍戏
　　　　拍得不好。或者有时候我有电影上映，他也会来看看我，我都会问他，演
　　　　得好不好啊。

许戈辉：其实对你这样一个就是在家里边又没有兄弟，然后也没有父亲在身边，像
　　　　他们这样的一种情感，可能会让你感觉到有点像父子或者是兄弟之间的那
　　　　种吗？

梁朝伟：可能是吧，因为你这样讲，就让我想起我的朋友，大部分的男性朋友啊，
　　　　大概六十岁啊，七十多岁啊，八十岁，平常大家会聊天，下棋，喝酒，听
　　　　音乐。我比较喜欢跟他们聊，我不晓得为什么，年纪跟我差不多的，我很
　　　　少有这样的朋友，我会觉得他们像小孩。

　　　2007年，梁朝伟连续第三年担任香港影视娱乐大使，并特地为香港贸发局拍摄
了一套宣传香港娱乐业的短片。从春节开始，这个短片在全港近百家戏院及大型户
外电视播放。

　　　在短片中，梁朝伟置身计算机特技场景，介绍香港影视娱乐博览的各项活动，
并呼吁公众积极参与。他表示能够为推动香港的娱乐事业出一份力，当然觉得很荣
幸而且很开心。梁朝伟说："香港影视娱乐博览是集合了八项电影、电视、音乐及
数码娱乐的精彩盛事，当中有很多活动都欢迎市民大众亲身参与，希望大家都可以
全情投入，一起支持。"

梁朝伟：跟他们聊天会启发我很多东西。他们的智慧要比我高，我会从他们身上学到很多东西。我最近变得成熟，也可能是因为他们的关系。

许戈辉：再有因为他们年长，又有阅历，他们可以更宽容一些，更包容一些。如果是一个和你同龄的，可能两个人就……

梁朝伟：我跟一票友认识十年了，他每次见到我都说，不成熟，哎，我觉得很气。他每天都叫我"草蜢仔"。"草蜢仔"就是从前我们有一部电影叫《功夫》，那些高僧就叫那个学生"草蜢仔"，就是"Grasshopper"。他常常叫我"草蜢仔"，就是不成熟啊，小孩啊。其实我也不小啊，四十四岁，还是小孩？

　　1990年，梁朝伟出演了王家卫的电影《阿飞正传》，虽然只在片尾出现了短短三分钟，但正是这精彩的出场，拉开了他与王家卫合作的序幕，从此成为王家卫电影中"御用"的男演员之一。

梁朝伟：我是那种很懒的人，什么东西都慢慢来，所以我很喜欢拍王家卫的电影。我不介意拍五年、十年，我绝对不介意。最好慢慢，慢慢享受这样。我最怕那种两个月你必须把国语学得很好，角色准备好，给你一大堆书，必须要看完。然后跟我说你怎么演，哇，这样我就很紧张，我就很害怕。

许戈辉：所以你希望演戏是一种特别自然的过程？

梁朝伟：因为演戏对我来讲，本来就是一种享受。不要逼我，比如必须要三个月里面要完成，这样我就很……

许戈辉：哎，但是我怎么偏偏记得，好像有一次刘嘉玲在上一个节目的时候，她接受别人的采访，她说你拍王家卫的片子，曾经感到过很大的压力，甚至你还想逃跑？

梁朝伟：哦，那是拍《春光乍泄》。因为我觉得他应该拍完了，还有什么东西可以拍呢？

　　《春光乍泄》中的梁朝伟再一次突破了他塑造角色的界限。影片中他与张国荣的冲突剪不断、理还乱。片中的梁朝伟终于向着梦想中的大瀑布进发，而现实中的梁朝伟也在逐步接近表演的顶峰，仅以一票之差与戛纳影帝擦肩而过。

梁朝伟：因为距离香港太远，我开始想家，开始做梦梦到妈妈。

许戈辉：隔着大洋，还在南半球。

梁朝伟：当知道有什么事情发生的时候，我需要三十个小时才能回去，我会很担心。因为你不是在上海，三个小时就能回到家。好像大家的距离像天涯海角那么远（那时梁在阿根廷），我已经开始想家，已经开始受不了，开始想妈妈。然后我也觉得拍了那么多月，要拍的已经拍够了吧，还有什么东西可以再拍？而且，其他的主角都走了，一个人在那边拍什么呢？所以就想过要逃。

许戈辉：那你反抗的方式是什么？

梁朝伟：怎么反抗啊？

许戈辉：就是你跟导演要complain（抱怨）嘛。

梁朝伟：我没有complain（抱怨），我本来是要偷偷地跑的。

许戈辉：偷偷跑的？

梁朝伟：对呀。

许戈辉：这是你一贯的行事风格吗？

梁朝伟：不偷偷的怎么跑得掉啊，跑不掉的。一大堆人在那边，制片啊，他们不让你这样，逃不了的，你必须要偷偷地跑。

许戈辉：你当时都尝试了一些什么样偷偷逃跑的方法？

梁朝伟：我已经准备好了，Detail（详情）我忘了，我跟他们坐的班机不一样，工作人员坐一班，我是搭另外一班飞机回来。因为我没行李，很快，我就拿了Passport（护照）和机票，然后准备一下飞机就跑过去国际飞机场，飞回香港去。

许戈辉：飞了三十个小时，好不容易飞到世界尽头，然后趁人不注意再跑掉。

梁朝伟：对，但是后来没有这样做。因为，哎，最后还是不忍心这样，总算是一个
　　　　Team（团队），总不能这样逃，做逃兵这样，好像不太忍心，后来就没有
　　　　这样做。有这个想法，全部准备好了，到最后一秒钟还是，哎，算了吧。

　　　阿根廷四个月的痛苦"煎熬"，为梁朝伟赢得了人生中第二座香港电影金像奖
最佳男主角的奖杯。

　　　第十七届香港电影金像奖颁奖典礼：
　　　梅艳芳：第十七届香港电影金像奖最佳男主角……
　　　成龙：坐我后面那个梁朝伟！
　　　梁朝伟：多谢王家卫做了一个假剧本，骗我离开香港，到六十个小时那么远的
阿根廷，害得我被迫留在那里，不能回来，一定要拍。多谢张叔平将我不好的剪掉。
谢谢有一个这么好的对手张国荣，如果不是他，我也没机会拿这个奖。

许戈辉：我听你刚才讲这段故事，这段经历，我可以看到你身上，就是你的 Body
　　　　（身体）里边，有一种男孩子，就是 Boy 的和一种男人的在打架。
梁朝伟：对。
许戈辉：男孩子那种是率性，男人的这边是责任。
　　　　你身体里经常会有两个小人在打架吗？
梁朝伟：对，现在越来越严重，因为年纪越来越大。
许戈辉：男孩子还不肯走，还不肯 grow up（长大）。
梁朝伟：对，那个责任越来越大，然后那个（男孩子）还是必须要那么小，所以现
　　　　在的矛盾越来越大。
许戈辉：经常谁打胜？
梁朝伟：很难讲，看什么事情吧。有些真的无关痛痒的，小孩吧，就让小孩吧；有
　　　　些你觉得会伤害到其他人，就大人，就男人吧。
许戈辉：对你来说，什么算是无关痛痒的，什么算是那个关系重大的？

梁朝伟：突然间想不出来啊。一杯威士忌算无关痛痒。

　　　　比如说好像我逃离片场的时候，我觉得好像一个Team，我会让很多人在
　　　　那边等。你不能这样，所以那个算比较大的。

许戈辉：如果让你就用一个词来形容男人最可贵的品质，你会告诉我是什么？

梁朝伟：责任吧。

许戈辉：所以如果要是别人来说，啊，梁朝伟怎么怎么样，你就觉得如果人家说你
　　　　有责任感，就是对你最高的褒奖？

梁朝伟：我不需要人家对我说，我本来就很有责任感。我对家人啊，从小到大都非
　　　　常有责任感。这个我对自己是没怀疑的，反而对于有些工作上不一定很有
　　　　信心了，我需要慢慢建立。

　　凭借电影《花样年华》，梁朝伟成为香港电影界唯一夺取戛纳影帝的男演员。
　　梁朝伟把自己生命中的"花样年华"定格在现在：心智成熟，还有生活阅历。
　　在人生走向成熟之后，他更懂得珍惜生命中的一些普普通通的瞬间和东西：比
如每天的天气、碰到的每个人或吃过的东西，这些东西都是每个人每天都要接触到
的，但并不是每个人都懂得欣赏和珍惜。

许戈辉：我发现你刚才一直在强调一点，你说，哎呀，年纪也不小了，年纪也不小

了，那到目前为止，你觉得你自己人生的花样年华是哪一个阶段？

梁朝伟：我觉得每一个阶段都可以有的。

现在……可能……可能三十八岁的那个时候吧。

许戈辉：三十八岁，发生了什么？

梁朝伟：就是几年前吧，刚拍《花样年华》的那个时候，那个时候感觉所有的东西都是最高峰。

现在就是人成熟，但是体能会下降，会比较差一点，所以必须要好好地保护，才能保持在一个好的状态。因为我觉得人毕竟也不会一直这样上坡吧，总会有下坡的时候，现在应该是下坡的时候了吧，或者你不下坡，你也希望身体保持在一个好的水平，所以为什么侯孝贤会跟我说，有规律的生活，然后饮食要有节制，这样才能保持状态。如果还演戏的话，需要很多能量，因为演一些很重的戏的时候，你不会演一遍，你可能演二十遍、三十遍，你感觉到从前演三十遍没事，现在演十五遍已经"导演，我很累了，今天不能拍了"。

在拍摄《伤城》期间，梁朝伟就已经开始为李安导演的新片《色·戒》进行准备。在这部根据张爱玲同名小说改编的电影中，他将出演色厉内荏的狡猾汉奸——易先生。对于甚少出演反面角色的梁朝伟来说，这个角色无疑将成为他电影生涯中又一次全新的尝试。

许戈辉：还有没有特别想去演的某种类型的角色，但是还没有尝试过的？

梁朝伟：我想太多太多了，因为世界上有多少种人，你要演完他们很难。最近对演戏兴趣特别浓，因为李安导演对我的启发也很大，突然间感觉自己还有很多改进的空间，而当你发现你有很多改进的空间的时候，你会对演戏又更有兴趣。因为你知道，哦，原来还有这些东西可以好一点的时候，演出来又不一样了。我上一次有这个感觉的时候，是拍《阿飞正传》，我碰到王家卫。我自己看完《阿飞正传》，看到自己最后一个镜头，哦，原来我是可以这样演的，哦，然后我突然间又对演戏很有兴趣。从那个时候，距离现在大概有十几年了吧，自己就好像到了一个瓶颈的位置，觉得好像没有什么进步的空间，是不是自己的天分已经没有了，最多是到这里？这时又让我碰到李安导演，李安导演又对我有很多新的启发。我又觉得，嗯，对对对，这里、这里、这里还可以有改善的空间，然后改善了这些东西以后，可能再演出来就不一样了，比从前的层次又高了，那才好玩嘛。如果不是这样的话，你每天就好像上班一样，A 表情，B 表情，C 表情，哦，收工。这样有什么好玩呢。然后到差不多三个月，给你一些钱，进银行，我不需要这样的工作。

在不拍电影的日子，梁朝伟更愿意享受一个普通人的平凡生活。简单的快乐就是一杯茶、一罐牛奶、一碗云吞面，还有晨跑、有规律的作息、打乒乓球、呼吸新鲜空气。

许戈辉：我知道今天你们的那个发布会上，捐出了一个球拍，而且你在生活中也挺喜欢打乒乓球的是吗？你还喜欢滑雪。

梁朝伟：对，滑雪，乒乓球，反正运动我都喜欢。不是有很多人的那种，就是一两个人的那种，我都喜欢，羽毛球，什么滑轮，滑雪啊。滑雪因为我喜欢那种大自然啊，没有高楼大厦，在雪山上面，我觉得好舒服啊，看到外面一片都是白白的，感觉很干净，我喜欢享受那种感觉。

许戈辉：但滑雪其实是一项很激烈的运动。它有很大的速度的冲击感，所以就让我想起侯孝贤对你的一个评价，他

　　　　　说，梁朝伟是那种外表看起来很平静，但是内心很暴烈的人。

梁朝伟：嗯，可以这样讲。

许戈辉：所以你喜欢的运动，已经可以体现你自己的一种性格。

梁朝伟：对。

许戈辉：但是其他的，所有的这种需要团队合作的（体育项目），你就不会喜欢。

梁朝伟：对，不会。因为从小到大就不会，从小到大就强逼自己离开人群，拒绝跟
　　　　　人家沟通，所以我不会跟人家交往。人多的地方我很害怕的，没有安全感。
　　　　　所以你不会见到我去什么派对，我站在那边，觉得周身不自在。我完全像
　　　　　一个外星人一样，我不适应，不喜欢。人多我就不知道怎么办了。

许戈辉：那如果干脆让你离开现在的我们的这个世界，比如说让你到一个孤岛上去，
　　　　　仍然可以过非常非常享受的生活，你会愿意吗?

梁朝伟：那太孤独了吧。

许戈辉：你太难缠了，太难满足了。

梁朝伟：对。

许戈辉：经常会有人做那么一个小测试，说如果你一个人到孤岛上去，只许带一样
　　　　　东西，你带什么?

梁朝伟：最起码带你爱的女人吧，不然闷死了。

刘欢｜一路欢歌

刘欢简介

　　1963 年 8 月生于天津。1985 年毕业于北京的国际关系学院法国文学专业，毕业时留校任教，后任教于对外经贸大学，教授西方音乐史。

　　大学毕业那一年，获得北京首届高校英语、法语歌曲大赛双料冠军，此后开始了自己的歌手生涯。因电视连续剧《雪城》主题歌《心中的太阳》和《便衣警察》主题歌《少年壮志不言愁》，《北京人在纽约》主题歌《千万次的问》而唱响全国。

　　1997 年，刘欢出版了第一张个人专辑《记住刘欢》；

　　2000 年，获 CCTV 和 ChannelV 颁发的"新千年杰出男歌手"奖；

　　2003 年，第三届"音乐风云榜"授予刘欢终身成就奖；

　　2003 年，推出个人专辑《六十年代生人》；

　　2004 年，举办了自己的首场个人演唱会。

导语：在中国流行音乐历史上，刘欢注定是个不可忽略的名字。他拥有最多的代表作，最广泛的听众群，二十多年来，他演唱的很多歌曲广为流传，历久弥新。"中国歌王""中国流行歌坛第一人""中国主流音乐的教父级人物""中国流行乐坛的一面旗帜""流行乐坛的常青树、不倒翁""著名歌唱家""流行音乐家"……他一直被媒体冠以各类美誉。

　　　"欢歌2004"北京演唱会，开创了华语乐坛成功范例，同时也形成了中国流行乐坛的标志性品牌。作为这场演唱会的主角，刘欢二十年来的厚积薄发，再一次将他推上一个事业的新巅峰。

观众：我觉得刘欢的歌挺有底蕴的。

观众：感觉特别好。

观众：他特别贴近老百姓。

观众：没有明星的架子。

观众：他的歌挺好听，另外很有精神。

一个夜晚，在首都体育馆上演了一场激情风暴。刘欢的歌迷从四面八方涌来，激动人心的场面此起彼伏地出现，整场演出成了掌声与合唱的海洋。刘欢从《好汉歌》唱起，《少年壮志不言愁》《心中的太阳》《再也不能那样活》《怀念战友》《千万次的问》……这些十几年二十年前的老歌在刘欢的演唱中再现了生命力。刘欢的歌迷跨遍各个年龄段，成名十九年，当年听他歌的年轻人都已人到中年。

许戈辉：我看到你那天演唱会上，在每次唱歌间隔说几句话的时候，你就说"我也不太会说话，还是唱吧"。巴不得自己说完两句话就赶快进入演唱的状态。

刘　欢：这个我也特别奇怪，我特别不会在舞台上说话。那天演唱会也是那样，它有几个地方必须要说话，因为乐队要跑位置。

　　这场演唱会酝酿多年，其实最早的演出时间是定在 2003 年 9 月，但由于"非典"的影响，原来的计划也延至后来。

　　"作为一个歌手，没有做过个唱，好像是少了什么事，因此下决心来做。"开个唱一直是刘欢的心愿，再加上圈中多位好友的鼓励和支持，使得这场演唱会在开演前数月就成为媒体和歌迷关注的焦点。

演唱会难题之一：说多少话

刘　欢：在个唱演出之前，三宝设计的前面五首歌是完全连起来的，就是一句话都不讲，一首歌掌声一落，啪，下一首歌前奏马上起。原来就是这么设计的，后来甲丁说那不行，那不是演唱会，你演唱会必须得说话。

演唱会难题之二：扮哪样造型

刘　欢：一开始主办方说，你这次是不是需要一些新的造型啊。

许戈辉：他们都给你设计什么了？

刘　欢：基本上被我给封杀了，我说这个使不得。首先呢，我十几年没有做过这方面的尝试和变化，忽然到演唱会的时候，把我给弄成一个穿一身特别古怪的衣服的样子，那我会很不自在。

许戈辉：那你又为什么从来不去做这种尝试呢？

刘　欢：我精力不在这，我的心思更多地在音乐方面，因为我们到底做的是音乐嘛。做多少包装应该是别人做的事，我们做的最核心的东西，就是音乐。

演唱会难题之三：唱什么歌

　　演唱会上的大部分曲目都是经典老歌，到场的嘉宾孙楠、那英、沙宝亮等人也都以独唱或者与刘欢合唱的形式为观众献歌，也借此"向欢哥致敬"。

刘　欢：没想到在演唱会上唱什么歌成了问题。因为一开始我提出来做演唱会的时候，这是我唯一不用考虑的事儿。所有人都认为，刘欢做演唱会，这个是最不需要考虑的问题，一大把歌放在那儿，随便唱就是了。等到最后我把那个单子列出来以后，就开始有问题了，得有取舍，总归只有二十多首歌能唱。

许戈辉：最开始列出来有多少？

刘　欢：包括以前拉出来的单子有将近六十首歌吧，结果反而搞得莫衷一是。最后大家找到个办法，干脆把这堆歌儿拉个单子，全放到新浪的娱乐主页上，让网友来票选。甚至我看到网友在留言板上写着，他可能就为了一首歌来听这个演唱会，他就疯狂地喜欢这一首歌。会有这种情况。

"欢歌2004"，引来众歌坛大腕登台捧场。

"可是你却并不在意，你梦想在我梦里。在梦里你是我的唯一……"

刘　欢：其实这种演唱会，我们内地做得太少了。以前是大家对票房没有信心，包括我们内地最大牌的这些歌手，大家都很少去尝试这个东西，老是觉得，哇噻，这个事儿能不能成，观众来不来，两万张票，真是有顾忌。其实我觉得，我这次做这个演唱会，也给了大家一些信心，我们自己是可以做的。我们这次运作的结果，一开始做的时候我想象会比较好，但是没有想到好成那样，提前两个星期票全部卖光了。而且包括这次主办方国际文化交流中心，他们把最重要的出票宣传时段放在开演之前的一个星期。

作为国内有史以来投资最高又无赞助的演唱会，这场演出的门票却早在开演前数日就已售罄。

许戈辉：其实那时候已经没票了？

刘　欢：对，那些广告就白费了，所以最后那些广告统统变成反假票的广告了。所以这次我觉得也蛮好，给我们内地的流行音乐带来点信心。经常有媒体问的一个问题，"你评价一下我们内地的流行音乐，跟港台的、跟海外的差距在哪儿"。他先规定有个差距，就是为了来问我差距在哪里。我经常讲，没有差距，你们怎么会这么认为呢？我们北京制作流行音乐的水平完全国际化了。这么多港台的歌手，是来北京录音的，他们要找北京的制作人为他们写歌，早就是这样子了，我们之间没有差距。如果说有差距的话，可能由于我们的体制造成的，就是在后期的推广，唱片的销售，包括我们始终没有办法解决的盗版，给我们的唱片工业造成的影响。如果说有差距可能是在这方面。我们制作方面早就是同一个水准了。

许戈辉：对，所以应该分开来讲。但是从商业化的运作来看，特别像我们刚才说到的开演唱会，没有港台那边做得那么完整。

刘　欢：就是由于我们老没有信心，所以就做得少，都是这样的，像我的这次《欢歌2004》没有赞助啊，完全是靠票房就运营好了。四百多万的投入，这个不得了的，从来没有过演唱会投入这么大的。

2003年，刘欢在四十不惑之年，推出怀旧专辑《六十年代生人》，并为重新演绎这些老歌写了一段内心独白。

这是沉寂六年之后刘欢的第二张专辑。专辑里面，刘欢用自己独特的方式重新演绎了这些老歌。按他自己的说法就是，这是一张向老一辈音乐家们致敬、献给六

十年代生人及后代的专辑。

> 六十年代对于我们上一代的人
> 可能是家灾国难
> 对于我们下一代的人
> 可能是天方夜谭
> 对于我们可能只是似真似幻的童年
> 　　　　——《六十年代生人》刘欢独白
>
> 每个人各自的童年或幸福或苦难
> 我们记住了很多可能也忘记了很多
> 可是当那些回荡在
> 记忆深处的旋律飘然而至
> 心底的咏唱就印证了一切
> 在癫狂的时代都会留下一些美好
> 因为有人在
> 因为有音乐在
> 　　　　——《六十年代生人》刘欢独白

刘　欢：包括《六十年代生人》那张唱片，我就想了好几年，我想做这么一张东西，就是记录一点我们小的时候，或者我们年轻的时候，印象特别深的歌曲，那就做了。那里面的风格，严格讲是很混乱的，一会儿是管弦乐交响乐的，一会儿是死亡金属形式的，还有民谣性的，吉他伴奏的，甚至有电子的东西，谁跟谁都不挨着，还有四重奏伴奏的。没有那么多的顾忌、那么多的想法，说要保持什么，或者说你自己所谓的个性啊，风格是什么，没有必要考虑，怎么高兴做就是了。

许戈辉：我行我素。

在今天的纷乱嘈杂与忙忙碌碌之间

我们可能忘了这种在这个时代

每个人可以充分表达的东西

但我相信我们每个人都有

因为即便是在那个压抑的年代

这种心底最深处的东西

还是会隐现出来

　　　　　——《六十年代生人》刘欢独白

1993年，冯小刚因拍摄《北京人在纽约》而结缘刘欢。刘欢在这部家喻户晓的电视剧中演唱了《千万次的问》。冯小刚评价刘欢是不可复制的人才，内功很强。随着时光的流逝，他的嗓音越来越好。

许戈辉：乐坛上的怀旧可以作为一个巨大的市场。

刘　欢：但是我觉得这个事儿，可能也给我们整个媒体，给我们整个流行音乐制作领域，提供一个想法。我倒没有觉得这个有那么怀旧，我是觉得这种听众层是本来就在的，只是我们以前把它彻底地给忽视了，在我们过去的概念里，好像流行音乐就是属于二十多岁人的。

许戈辉：属于年轻的，属于新潮的，属于永远时尚的。

刘　欢：对，做音乐的人也是二十多岁，听音乐的也是二十多岁的人。但是其实不是这样的，是有很多不是这个年龄的人，也在做音乐，也是需要音乐的。说实话，去年有一个事我感触特别深，去年在音乐风云榜，颁给我一个终身成就奖，我觉得这是很有意思的一个事儿。我去年四十岁，我大概是全世界得终身成就奖最年轻的一个了。

许戈辉：你当时觉得怎么样？

刘　欢：我去领这个奖的时候在想，这个倒蛮好，给我这么一个奖，提前把我下辈子单都买了，我明天可以退休了。但是从另一个角度想，为什么会出现

　　这样的现象，就是因为我们内地的流行音乐发展的时间太短了。我们只用这十几年的时间，就一下子做到现在这样的程度了。十几年有什么旧好怀的？那就是说，本来这部分东西，它是既有人做又有市场，但是我们以前把这个东西彻底忽略了。

许戈辉：不过你看前一阶段罗大佑在香港开演唱会，我就注意了一下媒体报道的基调，后来我觉得，现在传媒也是蛮残酷的，我看到的字样都说的是什么大佑老矣！好像昨日已经一去不复返了，包括崔健，我不知道这样的一个概念对你来讲有没有？

刘　欢：照理说这个东西是不存在的。你像在西方，有很多我们现在知道的，从六七十年代开始就在做的这些老的摇滚，从来没有听过西方媒体说他们什么什么老矣，没有这回事儿。因为他们的音乐就是那样的，他们永远有那么多人在听，有新的出来，就有新的出来，那是另一回事。好像我们永远要把这个东西跟年龄挂起来，好像一旦是一种老的音乐，或者说是跟现在这个时代没有关系，这个是不对的。可能某一种东西现在不那么热门了，这倒是真的，但是这个，从来都不是我考虑的。

　　有人说，听刘欢唱歌的好处在于他唱什么歌都倾情投入，都加重了情感的浓度。刘欢的音乐情感细腻、真挚深情，表现手法高雅，嗓音酣畅淋漓，优美而不做作，因此征服了一批又一批的听众。

刘　欢：所以我觉得音乐就是这样的，热门是另一回事，甚至时尚的方式，我认为是商业氛围造成的。但是音乐的核心的部分，对这一点我是特别有信心的，音乐是因为它美好才存在，不是因为它时髦才存在的。只要你相信你做的音乐是美好的，那就不用有任何担心。

　　卡拉OK对普及流行音乐功不可没，但刘欢却多次在媒体上指出卡拉OK对音乐发展有负面影响。很多人对此观点并不认同，尽管他演唱的许多电视剧歌曲在卡拉OK厅里也都是热门歌。他认为，音乐家用天赋和后天训练才得以演练的曲目是无法在K厅里面靠模仿传唱的。

许戈辉：那你统计过你自己的歌有多少经常在卡拉OK的歌曲里出现？

刘　欢：都有，几乎所有的歌都在卡拉OK里，但是有很多人回来跟我讲，刘欢你的歌我们也喜欢唱，就是唱不了。我唱歌只能在台上，只能在演唱，或者录音的时候，离开那个环境我就不唱歌了。我觉得是这样的，从客观上讲卡拉OK对流行音乐有推动作用，大家都很喜欢，大家都来唱，但是它从另一方面造成一个很不好的结果，就是无形中把这个流行音乐水平的衡量尺度降低到一个人就会唱的水平上去了。假如你这首歌，大家觉得难，唱不了，在卡拉OK里它就无法流行。卡拉OK无法流行，就使它在整个社会范围里流行程度降低，这是卡拉OK在东方的一个特色，它影响到流行音乐生活的一个特点。这就是为什么，我们在东方，在中国，我们出不了玛丽亚·凯丽，出不了惠特尼·休斯顿，因为她们唱的歌别人学不了，你只能听。我觉得从这种意义上讲，卡拉OK就阻碍了音乐。事实上音乐始终是这样，永远要有一部分东西，是大家只能听，学不会的，如果所有的歌大家都可以学来唱，那就不要音乐家了。

许戈辉：所以你把唱歌看得还是挺神圣、挺庄重的一件事情，是吧？

刘　欢：还不至于神圣，但是我看得很重要，我只能在我可以唱歌的地方才能唱。

许戈辉：不是说觉得我是一个挺大牌的，我怎么能随便得在哪儿都唱呢？

刘　欢：那倒没有，就是我觉得别扭。

许戈辉：假设咱们，比如说我们现场采访，我说刘欢你给我们清唱两句，你就唱不出来？

刘　欢：我就唱不出来。

许戈辉：我的感觉是刘欢这个人作为一个歌手来讲，一直好像在乐坛上有一点点疏离的状态。

刘　欢：因为这跟我性格有关系，我一直就是这种，跟演艺圈若即若离的。我自已想做什么事，想起来做就做，平时没有什么事做的时候，就基本不说话，不吭声，所以媒体一直觉得我很低调，所以我偶尔做一件事，大家挺当回事的。

1985年，刘欢毕业于国际关系学院法国文学专业，现在在对外经济贸易大学教授西方音乐史。大学教师，是歌手刘欢的另一身份。每年同样的课程刘欢已经教了十八年。

许戈辉：我觉得这些年，真的好像除了在一些大型的活动上看到你，都不知道你在
　　　　干什么。
刘　欢：其实一方面我学校里还有课。
许戈辉：学校的课大概占多少？
刘　欢：任务量都不大，我每年只有十周课，但是十周课一旦上了那就是雷打不
　　　　动的。
许戈辉：每个学期的课的内容是一样的吗？
刘　欢：是一样的，我已经上了快十八年了。这个课，照理说已经轻车熟路了，但
　　　　是每年我挺拿这个当回事儿的，就是每当上课之前都要把唱片翻出来听听，
　　　　感觉会不一样的，毕竟每年都在听贝多芬，每年都在听勃拉姆斯，每年都在听
　　　　拉赫玛尼诺夫，但是真的会有不一样的感觉，所以我挺喜欢这件事儿的。

大学期间，刘欢偶然在高校的法语比赛获奖，得到了三个星期法国免费旅游的机会。
除了在少年宫学过二胡，所有中外乐器均是无师自通，他在音乐上的天赋开始在大学时代慢慢显露。

许戈辉：我相信你在大学毕业、二十多岁的时候，肯定不是想到演艺界去发展，对吧？
刘　欢：对，这是肯定的。
许戈辉：那时候的理想是什么？
刘　欢：那时候也没有什么理想，就想很安稳地过日子。因为所有对音乐的喜欢，

都是在学校里面。我上到大二才发现，学校里有个钢琴，但是没有人弹。我想法把钥匙弄来，别人中午吃完饭睡觉，我就弹琴。没有什么目的性，就是因为喜欢。到现在我也把音乐当成一个我最喜欢的事儿来做，我没有把它当成一个饭碗，因为一旦有些事儿当成饭碗了，这事儿的味道就变了。

从唱十九年，刘欢的随性和闲淡和他在流行乐坛的地位形成有趣的反差。

他形容自己老婆孩子热炕头的生活是玩物丧志。2003年"非典"期间，每天做点饭吃，鼓捣鼓捣这个那个，一家三口蜗居在屋里的日子令他乐得其所，简单随意，极为舒服。

许戈辉：如果要是有别人拿你的歌当麻药也好，当心灵的慰藉也好，当鼓励自己奋发的方式也好，你自己呢？你平时拿什么东西当做自己陶冶的方式。

刘　　欢：怎么说呢，其实生活方式本身对人就是一种训练吧。我大概这么多年就是这么过的，我比较少参与演出这种事儿，我一年里给自己规定的演出，一个月不要超过三次到四次的公开演出，再多了我觉得我就有点承受不了了，因为我觉得很闹了。经常在外面做演出，你跑出去两三天，其实你在台上大概就二十分钟时间，但是你这两三天整个就扔在那儿，每天就见各种莫名其妙的人，说各种莫名其妙的话，到了晚上喝莫名其妙的酒，很耽误时间。所以我把自己在这方面的事都尽可能安排得少一点儿，让自己的日子过得比较闲散。其实这种方式我觉得本身就是一种陶冶，偶尔朋友来聚会，大家喝点儿小酒，聊聊天南地北的事儿，有很多朋友不是这个圈子里边的，做什么的都有，有许戈辉，有搞文学的，有商业界的朋友，大家一起聊聊别的，我觉得这样挺有意思的。

许戈辉：所以你过得特别逍遥。

刘　　欢：对。

许戈辉：没有任何压力感吗，因为现在的流行乐坛也是新人辈出。

刘　　欢：怎么说呢？我们整个东方、亚洲、包括日本在内我觉得都是这样，好像大家有点过分竞争的概念了。就在这个领域里面，其实从某种意义上说这个东西没错，流行艺术是商业化的，但是我们不要把它给过分地理解为那么商业，就是把它完全跟明星方式结合得太紧，因为它到底还是一种艺术。媒体经常有这种问题出来，现在谁是第一，谁将要取代谁，把好多体育概念放到这里面了，其实有的时候艺术不是这样的，艺术更多的时候是多元的，两个人在一起，你很难评价谁高谁低，这两个是不同的。

2003年刘欢妻子卢璐出书披露两人情感历程。

爱有几分能说清楚
爱有几分是糊里又糊涂……
是真是假是甜还是苦
这就是爱说也说不清楚
这就是爱糊里又糊涂……
　　　　　　——刘欢《糊涂的爱》

刘　欢：其实卢璐写那本书，也是希望通过这么一个东西记录我们自己的生活。她写的时候我一直也没去看，她写完了发表了才拿给我看，因为一开始她怕，怕写的时候给我看，会影响她写作。

许戈辉：但她写之前是征求你同意的。

刘　欢：那是肯定的，但是她写完了我拿回来看的时候，我发现这个事儿好像挺
　　　　有必要做的，因为有很多事她写在里面，我真的已经都记得不太清楚了。
　　　　当时发生在哪儿，哪一天，怎么回事，她一写在那儿，我想起来了。我想
　　　　如果不这样的话，可能再过些许年，就淡忘了，人真的不可以那么特别相
　　　　信自己的记忆力，很多事儿都会忘记了。

　　　　就是在"欢歌2004"演唱会上，刘欢首度公开演唱献给妻子的歌《璐璐》。
　　　　卢璐曾经说，如果刘欢当初没追到她的话，就去唱摇滚。而今的刘欢对此意味
深长："人在生命的某一个特定的时刻，就要做一个选择，你选择了这样一个生活，
可能一辈子的路就是这样选择了，或者另外一条路。"刘欢说，这首歌就是一个承诺。
　　　　歌词深情，旋律悠扬，刘欢唱得情深意切，一曲唱罢，他多次语塞落泪。他说
"这首歌我写了十六年，是给我的妻子卢璐的。当然，爱情的音乐需要一生来谱写，
把这首歌也献给天下相爱着的人们"。

刘　欢：我就是这样觉得，我遇到了一个好女人，我决定要跟她结婚了，决定结
　　　　婚了以后就意味着很多的生活方式就已经确定下来了，就是你要结婚，要
　　　　生孩子，要养家糊口，要安定团结嘛，就做了那样的一种选择。假如当初
　　　　没有遇到她，那可能就是另外一回事儿，就会选择另一种过法，怎么说呢，
　　　　在生活上没有那么大的责任感，可以不太顾忌，可以开快车，可以晚上喝
　　　　酒，夜不归宿等等都有可能，但是现在这样选择，就变成这样一种生活了。
许戈辉：看来你对于你现在的生活状态，对于你太太、家庭所有的一切都很满意。
刘　欢：对，挺好的，所以我乐天知分。去年就有人问我，人家说四十不惑，我
　　　　说不惑可不敢说，我觉得有一点，我是属于那种比较早知天命的，我可能
　　　　一辈子大概也就是音乐这点事儿，别的我也做不来，也不会，大概以后就
　　　　这么做下去了，恐怕唯一我觉得能做好的都是跟音乐有点关系的，所以我
　　　　没有别的企图啊什么的。就这样做下去了。
许戈辉：真好，这种状态真让人羡慕。

吕克·贝松 | 法国鬼才导演

吕克·贝松简介

1959年生于法国。他被称为法国国宝级导演兼制片人，被认为是欧洲的斯皮尔伯格。他的电影节奏明快、时尚、风格诡异。其代表作有：《地铁》《碧海蓝天》《这个杀手不太冷》《第五元素》《圣女贞德》等。

进入21世纪以来，吕克·贝松完成了从导演向制作人和出品人的转型。近两年，吕克·贝松更是被法国媒体冠以了"法国电影工业新大亨"或"影界法老"的头衔。

导语：吕克·贝松是法国电影界的顽童也是鬼才，虽然他的电影得不到影评的肯定，但却不妨碍他屡屡创造新的票房纪录。

他固执，坚信自己的才气，完全不理会他人的批评。他的每一部电影都有创新，他每走一步都不会循旧路，最不喜欢做的事情就是重复自己。这就是吕克·贝松的特色。

谈到自己对于艺术和市场之间的权衡，吕克·贝松表示了自己明确的选择："世界上有三种电影拍摄模式：一是典型的法国模式，艺术至上；二是美国模式，纯粹商业化；我则是另一种——先对市场做出预测，再做生意。"

他宣称一生只拍十部电影，从大西洋海底的《碧海蓝天》，到黑白巴黎的《爱情救赎》，他的每一次出击都激起影迷万千期待。游走于商业与艺术之间，他毁誉参半。

2007年1月16日，吕克·贝松携最新力作《亚瑟和他的迷你王国》来到北京，这是他执导的电影第一次登陆中国内地。

许戈辉：你的电影《亚瑟和他的迷你王国》后天下午将正式在中国上映。激动吗？

吕克·贝松：是的，非常激动。

许戈辉：不仅是因为你拍这部电影耗时五年之久，而且它还是你停止导演工作几年后的又一部作品，对吗？

吕克·贝松：是的，五年前我拍的最后一部电影是《圣女贞德》，一年前我拍摄了另一部黑白电影《天使A》，那是一部黑白法语影片，很私人的一部小制作电影。我拍摄《天使A》出于心灵的需要，很重要的是我曾经拍摄过很多影片，动作片、大制作影片，我需要感受我的自由，我需要感受自己没有成为这个体系的牺牲品。在任何时候，我可以随意拿起摄影机拍一部电影，不管它是黑白的或是法语的影片。所以我很高兴能做到这些，就像一条蛇，你需要脱壳而出。

2007 年 1 月 19 日，吕克·贝松倾注多年心血亲历打造的电影《亚瑟与他的迷你王国》正式登陆中国。该片的制作历时七年，耗资六千五百万欧元，七百余人的制作团队云集了欧美的明星大腕，搭建了一百五十个拍摄场景，这是法国历史上最大投资的电影制作。影片在全球四十多个国家同步上映，这是吕克·贝松又一部成功的商业化电影。

许戈辉：这部影片的总投资高达六千五百万欧元，相当于八千万美元，这是一笔相当大的数目，你对此有压力吗？

吕克·贝松：没有。钱就是用来花的，所以，我不愿意让它们在银行里躺着，有什么意义呢？不管怎么说，票价对每个人而言都是一样的，不管我花多少，无论电影成本是一千万美元、还是一亿美元，你看电影花的钱都是一样的。我想这是世界上唯一如此的行业。因为，你要买一辆车，如果车窗是电动的，你就得多花钱，如果你要买带点烟器的，也要多花钱，如果发动机的功率更大一些，还要多花钱。有趣的是在电影这个事情上，即使这部电影有十倍之重要，投资有十倍之多，你仍然只需要花同样的钱来买票，这在世上是独一无二的。

许戈辉：但这正是你应该担心的啊？

吕克·贝松：为什么？

许戈辉：因为你投入大量资金，但是人们不会为了你的制作成本来看这部电影，大家是为了故事而来。

吕克·贝松：对，非常正确。

吕克·贝松在影片里面运用动画与真人相结合的表现手法，为观众展现了一个神奇的迷你王国。

《亚瑟与他的迷你王国》是根据吕克·贝松本人的系列小说改编而成。吕克·贝松谈到自己的创作时称自己的灵感有三个："首先是我对迷你人的兴趣。其次，是出于改变风格的需要。最后，这是由于我热爱写作。小时候我的家庭并不富裕，因为有几块钱的话，就可以买纸和笔。对我来说，写一个故事是实现给人们上梦想和幻想课的可能性。"

电影《亚瑟和他的迷你王国》，讲述了十岁小男孩亚瑟寻找祖父口中的迷你王国的神奇经历，他看到的是与现实社会完全不一样的理想世界，生活在迷你王国的迷你人虽然个子矮小，却思维宽广，他们重视生态保护，彼此关爱，忠于友谊。

许戈辉：你有这个自信收回投资吗？

吕克·贝松：不，这与自信无关。我觉得为电影花钱是值得的。因为至少电影能够让人们为之梦想，为之愉悦，为之哭泣，为之大笑，这是件好事，特别是对于孩子。我曾经和很多来自世界各地的孩子一起看电影，说实话，当我看到他们看电影时的（样子），带给我的感动是无价的，因为他们都这样看着电影，一动不动，当影片放完时，我试图问他们问题，他们都不能讲话。

许戈辉：这对你是最好的赞赏吗？

吕克·贝松：他们完全融入了电影，这也令我想起我九岁的时候看了第一部电影《森林王子》（*Jungle Book*）之后，我一个星期不讲话。我不能跟我的父母说话，我不再需要我的父母，我只需要熊和豹子来照顾我，因为它们是更好的老师。

许戈辉：所以从那时起你的梦想就是电影制作者？

吕克·贝松：我不知道。但是，那时候我就是个梦想家。

吕克·贝松这个名字进入中国观众的视野，应该是从《这个杀手不太冷》和《第五元素》两部电影开始的，而实际上，在这两部电影之前，吕克·贝松已经有五部电影问世，在法国也早已是声名鹊起。其中，1988年拍摄的《碧海蓝天》，更被他称做自己导演生涯中最成功的一部作品，在这部半自传式的电影中，吕克·贝松将童年对大海的爱恋、激情与梦想全部倾注其中。

许戈辉：我要给你看一张照片，看，这是我第一次也是唯一的一次潜水经历。这是
　　　　我，这是教练。

吕克·贝松：我可不敢说这是你第一次潜水。

许戈辉：为什么？好像是在跳舞？

吕克·贝松：是的，姿势非常有趣。

许戈辉：我很激动，但是当我在水里的时候，我真的非常害怕，紧张，不知道将会
　　　　发生什么。我想请你讲一讲，当你在大海里时是怎样的感觉？

吕克·贝松：当我在海里的时候，我感觉像在家一样。或许那里是世界上唯一令我
　　　　感到安全的地方。

许戈辉：那个地方令我感觉非常非常不安全。

吕克·贝松：因为人们通常对不熟悉的地方感到恐惧。

许戈辉：那么你是怎么了解大海的？你是一条鱼？

吕克·贝松：对，我是一条鱼。因为我的父母是潜水教练，所以我在海边长大，比
　　　　如南斯拉夫和希腊。我曾经生活在水中，我想可能就像我妈妈曾经告诉我
　　　　的，我不知道那是不是真的，但是她说，在我会走之前就会游泳，所以我
　　　　在水里感觉很自在。

　　　吕克·贝松的父母都是职业潜水员。上学前，他跟随执行潜水任务的父母去过
世界上很多国家。八岁的时候，他就独自和小海豚在海中嬉戏玩耍。在十七岁以前，
他是属于大海的。

吕克·贝松：有趣的是，我曾在世界各地潜过水，有的地方的鱼从来没有见过人类，
　　　　当你下水后，鱼游到那儿，上下打量你。它们游过来，它们徘徊在这里，
　　　　你伸出手，它们就游到你的手上。它们是如此友好，你感觉你被完全接纳
　　　　了。想象一下，如果你看到了一个四条腿、绿色皮肤的吐气泡的家伙向你
　　　　走来，你一定会尖叫，你会呼叫警察，入侵者过来啦！但是鱼类却很友好，
　　　　它们无所谓，它们就是看着你，甚至连鲨鱼都如此，每个人都害怕鲨鱼，

噢，上帝，<u>鲨鱼</u>。但是我记得，有一次游泳时，有一二百条鲨鱼在旁边，可我依然感到很安全，它们并不侵犯我。

从小在海水中泡大的吕克·贝松，从没有想过会离开大海的怀抱。然而，十七岁时一次潜水意外却让这条曾经畅游大海的鱼儿，被迫搁浅，停留在陆地上。

对海洋的梦想彻底破灭，吕克·贝松黯然回到巴黎养伤。

陆地，一度让吕克·贝松彷徨无助，情绪低落，靠看电影打发日子。这让他找到了重新"游动"的理由。他极度迷恋电影的神奇魅力，不仅观看了大量的影片，还买了一部手提摄影机。为了更接近电影，他到电影厂做最底层的杂工。

1978年，为了心中的电影梦想，吕克·贝松远赴好莱坞学习电影制作。回到法国后，他的第一部得到广泛承认的电影《最后的战斗》（*Le Dernier Combat*）于1983年拍摄完成。

吕克·贝松：我没有想到我会爱上电影。因为在我家里没有电视，最近的电影院在十五公里外，所以我对电影一无所知。但是，有一天，一个朋友的朋友在拍摄一个短片，我很好奇，想看看究竟，正好他们也在找助理，免费的助理，我说，好，我去。之后我就去了片场，这也是我第一次去片场，仅用了一分钟我就爱上了它（电影），回家后，我对我妈妈说，我要干这行，我要待在片场。我喜欢讲故事，喜欢那儿的一切，喜欢周围的人，我到处看，就是想在那里。第二天，我就退学了，离开了妈妈，离开了家，抛下一切。

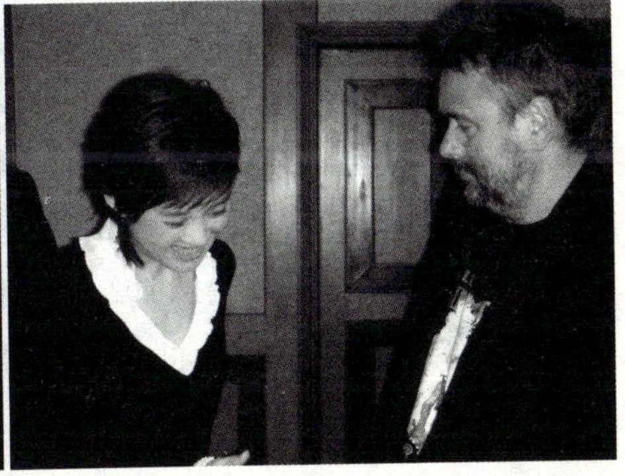

　　我妈妈气疯了，对我大叫，但我不管，就像爱情，当你遇见了某个人，一
　　秒钟你就爱上了她，它就这样发生了。

许戈辉：这一爱持续了三十年。

吕克·贝松：是的，我非常忠诚，三十年后我依然与这位女士在一起，她就是电影。

　　不同于美国电影大片的制作发行模式，法国电影一向注重电影的艺术气质，在
世界范围内以小众传播方式，以 DVD 和录像带在极少数的拥趸中传播。

　　而吕克·贝松却是将商业化电影进行得最彻底的法国导演。2003 年，由他的
公司 Europa Corp 监制出品的《郁金香方方》虽然在法国没有取得理想的票房收入，
影片的纯利却达到二百万欧元。影片在法国公映之前就销往四十一个国家，百分之
六十的收入来自国际市场，这是标准的美国运作方式。

许戈辉：你认为你的电影的特征，或者你所说本质，它是不断变化的，还是自始至
　　　　终一成不变的？

吕克·贝松：有一部分是永远不变的，就是你是谁。变化最大的是你不同了，我在
　　　　十九岁的时候开始(拍摄)我的第一部电影。当然，当你二十岁、三十岁、四
　　　　十岁的时候，你已经不同了，你的经验更丰富了，甚至你的观点也会发生
　　　　改变。有意思的是，在我拍摄的第二部电影中，有一些女性形象，但是我
　　　　那时二十三岁，对女人一无所知，我了解得很少，虽然我有一个女朋友，
　　　　我还是有些害羞。十年以后，你自然对女人了解更多。你被她们打了巴掌，
　　　　她们退出、消失、回来，你们一见钟情，你被背叛，你哭泣，你了解更多
　　　　了。所以之后在你讲述故事的时候，你的看法也发生了改变，这也是我很
　　　　高兴能制作《天使A》这部电影的原因。这部黑白电影很好地表现了男人
　　　　与自我的关系。影片中，他第一次在镜中看见自己，他必须接受自己，二
　　　　十岁的时候你不会想那么多，因为你并不了解自己；当你三十岁的时候，
　　　　你会问我是谁；当你四十岁的时候，你会说无论我是谁我都必须接受。

　　1994年，吕克·贝松拍摄了他电影生涯中的巅峰之作《这个杀手不太冷》，这部电影似乎是在一夜之间席卷了全球。尽管吕克·贝松的声望在国际影坛如日中天，但是，在推崇艺术电影的法国，吕克·贝松却始终是一个毁誉参半的孤独的探索者。苛刻的法国影评人将他视为向好莱坞电影投降的反面典型。

许戈辉：我看到你的影片和你本人似乎有些矛盾。

吕克·贝松：我希望如此。

　　每个导演都是唯一的，吕克·贝松一直说自己和好莱坞没有什么关系，虽然法国人总是认为他是最好莱坞化的法国导演。

　　由于对中国电影一直有着很浓厚的兴趣，他已经买下《疯狂的石头》的法国版权，《疯狂的石头》兼具商业性和文化性是他购买的初衷。

　　"电影银幕就像大餐，不能只有麦当劳，我们得有法国菜、意大利菜、日本菜，当然也得有中国菜。""我更希望看到有自己文化特色的影片。"

　　为了捍卫法国电影，抵制美国影片所带来的冲击，他自掏腰包，用《出租车》的部分票房利润，资助了六名法国新锐导演的十五部处女作。

许戈辉：我不知道你是否赞同我的观点。举个例子，你的制作班底大都是法国人，但是，你的电影大部分都用英文对白。你说你要拍法国电影，但是一些观众并不认同，他们认为你的电影具有很强的好莱坞风格。

吕克·贝松：不，我不同意。例如我拍了十部电影，两部无声，三到四部是英语，四部是法语，所以这都不是关键，关键是要靠故事。有时我把它拍成法语的，有时我把它拍成英语的，这个跟好莱坞或者经济之类的没有太大关系。事实上，在我小的时候，我随父母周游各国。我在南斯拉夫待了四五年，在希腊待了一年，然后我去了摩洛哥，所以，我想应该这样说，我虽然是法国人，因为我的根在这里，但是，我是一个世界公民。从年轻时起，我就周游各国，我没有那种负担，美国、非洲、亚洲的很多东西我都喜欢，所以我在用电影来表达我自己的时候，毫无疑问，比起我的很多法国同事，我更加多元化。他们上的是法国电影学校，喜爱法国导演，只想在法国拍片，我跟他们不一样，我更加（国际化）。

许戈辉：你宁愿人们把你的电影看成是吕克·贝松电影，而不是好莱坞、法国或其他任何电影？

吕克·贝松：是的，因为这是事实。

　　来自法国国内影坛针对吕克·贝松的批评声可谓是疾风骤雨，但是吕克·贝松依然我行我素，在他认定的商业化制作道路上继续前进。1997年，《第五元素》在全球大卖，创下了两亿七千万美元的收益，名列当年世界电影票房第三位，吕克·贝松也因此被誉为"欧洲的斯皮尔伯格"。好莱坞也开始向他取经，翻拍他的作品。

吕克·贝松：好莱坞像一个大的机器，他们知道如何制作电影，如何制作美国电影。我们要做欧洲电影，你们要做中国电影，事实上，这才是最好的。

　　斯皮尔伯格是吕克·贝松非常敬重的导演，他从年轻时候就受到斯皮尔伯格那些优秀电影的启发，他们之间因为电影也结下了深厚的友谊。

吕克·贝松：过去二十年里，我每周都受到邀请去那边（好莱坞）拍电影，我一向对此非常礼貌的，因为我很荣幸他们能够邀请我，但是我从没在那里拍过电影。

许戈辉：所以在那一阶段你已经知道，你不属于那里？

吕克·贝松：是的。

许戈辉：你也不想去那里？

吕克·贝松：不想。因为我拍电影的深层原因是要表达我自己。每当有人向我推荐去拍一部影片时，我总是问自己：他们会给予我足够的自由去做我想做的事吗？答案是否定的。他们会给我更多的钱，但不是尊严和自由，（在我

看来）这是错的。所以问题在
于，你想要什么，你是想让你
的账户变得更加富有，还是
想让你的头脑和心灵变得更
加富有。当然了，我对我的账
户并不关心。因为当你拥有
足够的钱吃得好，穿得好，你
可以照顾你的家人，你有一
车一房，你想拥有的已经足
够多，还能再要求什么？世
界上很多人甚至没有食物，
你再富有又有什么意义呢？

从 2002 年开始，吕克·贝松在除了拍电影，还写作《亚瑟》系列小说。该系列书出版后，席卷法国和欧洲，该书的中文版随着这部电影的公映也已经出版。

许戈辉：设想一下，如果你生活在迷你王国中，你想成为哪个角色？

吕克·贝松：所有我都喜欢，我想我喜欢亚瑟这个角色，同时我也有点喜欢公主赛琳娜。她有点呆，什么都不顾，就一心想着独自拯救整个世界。有时我有点像她。

许戈辉：现在回到现实世界中，你经常被称为"法国电影工业大亨"和"影界法老"，那么你有什么样的魔力去建立一个强而有力的电影王国？

吕克·贝松：我对类似这样的评价没有兴趣。

许戈辉：但是你说过，你希望像小公主一样去拯救世界？

吕克·贝松：是的，但是这些是别人赋予你的，你无须认真。你永远不知道他们这么说是不是真的，是不是他们真实的想法，还是仅仅为了让报纸更好卖一些，或是别的什么。我对此非常谨慎，如果我想让我的下一部电影更加精彩，唯一的办法就是更加努力，对各种感觉更加敏感，让我的想法更加开放，更加自由，与人更多交流，更多地接受建议，与人分享，只有这样才能做出更好的电影。名声就像一个陷阱，它会让你很累，你会在其中迷失自己，很容易，用不了十分钟，相信我。你可以装模作样，戴上太阳镜，"我累了，我的车在哪儿？这是什么房间？噢，这个房间太恶心了"！每天我都看到这样的事情。我们必须小心谨慎地保持自我。

许戈辉：保持自我，别掉进名誉的深渊里。

吕克·贝松：是的，只是有时候我会享受一两个小时，那时候我很骄傲，很高兴，我喜欢与别人分享。比如在我到这里时，我看到有记者招待会，我看到这么多人，所有的人都要我的签名，我感觉很好，感到很荣幸。但是你知道吗，我已经向我自己许诺，今天晚上当我回到房间的时候，我要做回我自己，一个普通人，我要尽力做到最好，仅此而已。

　　早在《亚瑟和他的迷你王国》公映之前，吕克·贝松就多次对媒体表示：这第十部作品将是他的收山之作。"作为一个导演，是我该休息的时候了。"

　　接下来他将把更多的精力投入到公益事业当中。尤其是要成立基金会来帮助法国市中心区的无助青年。

许戈辉：为什么你决定只拍十部影片，而且据说这是最后一部？

吕克·贝松：我现在仍然非常热爱这个事业。在电影行业中，有一个位置会比其他的都难些，那就是导演。做导演真的很难，如果你自认为（是一个导演），你付出所有的一切去做一个好导演，真的非常困难。当了三十年导演，我只是觉得有点累了。

许戈辉：那么你真的要从导演的岗位上退下来吗？

吕克·贝松：不，我本意不是这样的，我只是说我没必要，也不会有任何人会引起我的妒忌，让我去再拍一部影片。但是我可以随时回来，可以一周后回来，也可以十周后回来，或者十年之后。

名人 南方朔 ｜ 台湾论政二十年

南方朔简介

　　南方朔，本名王杏庆，台湾大学森林系森林研究所毕业，中国文化大学实业计划研究所博士结业。曾任台湾《中国时报》记者、专栏组主任、副总编辑、主笔等职，目前为《新新闻》总主笔。

导语："我什么都不会，我只会读书，读书让我很快乐，我读我写对别人或许
　　　会有帮助。"这是近代欧洲最好的知识分子波赫底厄所讲过的话，南方朔
　　　将其视为座右铭，他说："以前的知识分子大多数都很自大，动不动就要
　　　以天下为己任，我们现在讲谦虚一点，就是这个样子。"
　　　　他从读书中找到快乐，对他来说，读书只为了读书，读书没有目的。

　　十几年间，南方朔以一位绝对的自由主义者的身份在台湾陆续出版了《语言是
我们的居所》《语言是我们的星图》《语言是我们的海洋》《在语言的天空下》《语言
是我们的希望》……笔耕不辍，堪称台湾文化上的奇迹。从记者到总编辑，从作家、
诗人到政论家、书评家，从台湾最用功的"民间学者"到"专业的读书人"，他说，
自己最乐意接受的头衔是"永远的批判知识分子"。

　　20世纪70年代末，他首次以笔名"南方朔"在《夏潮》上发表《中国自由主
义的最后堡垒：大学杂志阶段的量底分析》的长篇文章，他的博学聪慧、才思敏捷
惊动岛内四方，从此开始奠定了自己的地位。后来他又创办《新新闻》杂志，南方
朔成为了他固定的名字。

南方朔：那个时候我们写文章都是用笔名的，甚至于一个笔名只用一次也就不用
　　　　了，所以我到底有多少笔名，我自己没掌握，我也不知道。

闾丘露薇：那为什么南方朔这个名字就一直用下来了？

南方朔：对呀，我觉得这个名字蛮好的，听起来有点武侠小说的味道，就用了这个
　　　　名字。我觉得人的名字好像有一点神秘的特质，某些名字好像运气不错的
　　　　样子。我觉得用了这个"南方朔"以后，果然，变得比较顺利起来了，所
　　　　以我觉得这个名字是我的幸运符号。

闾丘露薇：在什么书店能买到您的书？

南方朔：我的书就是在台湾也很少人看。

闾丘露薇：为什么呢？

南方朔：因为我的书有知识分子调调。

间丘露薇：你是怎么喜欢上读书的？

南方朔：我是从小就开始也蛮习惯于把看书当休闲、当消遣。20世纪50年代的台湾是很穷困的社会，没有任何娱乐，所以那个时代就只好看书。甚至于我们村子里面都还有那种流动的租书摊，一个礼拜来一次，租小说，租漫画。在那种时代，小孩子只有看书。

那个时候大概有一种社会的集体气氛，是有一点压抑，生活也不是太富裕，可是正是在那样的社会，人会有一种憧憬，一种向往。年轻人总是在这种憧憬、向往里面会物以类聚，所以多多少少，那个时候的学生们，都有一种公共倾向，意思就是喜欢清谈，谈点政治，谈点社会，谈点国际的问题。所以他们就比较容易关心政治事物，社会事物；喜欢写文章，批评别人。

小学读了大量的章回小说，中学是个典型的文艺青年，进入大学后，南方朔花了很长时间读哲学，特别是存在主义哲学。大学高年级后，他开始有了对政治学、社会学的兴趣，毕业后进入新闻界。

间丘露薇：但是，你在读理科的时候，比方说从大学一直到了博士，你那时候又看什么书呢？

南方朔：那个时候假设你有一点比较强的求知欲，台湾本地的供给又不太充分，而且那个时候也还比较好，没有什么WTO这种东西，所以台湾当时都拼命地盗版，那个时候我们都是读盗版书长大的。读盗版书它有很多好处，就是你可以用很便宜的价钱，学习到西方的东西，你可以养成阅读西方书的习惯，然后思维方式会慢慢地现代化。

间丘露薇：那你觉得现在回过头来看，看的那些东西对你后来看问题，感受你的人生，是不是有很大的影响？

南方朔：对，我们在学习期，别人、那个时代是流行什么，我们就跟什么。可是人是不会永远跟的，当你年纪越来越长，阅历越来越多，然后自己读书读得越多，这个时候你慢慢就会有一点属于你自己的东西。读书的终极目的，事实上是在形塑出一个真正的自

我，前面是学，到了后面就是沉淀。回想起来，我还是台湾第一个从台大硕士毕业当新闻记者的，所以我当时一进新闻界，大家说，你还有很多选择，你不去好好干，跑来干这个记者？那个时代台湾的媒体还没有地位。

闾丘露薇：你当时在做这个决定的时候，你有没有考虑过一些现实的问题，比方说，第一，这个地位不是太高；第二呢，有很多做新闻的人，他可能是科班出身的，或者人家就是学这些东西的。你没想过我去做，我适不适合？

南方朔：有啊。我还记得我第一次上班的那个单位是《民主晚报》，那个报纸现在已经没了，总编辑是一个很好的一个人，我一直感激他的。新闻要怎么跑当时我也不会，他就说，很简单，你就每天一大早，去那个单位，从楼上到楼下去跟他们聊天，回来跟我报告，然后我每天跟他报告。有一天我跟他说了，他说，哎，这个就是新闻了。我就开始知道什么东西是新闻，它有某种特质。我记得当时是一个小的、很小的人事新闻。

闾丘露薇：那你还记不记得当你在做记者的时候，有没有一些报道是引起大家很大反响的，然后你会觉得，哎，我也能做一些东西，原来新闻媒体它的能力真的是这么大？

南方朔：有啊，打个比方讲啊，我年轻的时候很会钻新闻，我在那个时候的台湾新闻记者里面是数一数二的。我会去问大官，问大官的秘书，甚至有时候还

会去问大官的司机，还会偷看公文，这种新闻界的传统本领，我们是发挥
到极致的。当时蒋经国时代，蛮严厉的时代，他们开会怎么开，怎么讲话，
我全部都知道。这种东西你把它发布出去没什么了不起，可是对有权力的
人，他们很不高兴，对不对，那我的秘密没有了嘛。因为我挖新闻挖得太
厉害，他们特别去做了一个牌子，那个牌子是什么，"'中常会'之讨论为
'国家'重大机密，非妻子儿女不得告之"，就说以后不可以随便告诉记者，
尤其那个南方朔。所以我们就知道，我们对大官是有很强的监督能力的。
闾丘露薇：其实我觉得，你意识到传媒的监督能力，不是别人教你的，是你自己……
南方朔：体会到的。

　　最近二十年，南方朔大量阅读了西方最新思潮的书籍。创办《新新闻》杂志后，
为专心写好评论，他开始更系统地读书，对西方文明发展的过程，自由正义道德的
概念有了较为深刻的研究和认识。

闾丘露薇：您平时不看政论文章、政论的文集这些东西？
南方朔：我读很多政治学、社会学、经济学的外国杂志，论文，还有古典作品，可
　　　　是当代人的东西，我不太看的。因为我觉得当代的，尤其我们用华文写的
　　　　那种政治文章，有大段乱写。我做《中国时报》的资料中心主任长达七八
　　　　年之久。《中国时报》的资料中心，订阅了大量外国报纸。我对外国报纸
　　　　最喜欢的是他们的评论版。到了后来我就越来越相信，认为东方人只要是
　　　　认识字就可以写文章、就可以评论时政是不对的；外国的报纸，他们很深
　　　　刻地体会到媒体有很强的政策民意功能，所以不能够马马虎虎处理，所以
　　　　一定要站在一个客观的立场上，以专业的方式来对待问题，我觉得这个是写
　　　　评论的人应该有的自我觉悟。
闾丘露薇：政评是大概什么时候开始写的？
南方朔：差不多到了四十岁左右的时候，我对于自己的职业生涯问题，真正地想过，
　　　　我一直觉得在台湾社会，甚至于在东方社会，我们都没有像外国一样有那

种白头发记者。假如说我们去看白宫新闻记者会，真的是有那种"阿公""阿妈"在那边跑新闻，可是我们台湾没有。所以我已经四十岁了，我想我还再混，还要混几年？我说不能再这样地在这个行业里面了，我们要改变职业，所以我那个时候就开始说，我们就从记者，专栏记者，变成一个评论者。所以我就开始变成评论者了。

闾丘露薇：你当时是怎么会下决心说我要去做这件事情？

南方朔：1985年的时候，正是台湾政治解严的年份，那个时候大家也预估到了整个台湾将来媒体的变化，一定会很快地变化嘛，所以成立一个独立的新闻媒体应该是蛮重要的。我们在这个背景下的1986年，就办了《新新闻》杂志。

独立思考，不随波逐流，不媚俗。四十岁那年创办《新新闻》，美国的《纽约时报》和英国的《卫报》是他的榜样，他在一个混乱的年代坚持了是非标准。

南方朔：刚开始的时候，社会松了，然后媒体空间大了，所以《新新闻》有一阵子是独领风骚。后来，蒋经国逝世，台湾就忽然之间变得没道理地多元，谁做主，什么是对，什么是非，也马马虎虎了。所以整个台湾社会就出现众生喧哗，诸神交战的一种状态。

2004年问世的《语言之钥》，是南方朔"语言之书"的最后一本。尔后在读者的热烈反应下，南方朔最近问世的"语言之书"系列第六本《语言之钥》（大田），原本是他计划中这个系列的最后一本，不过，消息传出后，许多读者反应，希望南方朔继续写下去。于是，在停写三个月后，南方朔再提笔，恢复了《新新闻》上固定的语言专栏，继续他对现世的观察反省。

他堪称台湾文化上的奇迹，年轻时毅然脱离体制、催发民间力量，担任"党外"（国民党之外）杂志总主笔，并策划参与街头运动；现在他掌握社会脉动，关心年轻族群，论述铿锵有力，是文化政治上重量级的大师。

南方朔：我有很多朋友现在都当了新贵嘛，这些朋友常常见面，都被我消遣的。原因是什么呢，比如说以前在野的时候，他们会用一种很极端的话来讲，就是百分之百的新闻自由，他会讲这样一句话，言之成理；然后现在，角色一变，用台湾话来说就是"换了屁股换脑袋"嘛，当你位置变了，然后你开始讲话就讲得跟以前的人一样了。哎，新闻自由要以"国家"安全为前提，这个话讲不下去了嘛。你今天讲的话是你过去反对的话，我觉得这个知识分子是有问题的，知识分子判断问题的角度、标准，不能因为你自己的角色变化而变化。这样坦白说，那你不是，不是我所谓的知识分子，因为我所谓的知识分子是在政治的上面，这个才叫知识分子。

闾丘露薇：外面对您有一种评论，说您一直是一个反对者，我不知道这种评论对不对。我想是因为你的一些自己形成的观点，你写出来的文章，不管它是换了国民党，还是换了现在民进党，什么都反对，所以大家会觉得，你是为了反对而反对呢，还是说，你觉得站在你这样一个位置，你就是应该用这样一个反对的观点来和"政府"说话。

南方朔：真正的传媒应该有一定程度的批判性。批判多强多弱，这个我们再来谈，可是基本上要有批判性，然后你才可以带领政治往比较好的地方走。知识分子基本上就是和权力作对的，这是跑不掉的，当然只是他作对到什么程度而已。以前我们对国民党的时代有意见，到今天"改朝换代"，我们也不是说逢权力就反啊，对很多权力我们也要理解它，比如说，所以对台湾政权改变的初期，他做了很多错事，我没有反他，对，因为我觉得那个时候你反人家不公道的。我是以体谅的心情，这个时候你做很多错事，我体谅你，因为你要学习。一年，一年半，两年，差不多了吧，两年以后还不变，不行了。

　　台湾现在看到的最多的现象就是一个问题发生了，大家都觉得不对劲，官方就出来解释一通，然后媒体就把它的解释照登不误，媒体看起来是很多元、很丰富，实际上是媒体把它最重要的提问权丢掉了。

闾丘露薇：但是你保持它的批判的价值性，要把它变成主流的这样一个媒体，你是要付出代价的。

南方朔：当然现在比以前好，现在不会因为你批评他，然后把你抓去关，这个大概
　　　　不太会了。可是台湾现在进入了另外一种更值得讨论的政治，叫"政治正
　　　　确之政治"。政治正确之政治是一种民粹主义。政府不对你施加压力，可
　　　　是会有一群民众对你施加压力，造成一种政治正确，然后面对政治正确，
　　　　媒体就会说，啊，这个问题还是不要碰比较好，读者会打电话来骂。所以
　　　　政治正确之政治，会造成媒体以另外一种倒转过来的方式自我约束，很多
　　　　问题他不敢去问为什么，不敢问了。提问权是话语权的前身，但你提问权
　　　　都放弃，哪有话语权。过去这四五年里，台湾就出现了所谓的"批判的空
　　　　窗期"，好像是你也胡说八道，我也胡说八道，也没有人讲话是当真的。所
　　　　以整个台湾，忽然之间没有什么人讲话值得尊敬，值得倾听，没有这样的
　　　　人了。可是我们放心，你空出了一大块时间空间，更年轻的人，或者是其
　　　　他在过去没有出头的那些人，他们批评的力量开始出现，开始累积了。而
　　　　且我可以体会到这个力量现在开始在集结中了，意思就是说，昨天没看
　　　　到，不保证今天不会有；今天你觉得很小，到了明天说不定变成很大声。

　　　　南方朔在台湾有"写序大王"的称号，曾经为一百五十多本书写过导读，其中
有三分之二比较有深度。

　　　　他迷恋张爱玲的小说，不仅通读了她的所有作品，就连她祖父张佩纶的著作也
有深入的研究，《张爱玲精选集》总序言就是由他写成的。

南方朔：不管怎么讲，中国是人类历史上除了19世纪的美国之外，从来不曾有任何
　　　　一个像它这么大规模的改变的社会，是一百多年从来没有的，就是此刻的
　　　　中国大陆。台湾人在这个百年一见的机会里面，是可以有很多既有利于自
　　　　己，也有利于别人的角色可以扮演的，文化如此，媒体如此，搞政治的假
　　　　设心胸大一点的话，理论上也如此。

　　　　连战去大陆访问的时候，台湾媒体讨论这个问题的不多，我们《新新

闻》是讨论得比较好的一个杂志。有一天我上班，我们同事就拿中时网站上面点阅率的那个统计数字，点击率五十九万呢，在台湾是排到第一去了，我说我们辛辛苦苦地努力还是有点成效的。所以在这个时候，我们《新新闻》的人最近士气比较高了。因为我觉得，《新新闻》这样的媒体它恢复它的主流价值，保持它的批判创造性，说不定是一个再一次的黄金时代的到来啊。

南方朔从初中开始写诗，最喜欢的文体是"罗马帝国时代文体"。

2006年初，南方朔获得"台湾诗选2005年度诗奖"。台湾著名诗人痖弦特地颁奖给他，并称赞他是一位以台湾为平台，博览群书，才思敏捷的创作者，他的文化评论、诗论、社会参与等文章有力量，有回响。

对于获奖，南方朔表示：现在是诗复兴的年代，我则是扮演摇旗呐喊的角色。

南方朔：我诗集好多，自己喜欢偶尔写一点推荐性的文章。这种推荐性的诗的文章、书，我也出了三本，马上要出第四本呢。

闾丘露薇：那您是说写政论文章的时候更有成就感，还是做这些事情的时候更有成就感？

南方朔：政论文章是一个读书人在一个时代里面该扮演的角色，应该的，跑都跑不掉的。读书人的真正的爱好一定是跟文学艺术有关的。

闾丘露薇：人家可能更熟悉你是从政论方面，但是可能你从心底

里面，你觉得，更希望大家是认同你在文学、文字语言上面做的这些研究。为什么？

南方朔：我一直相信一个基本的道理，就是政治的道理，政理即文理，就是文章的道理。而文理即人理，这个东西是通的。我是比较喜欢早期时候的人的说法，就是每一个人是一个普遍的人，用英文来讲像 universal man。这个人应该是有他一个完整性，他不偏爱某一个特别的东西，他关心公共事物，关心人存在的基本道理。我会写政论，我还关心文学，读小说、诗歌、我还是那个意思，就是我们不管是做哪一行的，我们作为一个人就要有一个 universal man 这样的向往。

南方朔的大部分时间都赋予了读书，他阅读兴趣广泛，无书不读。为了写作，他典藏许多冷癖的书籍，其中包括一本爱尔兰语字典。

有人尊称他是大师，也有人说他是杂家。在电脑网络主导下的资讯膨胀时代，难能可贵的是他从不靠上网搜集资料，数十年保持以纸笔写作。

闾丘露薇：我知道到现在为止，你还是用最传统的方法来阅读，我听说您用过电脑打字，但最后还是放弃了。

南方朔：对，我是老人类，所以我不用手机，不用电脑，不用互联网，我是文字族。我们是18世纪以后，文字领导一切的时代的产物、文物哦，所以我们是相信文字的。当然我也知道，未来的世界是属于声音的，是属于画面的，属于电子媒体的。当某一群政治人，用这个东西达到效果的时候，另外的一群人，也应该强化这种能力才可以与其对抗。可是我们没有那样的特色，没有那样的能力。

闾丘露薇：那你用的这些风格，在台湾社会状态下，在这样一个阅读风气下，或者这样一个接受习惯下，他们能不能去接受呢？你能坚持下去，一直坚持这样的一个风格？

南方朔：假设读者们，就是看到我东西的人，我想他们还是会接受的，只是说这种文章写了以后，会有多大的影响力，那我们也不能太乐观，因为我们都知道，在一个批判的声音相对是比较式微的时代，我们不可能想像到民国初期、清朝晚期，几个读书人，哇，就可以煽起一个什么惊天动地的大变化。那种狂飙时代是不可能有了。而且坦白说，我也不喜欢大变化，大变化一定是倒霉的时代。你知道，一个人努力、两个人努力、很多很多人努力，去推动一个时代一点点进步，这个叫做piece of work，点点滴滴之进步，我觉得未来的时代大概就是这样的时代吧。

我不能推荐书，我只能像美国最有名的评论家所说的，"有一天你要把我丢到一个荒岛，什么都不能带，你要我带什么书。他说我只能带一个东西，带莎士比亚"。

阎丘露薇：那如果您去呢，您带什么书？

南方朔：让我去的话，我带什么，哦，好难啊，莎士比亚我可以考虑，《荷马史诗》可以考虑，然后中国的唐诗，李白、杜甫可以考虑。

阎丘露薇：那考虑到这，现在你提了三个建议了，最后只能决定一个呢？

南方朔：大概李白吧，中国人嘛。

斯琴高娃 ｜ 影坛常青树

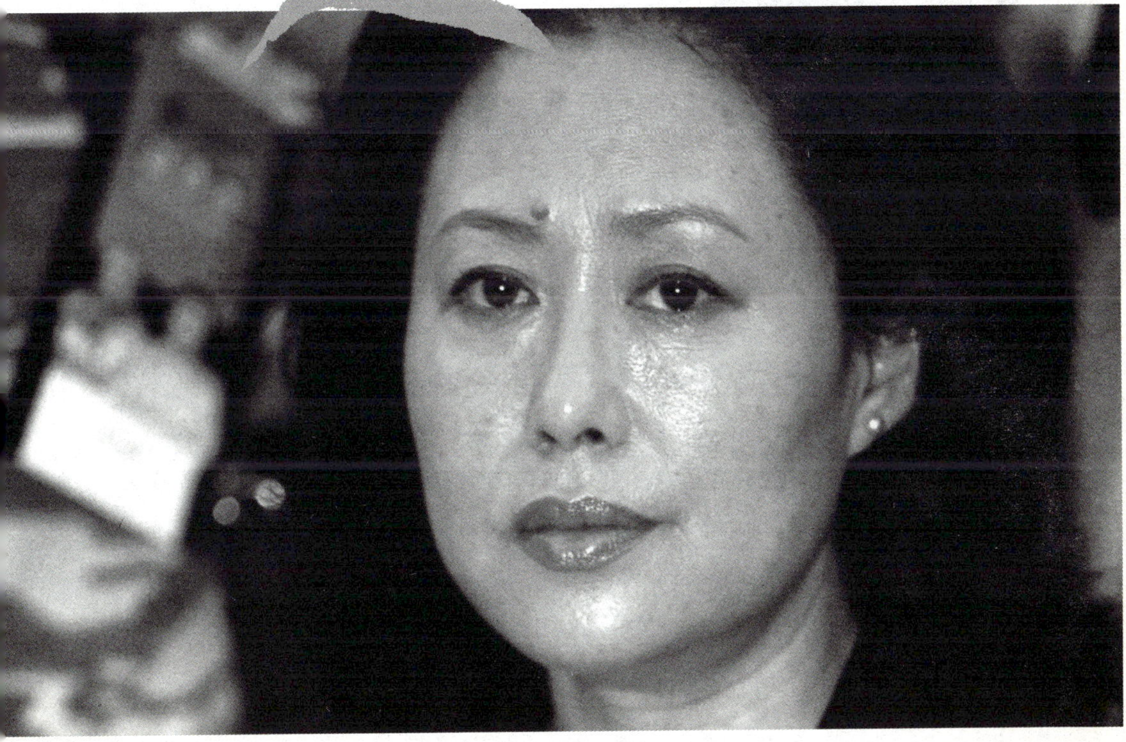

斯琴高娃简介

斯琴高娃，1949年出生，蒙古族。1965年任内蒙古自治区歌舞团舞蹈演员、报幕员。1979年在故事片《归心似箭》中饰演女主角玉贞，获文化部1979年优秀青年创作奖。1982年因在影片《骆驼祥子》中成功塑造了女主角虎妞的银幕形象，获得第三届中国电影金鸡奖最佳女主角奖和第六届中国电影百花奖最佳女演员奖。1984年主演影片《似水流年》，于1985年获第四届香港电影金像奖最佳女演员奖，她是中国电影家协会第一届理事，1986年后定居瑞士。

主要作品：《归心似箭》《骆驼祥子》《月牙儿》《似水流年》《香魂女》《姨妈的后现代生活》等。

导语：提到斯琴高娃，人们总会把她和虎妞和玉贞联系在一起。虽然二十多年已经过去，这两个银幕形象却给观众留下了不灭的印记。这位高产的表演艺术家从影三十多年以来，以其厚实的表演功力给观众带来一个又一个惊喜。无论是出演电影还是电视剧，她的演技都是愈发地成熟饱满。

约斯琴高娃来《名人面对面》做客，是栏目这两年来的心愿，却一直不得时机。因为斯琴高娃定居在瑞士，感觉是那么遥远，有如世界的两端。而她主演的一部部电影电视剧，就在身边在眼前，感觉又是那么亲近、熟悉。她会像白家二奶奶那样威严，像孝庄那样高傲，还是像虎妞那样泼辣？终于我见到了这位熟悉的陌生人。

许戈辉：斯琴高娃老师，您好。我是许戈辉。

斯琴高娃：老早就喜欢你。

许戈辉：谢谢您。

　　　　斯琴高娃老师辛苦您了，我知道您白天拍了一天的戏，现在这部戏马上就要关机了。您以前拍过那么多部戏，已经是一个特别资深、特别有经验的演员了。那现在逢到一部戏要关机的时候，您是一种什么样的感受啊？

斯琴高娃：就是有点难舍难离的感觉，尤其是跟大家。好像就是经历了一个人生感觉。虽然是很短暂的，但是很累，心很累。

《归心似箭》拍摄于1979年，斯琴高娃在片中饰演女主人公——玉贞，玉贞是斯琴高娃塑造的第一个荧幕形象。从十六岁登上文艺舞台，三十岁登上电影银幕，斯琴高娃扮演的角色不下百个。至今，她仍然保持着每一次开始都认真面对，而每一次结束都身心俱疲。

许戈辉：挺感慨的。我觉得日子刷地一下就滑过去了。《归心似箭》的玉贞，就像昨天的事情一样。

斯琴高娃：没错。闪电般的，很快。

许戈辉：其实在拍电影《归心似箭》之前，您并没有更多的表演经验？

斯琴高娃：对，那个之前我是一个歌舞团的舞蹈演员。我打小喜欢演戏，但捞不着
　　　　　演戏，因为我是蒙古族，我汉语都没怎么念过。后来我自己去攻汉语了，
　　　　　我自己用蒙汉两个语言，就像你一样做主持啊，在舞台上仅仅有的那么一
　　　　　点点朗诵词我也不放过。那时候也没电视台，我就到电台去（朗诵），蒙
　　　　　文的诗歌、散文，汉文的诗歌、散文，报告文学之类的，对我都是一个很
　　　　　大很大的锻炼。

　　　1965年，刚满十六岁的斯琴高娃，成为内蒙古自治区歌舞团的一名舞蹈演员，
兼任报幕员。文革期间，群众的文娱生活空间狭小得可怜，斯琴高娃却在每一次艰
苦的下乡慰问演出中，苦中作乐，认真地观察生活、积累演出经验。"文革"结束
后，幸运的机会降临在有所准备的人身上。

许戈辉：那您觉得导演怎么就敢启用您担任那么一个重要的角色呢？

斯琴高娃：哎哟，这可能是一个命运吧，我不知道。八一电影制片厂的张维佳导演，
　　　　　他作为李俊导演的副导演，到呼和浩特看我的演出。那个时候我是报幕，
　　　　　蒙、汉两种语言，他就看我：哎，这个丫头好像会表演，他告诉李俊导演
　　　　　后，就把我就叫进八一电影制片厂。然后作者李克异先生也看了我的照
　　　　　片，他就觉得，哎哟，我要的就是她，就这样，就那么那么巧。

　　　1979年，文艺领域的禁锢坚冰开始融化，中国大地迎来了百花齐放的春天。从
1964年就开始筹备的电影《归心似箭》，经历了15年的等待之后，终于可以开拍了。
玉贞这个角色，作为全剧唯一一位女性角色，并且是剧中最为温暖的色彩，对于从
没有电影表演经验的斯琴高娃而言，是一个相当大的挑战。

许戈辉：还记得第一次拍戏的时候是什么样的情景吗？自己的心情，表现是什么

样子？

斯琴高娃：李俊导演说，说让高娃试一试，差不多有四个魏得胜跟我试戏，就是练
练小品，请张维佳导演给我排练。有一天就到厂部去，请有关领导看看这
几个小品，然后选择了其中的一个魏得胜，这时候女主角要定下我，而其
中一个演魏得胜的男演员就是赵尔康。

对玉贞这个角色的成功把握，彻底改变了斯琴高娃的生活。1980年，她成为八
一电影制片厂的一名正式演员，并且片约不断，先后拍摄了《残雪》《许茂和她的
女儿们》《阿丽玛》等几部电影。而此时，一个重要的机缘，正向她迎面走来。

斯琴高娃：结果没成想，《归心似箭》刚刚结束，有一个内蒙古的陈达导演，把我
介绍给凌子风导演认识。凌导演说，哎哟，就是这丫头，这丫头《归心似
箭》演得好，"哎，你演我的虎妞吧"。啊？吓我一跳，你知道吗，我就躲
起来了，我从那儿以后就再也不敢见他了。我好像在做梦一样，我觉得太
怪了，我想也没想过。只是在歌舞团的时候，我翻阅过北京人艺的一个话
剧的台本《骆驼祥子》。

因为在《归心似箭》中成功扮演了玉贞这个角色，即将开拍《骆驼祥子》的凌
子风导演看中了斯琴高娃。

斯琴高娃：我正好在新疆拍这部戏，结果凌导演就左一个信儿，又一个信儿，那时候哪有手机啊，说让我一定要到北影来，跟大伙儿见面。我就吓破胆，我说算了吧，算了吧，我害怕，他就说"害怕也得来"。我也不知道怎么进的北影的院子。其实进北影院时候，我冥冥中觉得，从我的余光里头感觉，人人都是那样地审视我，这样地斜眼看着我，"行吗，这丫头行吗"？"她是谁呀"？就那种感觉。我进一个小屋里头，就开始试妆。

就这样，一次命运之神的眷顾，为斯琴高娃的电影之路，铺下了一块坚厚的基石。

斯琴高娃：其实内心还是拱着希望，觉得捞着这么好的一个题材的东西，感觉怪极了。他（凌子风）当时设想一个是《骆驼祥子》，一个是《月牙儿》，那一整天，我塑造了两个人物的造型。月牙儿是良家妇女，被生活摧残，人特别清秀，还是从年轻到老年。虎妞的那种，是巨齿獠牙那种感觉。哎呀，我觉得我兴奋至极。

许戈辉：那时候，您是更希望上"月牙儿"还是更希望上"虎妞"？

斯琴高娃：都希望。都是老舍先生的名著啊。你想想，对我来讲这简直是了不得的事情。

80年代初期，由于社会时局的影响，《月牙儿》未能顺利地搬上电影银幕。

1982年，电影《骆驼祥子》开拍了。面对老舍先生笔下著名的人物虎妞，斯琴高娃心里又是欣喜，又是忐忑不安，甚至憋起一种狠劲，发誓必须成功。后来，电影的上映，证明斯琴高娃付出的努力没有白费。1983年，她因为成功饰演虎妞，成为中国电影"金鸡"奖、"百花"奖的双料影后。《骆驼祥子》也成了中国电影事业发展的一个里程碑。

斯琴高娃：你知道吗？其实开始也还害怕，内心还在敲鼓。反正我已经把那小说读烂了，我读一遍，人家就说使一分力，我使十分力可以吧。尽管这样，我还是害怕，胆怯。但是我拍到那场戏，就是我怀孕了，新婚以后呢我去买瓜子、杏干那场，我一下子就找着这个人物的最根本的那个感觉了。我还曾经为语言去拜访过马增蕙老师，马增蕙老师是京韵大鼓演员，我到她家，她给我上了三堂课，就是关于北京话的吐字归音。哦，我说原来是这样的，慢慢慢慢体会。我既不愿意照镜子，也不愿意大声说出来。为什么，害臊，全都在内心酝着酝着。结果安上那假牙后，口齿还不清楚。后期配音时，凌子风导演还吓唬我说，你要是语言上再不努力什么的，那得找别人了。我觉得我似乎找着那感觉了，怪吧，一个蒙古族人，我觉得特怪。后来呢我就越发不能收拾，我对各地的地方语言都喜欢，发疯地喜欢。到香港，广东话我也跟着你走；到上海，我跟着上海走；到东北我也就乱七八糟……

《骆驼祥子》的成功，让斯琴高娃成为中国电影"金鸡""百花"双料影后。1985

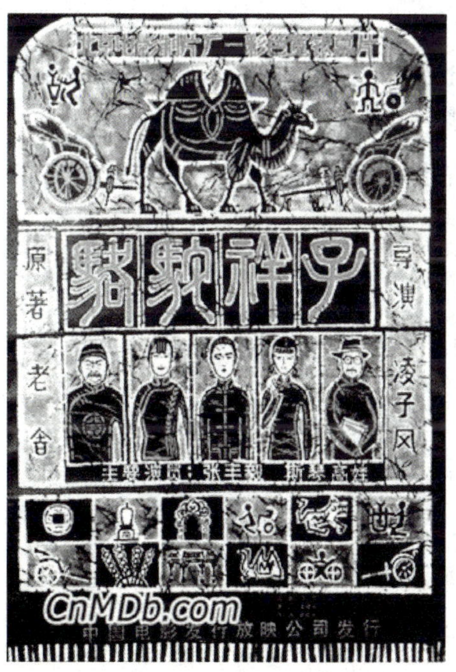

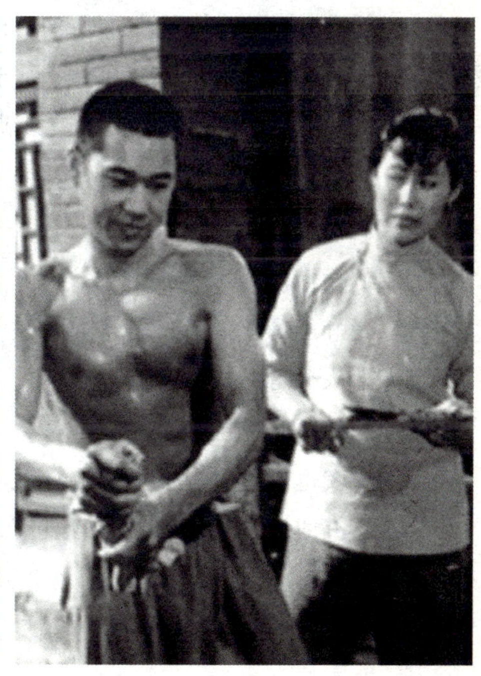

年，她又因为电影《似水流年》，将香港电影金像奖最佳女演员奖捧回了家。之后，她的演出日程总是安排得满满的。所有的人，都对这位不是科班出身、却天资聪颖而又勤奋努力的蒙族姑娘，刮目相看。

许戈辉：可能这就是凌子风导演给您的评价。他说，斯琴高娃是一个特别特别勤奋的演员。

斯琴高娃：勤奋，这我倒是不反对，我敢说我是挺努力的。那个时候话也少，导演说什么我尽量地去努力，而且悟性可能还有一些。我觉得《骆驼祥子》一个是剧本好，一个是导演好。在演完《骆驼祥子》和《似水流年》两部戏以后，我做过认真总结。我跟我的一个朋友，一起总结了几十万字的东西。总结的目的就是我真正要明白：那些演艺界的老艺术家是怎么走过来的，那么我自己是怎么样的，我做的是对还是不对。

许戈辉：等于是回过头去补课。

斯琴高娃：因为打小在歌舞团的时候，我没有这个机会，也没有这种可能。所以当我自己真正碰上这么好的导演、好的作品的时候，我觉得我好像情不自禁。

许戈辉：其实刚才我们说，凌子风导演评价您是非常勤奋的演员，当然不仅仅是勤奋，还有就像您说的悟性，另外就是那种激情。我觉得勤奋可能是一种工作的态度，激情这种东西呢，我就觉得它其实是天生的，它是在一个人的血液里边的，性格里边的。

斯琴高娃：没错，没错。

许戈辉：这和您是蒙族有关系，对吗？

斯琴高娃：大概是，也是有的。

许戈辉：父母对您在这方面影响大吗？

斯琴高娃：父母也是这样的，父母给予我的更多。在他们身上也有那种艺术细胞，很开朗的东西。我现在回头想想，我的母亲给我的太多了。母亲爱唱歌、爱跳舞、爱演戏、爱弹琴、爱画画、爱舞剑，在她身上我就觉得艺术的东西是流淌着的，拿起来就是。过去好像没有感觉母亲是这样的，越老越会是这样。哎哟，怪不得，我说母亲就这么疯疯癫癫的，她一高兴起来，一唱一跳的时候，哪疼哪痒都没有了，像个老小孩儿一样，特好。可能这些东西确确实实跟遗传也有关系，再加上自己喜欢和再努力。

　　我觉得有时候也许是与生俱来的。大部分我觉得是别人给我的，就是你在学校里面，在歌舞团里面，在社会当中，人生的那些形形色色的现象，就好像电脑一样，把它全储存上了。就是说不管你自己高兴、不高兴也罢，哭泣、难过、困苦也罢，我总觉得把那些东西全储存起来，会有有用的时候。

斯琴高娃说，自己的生活并没有什么大起大落，也不像戏中角色那样，常常会大悲大喜。然而，她精心存储着现实生活中的每一次开怀，每一次心痛，每一种切实的、真实的点滴感受，那正是她在塑造不同角色时的灵感来源和现实依据。

斯琴高娃：所以我斯琴高娃庆幸的是，我觉得我既能演汉族人，我还能够演一个广东婆，我还能演一个上海人……混到现在。冥冥当中，好像这都是大家给予我的，确确实实我不能说是我的灵气，就是我喜欢学，喜欢看，喜欢观察，偷偷地吸收，就这样。

1986年，正当斯琴高娃的事业如日中天的时候，忽然传来了她出国定居的消息。之后似乎有了一段为时不短的、不见她踪影的时期。

许戈辉：所以说命运这个东西真的是特别有意思。像您刚才讲，就是说回想起来，有很多不可思议的地方。

　　有了《归心似箭》，有了虎妞，后来又有了《似水流年》，正是事业上如日中天的时候，您嫁给了现在的老公，然后就走了。那个时候的这种选择，算不算是一种特别大的忍痛割爱？

斯琴高娃：没有。因为没有想把它（电影）割开，没有想不再干，只是嫁他而已。

随着电影《骆驼祥子》《似水流年》不断地为高娃带来荣誉，高娃内心的痛苦也在不断地加深。因为第一段婚姻的失败，高娃的生活一半是火焰一半是海水。直到那一年，她遇见了陈亮声。

斯琴高娃：他是中央音乐学院的荣誉教授，他是一个音乐家，是指挥。就是因为他也是搞艺术的，所以他就特别懂我。我说"你看你娶我的时候，你也知道我是个演员，那，我假设说我放弃，就好像你放弃你的音乐一样，你也会很痛苦的"。他就哈哈哈一笑就过去了。我们的婚姻到现在快二十年了，很快吧。

1984年《骆驼祥子》拍完之后，在凌子风导演几次三番地劝说下，斯琴高娃答应与陈亮声见面。那时，高娃刚刚结束了第一段婚姻，心若冷冰，不愿再谈感情。而陈亮声却深深被高娃吸引了，默默在背后帮她排忧解难，苦苦等待着高娃内心坚冰的融化。1986年，高娃终于答应嫁给陈亮声，随后两人定居瑞士，高娃也加入了瑞士国籍。

斯琴高娃：我出国跟很多人不一样，有的人年轻啊，比如说嫁人啊，她希望她的老公怎么样，然后自己再去上学。我已经不是那个年龄了，对吧。

许戈辉：那时候您也不老，也还是挺年轻的呀。

斯琴高娃：那年都已经三十多了，我想我也不小了，所以我跟别人不一样，我只是觉得这是个缘分，就跟他去了。他不挡我，也不反对我，很支持我，那这样一来，我说何乐而不为呢。我还是要回来，因为在那边不可能有什么可做，所以呢就回来。

新婚的高娃在瑞士住了还不到一年，就忍不住回中国来继续拍电影了。

2006年4月13日，老舍名著《月牙儿》话剧北京首演

斯琴高娃：我在日内瓦待了八个月，我想毕竟刚刚跟他结婚，我也要适应一下。然后很快，丁一楠导演请我回来拍《电影人》，是珠影拍的。然后就是1989年，关锦鹏导演的《三个女人在纽约》，我没有一年是空过去的。

瑞士那地方是洋人的地方，根本不是我的地方，那边不属于我。不像他，几十年在那儿。当然，如果他回来有事，就很高兴一起回来。我呢，一定是要回来，没办法。

许戈辉：那边的生活可能非常安逸，但是也有点儿太安静了。

斯琴高娃：过分安静了，有时候自己心咚咚跳都能听得到，就是静得不能再静的那种感觉。而我回去是尽我的义务啊，为人之妻，你总得要回去陪陪他，尽到自己的心，然后他有时间再来，不必担心这个问题。

在先生的支持下，高娃的演艺事业进入了高产的成熟期。1992年，电影《香魂女》夺得了柏林电影节金熊奖。随后至今的每一年，都有角色等待着斯琴高娃的档期。空间的距离并没有磨损她的创作激情，相反，先生的理解和支持，让高娃的演出一部比一部精彩。

许戈辉：二十年这样过来的话，你们两个都没有互相抱怨过？都没有觉得辛苦？

斯琴高娃：没有，但是我感觉我有点对不起他。我老是不顾家，老是走啊走啊，他还没有任何埋怨，这一点我心里还是挺过意不去的。

在斯琴高娃塑造的众多银幕形象中，有一种类型十分鲜明，她们或者忍辱负重、或者心狠手辣、或者威严、或者高傲。这些深入人心的女中豪杰形象，又常常会让观众产生联想。现实生活中的斯琴高娃，性格是什么样的呢？

许戈辉：我听别人说，说您有的时候是一个性子挺急的人。

斯琴高娃：怎么讲呢，我性子是挺急的，但是我觉得我还有非常非常温和的时候。

许戈辉：会为什么事情急？

斯琴高娃：我如果看到不公平现象的时候，会急的。我有时候像男人，好打抱不平。
　　　　　但是我好像对自己的很多事情也忘记了，过去就过去了，遇到也就遇到
　　　　　了，不必那么急躁。

许戈辉：和老公着急过吗？

斯琴高娃：和老公也着急过，但是我过后一说也就没事了。哪有没有磕碰的时候，
　　　　　一定有，任何一个家庭都会有的。

许戈辉：你说的那种过去就过去了，和你后来的佛教信仰有关系吗？

斯琴高娃：可能有潜移默化的影响，就是心里越来越平和，越来越放下。这样好，
　　　　　这样你一天过得也很好，再累，再苦，都不觉得。

许戈辉：但是这个我觉得说起来容易，做起来是挺难的。尤其是您看您现在这么长
　　　　　时间以来从事的这个职业，所处的这个圈子，是一个名利场啊。

斯琴高娃：我不想，你可以问我周边很多朋友。很奇怪，你说完了我也不想，从来
　　　　　脑子里面没有，耳朵里没有，不进。因为我可能就是喜欢干这行，挺好的，
　　　　　跟大家处得也好，不想别的了。

　　2005年10月，香港电影导演许鞍华的新作《姨妈的后现代生活》在上海开拍
了。剧中两位男女主角——斯琴高娃与周润发即将上演的这出姐弟恋，吸引了大量
的关注与期待。在斯琴高娃的电影生涯中，爱情似乎并不是主题。高娃的角色，被
赋予了太多女性的尊严、责任、权力和气量，却总是与爱情失之交臂，不是英年丧
夫，就是男人软弱无能。而也许正因为如此，戏外高娃的那一段藏在遥远的瑞士的
爱情故事，就越发显得洁白、温存与美丽。

　　在辽宁鞍山，有一尊世界上最高大的玉佛。在高娃的极力倡导下，正在当地拍
摄《姨妈的后现代生活》的香港导演许鞍华一行人等，专程前去瞻仰了一番。高娃
信佛，但她对佛祖并不索求，只为现实生活中那些不尽如人意的地方，找一个解释
的理由，换得一番平静、宽容的好心情。

许戈辉：有的时候会为什么样的事情烦恼吗？

斯琴高娃：没有烦恼。我的烦恼就是在创作上，比方说这次跟许鞍华导演合作，有
　　　　　顶牛的时候，她的一些提示，她的想法，她的强调，她执意地要怎么样
　　　　　的时候，尤其她在反映中国土生土长的这样一个中年女人的时候，我会
　　　　　说服她。

许戈辉：我们大家都知道您的那个名字，斯琴高娃是聪明、美丽的意思。

斯琴高娃：嗨，这是我妈起的，也不够聪明，也不够美。

许戈辉：那在您看，怎么样的女人才算是聪明的女人，怎么样女人才能够永远保持
　　　　美丽？

斯琴高娃：我觉得心态很重要。一个女人活得明白，我觉得她就会更加美丽，更加
　　　　　有劲，有一种动力。比如说尽管你身体上出现什么问题，但是你心理上是
　　　　　健康的，你也不缺憾，你也是美丽的。

许戈辉：那您说的活得明白，是不是就是刚才您强调的那种放下放下。

斯琴高娃：放下，减掉很多。执意地要怎么样的话，或者是我要修来生，你就入魔

2007 年 3 月 5 日，电影《姨妈的后现代生活》在北京的新闻发布会

了。不，不，不要去执意地怎么样。一定要活得非常好，非常自在，舒服，这一天你吃得香，睡得着，跟大家都好。大家都拥戴你，都喜欢你，心疼你，关爱你，支持你，鼓励你，甚至会直言地批评你，不拐弯抹角，不藏着掖着，都好。我是这么认为的，我觉得这样，挺好。

在采访间隙，当得知我们的摄影师也是内蒙古人的时候，高娃老师的乡音方言立刻就冒了出来，那种热情、那种爽朗，真让人有一种想唱起敬酒歌、跳起迎客舞的冲动。高娃老师自己已经不喝酒了，但是在关机晚宴上，她还是不忘让许鞍华导演多喝两杯。对于她欣赏的人，对于她热爱的事业，她还是克制不住让自己在弥散着酒香的空气中起舞沉醉，她就是这么个性情中人。

许戈辉：您看，很多女人都怕年华老去，像您演的那个片子名字叫《似水流年》，特别怕这个日子像水一样地流过去。

斯琴高娃：没错。

许戈辉：那您现在觉得自己走到今天，哪一个阶段是自己最美丽、最美好的阶段？如果时间能够停住的话，您希望停在人生的哪一个阶段？

斯琴高娃：我没想停过，我觉得我越走越美丽。有没有缺憾，当然有，但是缺憾的事情我得让它过去。所以我现在觉得好像我在跟时间赛跑的那种感觉，把缺憾补上来，尽管不能十全十美，这个时间还够用。

许戈辉：虽然您说只想过好今生，不想来世的事情。但是我们如果假设，假设有来世的话，您希望来世会是一个什么样的人，在做着什么样的职业？

斯琴高娃：我没想过来世。比方说一部戏是一个人生，再一部戏又是一个人生，几十部戏呢，几十个人的人生，不管我是演好人或者坏人，我觉得我很喜欢我这个行当，我觉得已经真的是足足足足的，好好好好的，我把这一生通过我做演员，在认认真真地去修来世了。所以我很珍惜我这样的一个行业。所以如果有来世，我想我还是做演员吧，我挺高兴，挺愿意的。

尾声：高娃曾经不止一次地表露过，想把家从日内瓦搬回北京来。因为还不断有新角色在等待她去尝试，不断还有新生活在等待她去体验，高娃甚至不想再在飞机上浪费一年几十个小时的时间。因为她热爱的事业在中国，她热爱的事业还需要她。

名人 谭盾 | 湖南鬼才

谭盾简介

　　1957年出生，湖南长沙人。1978年进入中央音乐学院作曲系，后获硕士学位。1986年赴美留学，之后获得美国哥伦比亚大学音乐艺术博士学位。1999年因歌剧《马可·波罗》获得格莱美作曲大奖。2001年，以电影《卧虎藏龙》配乐获得奥斯卡金像奖"最佳原创配乐奖"。2007年，在张艺谋导演的歌剧《秦始皇》任作曲。

导语：谭盾是中国先锋音乐的代表人物。他的音乐跨越了东方与西方、古典与
　　　现代。他的水乐、石乐备受争议。他的大胆、狂妄、离经叛道，从湖南
　　　到世界，听其乐，寻其来时路。

鬼

　　湖南人说鬼才指的是除了才能要异于常人，还要充满灵性和创造力。有人把谭
盾称为中国最有鬼气的音乐家。他的作品充满了前卫风格。

许戈辉：如果要别人来形容你，你觉得这下面三个词，你更喜欢哪个？人才，天才，
　　　　鬼才。
谭　盾：作为一个湖南人来讲，我可能喜欢鬼才。
许戈辉：对啊，那是一个有鬼气的地方。
谭　盾：太对了。我自己常常在梦里寻找我的因素，我也在非常奇遇的感受里边
　　　　寻找我的灵感。我觉得山是充满了鬼气的地方。湖南有两多，一个是鬼
　　　　（才）多，第二个是湘女多情。

　　1957年，谭盾出生在湖南长沙郊区"思茅冲"。那里的人们从湘西带过来各种各
样民间的音乐，从小在耳闻目睹中成长，儿时的记忆对他未来的音乐之路产生了很
大的影响。小时候的他最喜欢的，就是追着村里为红白喜事做道场的巫师讲鬼故事。

谭　盾：小时候，我们喜欢听鬼故事。那么从鬼故事里面，我们就可以悟到很多
　　　　很多人与来世、过世的对话，人与动物，人与石头，人与水的对话，那么
　　　　这个东西实际上是一个楚文化的现象。在楚文化和巫文化中间，你就发
　　　　现，那时候的古人特别鬼气，特别富有艺术的想象力。他们可以把任何一
　　　　个东西都当成有生命的神灵，他们之间是可以对话的。比如说鸟可以跟风

对话，人可以跟石头对话，花儿可以跟蜜蜂对话，这样我觉得艺术就特别有意思。艺术艺术，其实它是一个非真实性的，一种特别特别可贵的思想交流。如果我们活了一辈子，一天到晚只是柴米油盐酱醋茶，从来没有过这样一个生命的交流的话，就太可惜了。我觉得要有更多的，比如说有梦，有禅，有鬼，有灵气，让他们有冥想，生命才会有意思。那么湖南人的这种传统文化，其实给了我很多这方面的鬼气的渲染，正是在这种鬼气的渲染里面，我很幸运，我搞了音乐，幸亏我不是搞医学的。

1975年7月，谭盾被下放到长沙望城县黄金公社黄金大队。湘楚文化的博大魅力令谭盾在那几年里不断地受到当地民情民风的艺术滋养。

1978年，国家恢复高考招生。此时，正在湖南京剧团担任演奏员的谭盾，带着他那把只有三根弦的小提琴奔赴考场。主考老师叫他拉一段小提琴名曲，他却自作主张拉了一段自己根据湘西的民间音乐创作并命名的《铁牛进山了》。正是凭借这一自创曲目，谭盾顺利地走进中央音乐学院作曲系，从此，开始了自己的职业音乐创作生涯。

谭　盾：古代的竹贤七林之一嵇康，他也可以觉得是声无哀乐论。声无哀乐，就是声音本身并没有哀乐之分，那么为什么当你听到这个声音会有喜怒的感觉呢？是因为你的心就是这个声音的一面镜子，是因为你自己有感情，有情绪，而这个情绪是通过声音的沟通和传递来折射反映出来。

　　　　其实我觉得，听音乐就是说有形而上的，也可以是下里巴人的，都是很美的。我觉得音乐是一种非常冥想的东西，但是同时音乐又非常exciting，是非常非常令人兴奋的一种东西。我的音乐生活其实也是这样的。我特别喜欢听原生态的音乐，我觉得在原生态的音乐中间，会让我自己体会到一种很强烈的感染和力量。同时，我也非常喜欢听爵士乐，也很喜欢听摇滚音乐，我觉得摇滚音乐的节奏和力度，特别适合我。

大学时期，谭盾被誉为中央音乐学院著名的"四大才子"之一，被同学郭文景称做是"绝对的天才"。那时的他，认为每一部作品都必须是"一块石头"，激起浪花，方才罢休。

1979年，谭盾的第一部交响乐作品《离骚》，就因使用了鼓、箫等当时被认为是前卫的音响和技术而引起争议。1983年赢得国际作曲大奖(Weberprizein Dresden)的交响曲《风雅颂》，以及1984年举行的"谭盾中国器乐作品专场音乐会"所发表的《天影》《双阙》等多首曲目，都引起不少批评，并对当时的民乐界产生了震撼。

谭　盾：我在北京待了九年，我觉得我是一个极为狂妄的，一个求知欲很强的青年。我觉得我血气方刚，很年轻。我那个时候对于现代思潮，艺术思潮的理解就是要砸烂一切，创新。所以我做《离骚》，我做实验音乐，我做所有这种自我制造的乐器。我要用人类最没有听到过的发声，比如说鼻声、耳声、喉声，还有各种器官的声音来营造咏叹调。我觉得甚至创造的所有的合奏，只有我自己的乐队可以演奏，谱子只有我自己可以看得懂，我觉得这就是创造，这是创举。

水

《地图——寻找消失中的根籁》完整真实地记录下湘西的淳朴民风。这部作品在2003年11月首次亮相于凤凰古城的沱江河畔，三千余名当地居民在现场聆听了谭盾的这场多媒体景观音乐会。

作品创作的灵感取自于多年前他前往湘西土家族、苗族、侗族采风的启发，他把"地图"看做是一个心力历程的地图、一个文化的地图，还是一个寻找过去与未来、寻找根与前景的地图。

《地图》被联合国教科文组织认为是难得的世界非物质文化遗产，并支持其在世界巡演。而谭盾的《地图》手稿已被纽约卡内基音乐厅世界作曲大师手稿廊收藏，他是第一位获此殊荣的东方作曲家。

　　我特别喜欢看乡民在河里洗衣服，听他们敲击水的声音。你听……像爵士乐的节奏。在村寨里，音乐无处不在。如果你仔细聆听，立刻就能感觉到一切都是那么生动而多彩。

——谭盾

许戈辉：我发现在你的这些乐章里边，有风，有水，有光，有石、有木，特别是水，我发现你真的对水情有独钟，一定是和童年和故乡有关系吧？

谭　盾：我们所有的人都是在妈妈的肚子里面就听到了水，那么第一次听到妈妈肚子里的水的时候，也许正好奠定了你一生中的这个道。可以说，这个道在哪里，其实我们所有人都不知道，正是在你工作的辛勤的努力中间，慢慢地你会去寻找到，体味到这种东西。

　　这里有很多我童年的回忆，特别是这里的音乐，这里的人，这里的水，这里的建筑都深深地嵌刻在我的心里，永远也无法抹去，流淌在我的血脉中。

——谭盾

谭　盾：小时候在湖南，什么东西都在河里面洗，洗澡，洗菜，看着乡下的堂客们洗碗，洗米，都在河里边。当时我总是觉得乐在其中，就是觉得一生中都跟水有关系。后来，到中学的时候就开始被沈从文感动，他总是经常提到水。我觉得我每次读沈从文的，无论是小说集还是散文集，他总是说水使你想到你从哪里来，要去哪里。那么无论是从他的《边城》还是到《芙蓉镇》，或是去他自己的故乡，像凤凰，我理解了沈从文为什么总是谈到水，不光是一个生命的源头，也是灵感的源头。

　　对我来说，这是回家，回到家乡，回到我音乐的故乡，回到我灵感的源头。

——谭盾

谭　盾：那么同时呢，我觉得水其实在很多很多文化中间都有这种生命起源的意义。比如说在日本，你要是去研习它的茶道，那么首先你就是要去听它的水的声音，听了水的声音以后，才可以进入它的茶室。听水，他们叫洗心。我们搞现代音乐的人，做了一段重金属以后，做了一段摇滚乐以后，我们回到家里会听一段莫扎特，我们觉得那是洗心。我觉得在大自然万物中间，如果我们说雷电是摇滚的话，那么清澈的流水、溪声就是莫扎特。

　　歌剧《茶经》以唐朝为背景，讲述了一个日本王子为寻找陆羽《茶经》，和中国公主相爱的故事。谭盾亲自担任这部歌剧的指挥。

　　谭盾喜爱水的灵气，《永恒的水》就是由五十多种与水有关的装置来演奏的多媒体协奏曲。其独特的观念音乐也在音乐界内引起了很多的争议。

谭　盾：我很多的作品都是从水开始的，比如说这次我们在《少林禅宗·音乐大典》里面，就做了很多很多水的音乐，大部分的水我们都是在嵩山里边去采集水的声音，去聆听这些水的声音，然后把它们录下来，制作成很好的音乐带子。

　　　　那么除此之外呢，我也做很多很多其他的比较大的音乐的水的制作。比如说我们可以把整个上海体育馆整个游泳池都包下来，包下来几天，做什么呢？我们把整个电脑设备和音响设备都运进去，做各种水的声音的分析采样。最开始我到了上海体育馆，请了十几个跳水运动员来。他们一来就说，谭老师，你要我跳什么姿势？我说，不。我说我先请教你们，如果是"嘭"，这是什么样的姿势跳下去，如果是"啪"，如果是"冲"呢？他们说，"嘭"，那一定是（跳）冰棍；"啪"，一定是背朝水；"冲"，一定是头先入水，然后一个弓字形，"嗡"是……我觉得很有意思，就是我突然觉得，其实所有的跳水运动员，他们对水的感觉都非常在意，留心，可能在他们的训练中间，也许他们就是用水的声音去评判他们自己的动作到底好不好，因为他们自己看不到自己，他们只能是在落水那一瞬间，听到

"冲"，或者是"啪"，所以他们用这样的和那样的水的声音判断，来看他自己跳水艺术的精湛或者失误。

谭　盾：正因为这样，我就把所有的跳水运动员拉进来跟我一块儿研究水的形状，水的颜色和水的力度。我们有水下的录音，也有水面上的录音。比如说我们有一段，两个跳水运动员一男一女从十米跳台上，是"嘭"这个声音；然后，"恰"就是三米的跳台上面，两个运动员是用背跳式跳下去；"啪"，就是完全是背和屁股同时着地的那个正音，就特别好听，就是两个运动员在水上用手打的这种声音。像这样把它们连起来，就正好形成特别美妙的水的节奏。

逆

1986年，谭盾获得美国哥伦比亚大学奖学金，得以进入音乐系攻读博士学位。初到美国，他也在餐馆刷过盘子，也曾走上街头拉琴卖艺。物质生活的艰苦却让他心中的狂野火种却越燃越烈。

到美国之后，谭盾一直在以他的努力来取得西方音乐界的承认。除了奥斯卡奖之外，他还获得过当今世界最权威的格莱美音乐奖。谭盾以他的东方民族音乐，在西方音乐殿堂里，占据了一席之地。1999年《纽约时报》把谭盾评为1998年度"国际乐坛最重要的十位音乐家之一"，而之前就是这份大名鼎鼎的报纸也曾经不接受他的作品，将他彻底否定。

谭　盾：到了纽约，我觉得自己很狂妄，因为我觉得我来自中国，我很powerfully，很强大，因为我后面不光有老庄，还有孔孟之道。我的祖先除了发明了指南针等四大发明以外，中国的表演艺术从武功一直到京剧、戏曲，都是最好的。到了那里以后，我觉得我很伟大，我在中国也小有名气，我写了《离骚》，二十岁我就写了《火烧圆明园》的电影音乐，我还是中国第一个得过作曲大奖的作曲家，我当时就好像有点天花乱坠。

　　置身纽约格林威治村，多元化的国际音乐大环境，给谭盾音乐才能的发展带来了一片新天地。

谭　盾：我在那个时候，见了很多西方的前卫艺术家、思潮分子，比如我见到过POP艺术的大师安迪·沃霍，我也见到过约翰·凯奇，美国最伟大的实验音乐的鼻祖，还见过很多很多的诗人。我们也在格林威治村见到非常非常多的共产党员，美国的共产党人。我们也见到过各式各样的人，我觉得纽约是一个超级大学，我在那里学到了很多很多的东西。

　　格林威治村，云集了全世界所有的笨蛋和天才们。那里极端前卫的艺术空气不假思索地裹袭着谭盾，而谭盾心中的音乐种子却在肆意中，复苏出东方古典主义的萌芽。他开始牵挂、反省自己的"中国"元素。飘荡在记忆远处的东方气味总是不自觉地进入他的音乐，那些粗糙的生命力引起了他内心极大的震颤。

谭　盾：在纽约学习的过程中，我也碰到很多很多的挫折和困难。首先是文化的歧视。作为一个西方乐评人，西方的音乐家，他觉得中国的文化还属于习俗，它并没有进入西欧艺术的主流，我们这里是贝多芬、莫扎特，我们这里是米开朗琪罗、米罗、罗丹。你们那些花鸟、水墨、那个禅宗、二胡，这是宝贵的民俗。为什么谭盾你一定要用交响乐队奏出琵琶的感觉？一定要把马友友的大提琴奏成有点二胡的感觉？当时是给我泼了一头冷水，其实也影响到我学习的一些过程。

　　　　我把在景德镇，在湖南的潼关学到的中国陶瓷音乐和陶瓷艺术的感觉带到了美国哥伦比亚大学的课堂。当时我在美国哥伦比亚大学学习，我就跟教授切磋关于陶土的声音是什么。他就说，你能不能跟我讲一点我也懂的东西，我们两个人可以交流的东西，你不要老讲一些你来教我的东西。当然我会被伤害，但是我也觉得，这种挫折和伤害，其实也在慢慢地提醒我。其实我的价值是来源于一个非常非常深厚的文化，我的创作也许不能离开这个东西，我要是跟纽约的这帮前卫分子一样地去砸烂一切，我觉得我就失去了我应该有的优势。因为我来源于一个非常古老的文化，我的职责并不只是创造，我的另外的职责是要把养育我的这片土地的文化传遍世界，使其得以再弘扬光大。这个弘扬光大和传遍世界的过程，其实就是一个非常前卫的理念，因为你必须要用非常非常创新的一些想法，才能实现你自己的理想。正因为这样，我就想总有一天我会让你们真正地心服口服地去认同我们的创新，认同我们的古老和传统。

虽然在东西方接受正规的学院派教育，但谭盾更乐于称自己为"象牙塔之外的音乐家"。

从1986年到美国，谭盾一直在尝试将中国音乐元素引入西方交响乐，而当地的乐评界却对此给予了强烈而长期的质疑。著名的《纽约时报》更是将他骂得狗血喷头，甚至恶言相加，说让谭盾一辈子去拉二胡。

　　然而最让谭盾感到痛苦的不仅仅是别人叫骂，更是自己如何才能从这一片叫骂声中成长起来。

谭　盾：最痛苦的就是要否定自己。你明明觉得这个东西很好听的时候，别人却说，这个很难听。你就在想，真的难听吗？这是一个很艰苦的过程。过了十年以后，你突然觉得，这个东西很难听。但是你会想，为什么别人花一秒钟就觉得难听，你却要花十年才想出它很难听呢？我觉得这个很痛苦，那么同时很喜悦。它给你自己打了一个满分，就是至少你很执著，很顽强。那么做艺术，我觉得就是要很执著、顽强，还要很有胆量。这个胆量是说你要敢于否定你自己。

恋

　　谭盾从小就显现出极高的音乐天赋。

　　他把"吻"和"创造"比做世界上最短的距离和最快的速度。"吻"是爱的表现，有爱才能全身心投入，爱到极端才能"创造"，才能带来飞速超越。

　　曾经发誓"不要结婚，不要孩子，不要家庭，就要我的音乐，只做无产者"的谭盾，在遇到了妻子黄静洁后闪电般地开始了婚姻生活。妻子对谭盾婚后作品的评价是，因为有了家，因为有了孩子，现在他的作品更接近人了，更人性化了。

谭　盾：我觉得艺术家需要孤独，也许艺术家还更需要失恋。

许戈辉：艺术家需要痛苦。

谭　盾：那么现在也结婚了，有孩子了，也不能再失恋了，怎么办呢？我就是要寻找这种失恋的感觉。我去采风的时候，我就常常有失恋的感觉，跟自然失恋的感觉。比如说来到少林寺，来到嵩山，我看到了那个三十六亿年前的那种岩壁堆成的这个奇形，就像安迪·沃霍的那种POP艺术的图案一样，一个一个的重复，每一个重复都不一样；而每个重复又是强调，非常

　　非常的强烈。但是你却不得不离开，我就舍不得离开这里。那么我就有这种失恋的感觉。这种感觉就像你舍不得离开你的恋人一样，这种感觉常常会有，有时候是在嵩山，有时候是在纽约，有时候是在北京的紫禁城。

　　　　北京毕竟是我自己思想成熟的第一站，虽然离开北京这么多年。我最留恋的地方就是天坛。我在北京读书的时候，常常周末的清晨去那里练小提琴，读书，练功课，作曲。回到北京回到天坛的时候，我总觉得是回到我恋人身旁的那种感觉。我会莫名其妙地打一些奇怪的电话给一些很老的朋友。很奇怪，有时候就是你回到北京，大家都很忙很忙很忙很忙，很多朋友约不上，那么我就会有这种想法：我就给大家发短信，明天早上七点半钟，还记得谭盾吗，我们在那里常常散步，那么明天早上我们再来一次，七点半钟一块儿散步，八点钟喝茶。哇，都来了，这就是一种恋人情结。大家都怀旧，我觉得怀旧是非常美丽的，也证明了人对于美丽的事物、人生都有怀念之情。其实音乐就有很多很多怀旧的情结，无论是在拉赫玛尼诺夫的音乐里边，还是柴科夫斯基的抒情慢板里边，你都可以感受到这种东西。也许艺术家就是要有那么一点神经病的感觉。

许戈辉：所以难怪呢，你想想看，有很多人劝女孩子说，不要爱上一个艺术家，你会没有安全感的。

谭　盾：我看过一个什么电影，它就说，女孩子们，如果你们要毁坏自己的话，最好的办法就是去找一个艺术家结婚。

许戈辉：你太太和你结婚之前，听到过这样的忠告吗？

谭　盾：我想她大概是结婚两年以后，突然回想起这段忠告，结婚的时候还没想起。因为我见她的时候，我是狂热，真是一见钟情，我见她的时候，大概是两个小时就决定跟她结婚。

许戈辉：在那之前，你曾经宣称过说，不要结婚，不要什么恋爱，只要音乐，对吧？

谭　盾：绝对不要。

许戈辉：那两个小时是什么样的化学反应？是你太神经，还是她太吸引你？

谭　盾：我觉得好像跟她的相遇是在梦里已经相遇过。所以见到这个人，我第一次见她的时候，我们是去看一个实验的舞蹈。在过马路的时候，我就看到一帮人中间，有一个女孩子很有意思，是中国女孩子，好漂亮啊，穿了一双30年代上海的小布鞋，长裙，没有穿袜子。那么我觉得这就是中国。我当时是在格林威治村的一个很偏僻的小街上面，一个实验剧场的旁边。在那个天时、地利、人和的环境里边，在红绿灯的对面看到了一个这样的女子穿过来，我觉得这是上帝的安排。如果是在别的一个环境里面，比如说让我在北京的大街上看到这样的女孩子，我根本就没有这样的感觉。那么我觉得我们中国人说是风水，或者是外国人说是磁场，其实是指人的灵魂在某一种，某一种气场里面，怎么说，这种灵魂跟自然之间的这种关系是很神妙的。

我们刚才是说爱情，或说自己跟自己的妻子怎么见面的，跟情人怎么见面的，其实自己跟自己的友人，自己跟自己喜好的音乐是怎么爱上的，自己跟自己曾经经历过，看到过的山川、河流怎么恋上的，回顾这种东西实在是太美丽了。我觉得当今的中国人要多一点这方面的情操，就像50年代的中国人一样，就像40年代的欧洲人一样，就像60年代的西方人一样，他们对世界充满了这种怀念、热情、狂热、奔放，甚至有一点点不可自控。我觉得生活就是这样的，特别斑斓，特别多样化。

蜕

谭　盾：我以前的闯荡，以前学习的艰苦，以前对于新潮的追求，对于稀奇古怪的哲学思潮的追求，还有这种不同流派的现代派的艺术技巧，音乐理念的追求，都觉得好像很容易，很甜蜜，那个过程实际上是个非常非常苦的过程。我常常跟别人说，玩音乐，玩音乐，我为什么说玩音乐呢，其实是很艰苦的，我不想把那个艰苦的东西让别人觉得很艰苦。

举个例子，我现在让我的儿子去弹钢琴，我看到他弹，有时候都想哭。因为实在是太艰苦了，让一个几岁的孩子，每天在钢琴上面，他有时候就是边哭边弹，他实在是弹不下去了，因为太艰苦了。我对他说那算什么呢，你爸从小到大，四十几年了，每天早上都是六点半到八点半，从不间断，除了旅行以外。所以我的音乐是宗教，我的音乐是打坐，我的音乐好像是闭关一样。

谭盾说："艺术作品不能重复生产，她只属于创造。"因此，在谭盾的音乐中常常会出现那些我们置身其中而又久所未闻的自然之声。《纸乐》《水乐》和《陶乐》令他扬名国际前卫艺术界。然而，在国内，"谭盾代表着前卫、另类、听不懂"，也在很长一段时间里成为了乐坛和观众的一个定论。

许戈辉：如果大家不能理解这个，如果大家甚至批评这个的话，你做好足够的思想准备了吗？

谭　盾：我觉得我自己成长的所有的经历，并不只是成功，成功可能只是百分之十。这个百分之十里面可能有奥斯卡，可能有格莱美，可能有华人最经典的大奖。但是不管多大，它只是百分之十而已，而更多的百分之九十就是有批评，有不同的理解。我觉得这些批评和不同的理解，总会给你带来很多很多的回馈。尽管这个东西是你创作的，你一定要能够把你自己摆在观众的角度上去看它。我每天抽四根烟，因为医生说，抽四根烟对这个身体不会有太多的坏处。我每天要写八个小时，写完音乐以后，我就在琴上弹出来，我就一边抽着烟，一边听，我把我自己转化成观众。那个时候我常常对自己非常严苛，我会把自己骂得狗血喷头。我觉得我自己批评自己和自己骂自己的这个程度，远远胜过全世界任何国家的观众批评我的程度。任何人其实批评我，我总是从中可以学到很多东西，如果我觉得批评不对的东西，也无所谓，因为对一个艺术家来讲，观众就是你的上帝。

比如说我们现在做《秦始皇》，我就跟张艺谋讲，跟多明戈讲，我们一定要用非常非常朴素而美妙的咏叹调，非常非常戏剧性的故事和音响，非常非常通俗和易懂，非常直接的音乐手段，让人一听了就震撼，抒情，漂亮。要不就是说我讨厌它，我要走。就是非常直接的东西，让别人去感受。那么表现主义的文学、绘画、还有音乐，却都告诉人家说，不要着急，好的东西是需要慢慢来的，我这个东西就是要让你慢慢地听，五年以后，你听了一百遍以后，你一定会喜欢它。哪来的时间听一百遍啊，没有时间了，我们就是要让别人在听第一个音的时候就要喜欢它，在听完这个作品的时候，就说，我还可以有一次机会再听一次，也许他一生中只有两次机会听，这就是现代人的生活。那么我们在设计我们的艺术的时候，传播我们自己艺术的时候，我们就要设计这个结构。

2001 年，李安的一部《卧虎藏龙》，在成就了一个华人电影传奇的同时，也成就了谭盾。他因此意外地迎来了事业的巅峰，同时也让很多音乐圈外的人记住了他的名字。

谭　盾：我举个最深入浅出的例子，比如说我跟李安啊，我跟张艺谋、冯小刚他们沟通的过程中间，我们常常都是谈如何用很深重的，很深刻的音乐理念去体现宏大，最后结尾我们就发现，是朴素，我觉得朴素就是宏大。

　　　　从在《卧虎藏龙》里边马友友的大提琴主题，一直到帕尔曼的小提琴的《英雄》的主题，直到这次《夜宴》，就是郎朗的钢琴独奏，在他的钢琴的旋律里边，我觉得小提琴、大提琴、钢琴，这三个音乐的理念里边，其实比我以前的音乐要宏大，但是比我以前的音乐要朴素。音乐的语言要朴素。可以唱出来，也要更加语言性，那就是可以说出来。

根

谭盾是中国版的马可·波罗，他很认同自己是东西方文化、传统与现代文化的混合物。东西方两种不同的文化在他的音乐中进行融合、拥抱。他把中国文化比做为他打开了纽约、伦敦、巴黎以及全世界大门的金钥匙，并从中悟出了做音乐、做人的道理。对母语文化的深深热爱和感谢，促使他和另一位华人音乐家马友友合作了一部名为《中国日记》的音乐作品。

关于未来，他有一个非常具体的梦想，就是希望21世纪的成都小吃和20世纪的味道仍然一样。他希望我们民族文化的一些原汁原味的东西能够得到很好的保留和继承，持续不断地发扬。

我准备了一个只有四十五秒的演讲，我梦想着我的音乐超越国界，今晚和你们在一起我感到界限已消失了。作为一个古典音乐的作曲者，在这里获奖我感到非常兴奋。《卧虎藏龙》跨越了东西方文化，浪漫戏和动作片，高雅和流行的界限。谢谢李安和马友友、皮特·高、麦克·哥芬、吉米·山密斯，谢谢索尼古典凯米和詹姆斯长期的支持，最后这属于我家里的两只老虎——我的太太简和我的儿子都是虎年出生的人，谢谢学院。

——"奥斯卡颁奖典礼"谭盾获奖后感言

谭　盾：我昨天看到了纽约的电传，同样的乐评人，他们就可以说，纯熟老练，经典而富有厚重的中国音乐家谭盾的《秦始皇》。我就觉得他们改变了，我还是谭盾，但是呢从中我体会到这种过程，其实是很艰辛的。

2001年，谭盾凭借《卧虎藏龙》问鼎奥斯卡最佳原创音乐奖，为他从1986年开始在西方音乐界长达十年的尝试和努力，赢得了一份骄人的成绩单。

许戈辉：我记得你好像是在媒体上曾经说过，你说如果我儿子以后当一个艺术家的话，我第一要求他就是要有胆量，要狂妄。

谭　盾：因为有胆量，狂妄，你才可以持之以恒，你既可以否定你自己，你也可以开拓未来。比如说，你如果让西方人都来了解我们的禅宗底蕴，我们中国人的哲学基础，我们中国人宏大、宏伟的过去，那么就一定要有很多很多真的文化、真的心态、诚实的自我，去跟他们交流，无论是文化还是心

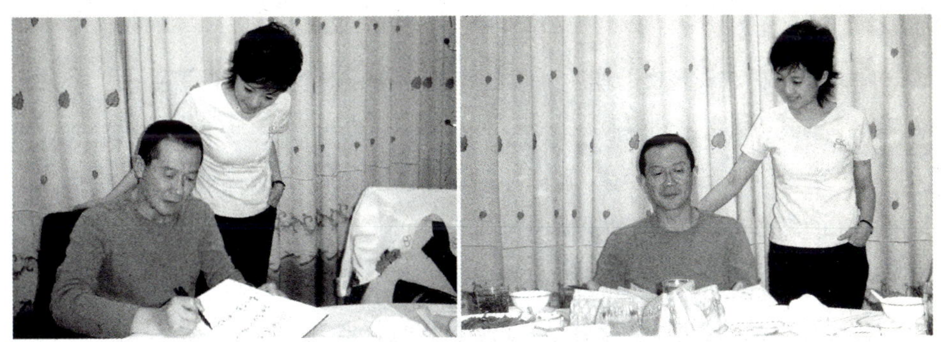

态都要这样。这个东西才会感动别人。比如我在纽约的留学生活，我们在纽约排演《水乐》的时候，我一上去指挥，纽约爱乐乐团的首席就跟我开了一句玩笑，他说，你千万别弄了这么多水，把我们的乐队给淹了啊。当然他是开玩笑，但是我突然意识到，他们对水的感觉太物质了。那么我就跟他讲了一个故事，我说就在纽约，我每天去纽约的这个岛上去看水。有一天我见到一个犹太人，他说，你来这里干什么？我说我来这里晃晃，呼吸新鲜空气。我说你来这里干什么？他说我来这里看水。我说这水有什么好看的，天天都一样。他说不，水是每秒都不一样的，他说你看着这个水，可能昨天就是从耶路撒冷流过来的，那是我的故乡，那么明天可能就流到了中国去，那就是你的故乡。他说你知道吗，水是没有国界的，它不像陆地，不像人的思维可以隔开。鲁迅就说过人与人之间有很多无形的墙嘛。那么水与水之间是流动的，正因为这种没有隔阂的水，使你想到你从哪里来，你将要去哪里。

因为纽约爱乐乐团百分这九十都是犹太人，通过这个简单的一个犹太人的故事，我觉得这种沟通就特别使我想到，用最真实的感受去沟通，最直接的感受去沟通是最好的。

此后至今，纽约爱乐乐团、波士顿交响乐团、费城交响乐团，还有卡内基音乐厅、林肯中心、纽约大都会歌剧院，都留下了谭盾作品的绕梁余音。一贯高傲吝啬的西方主流乐评人，终于大大方方地将赞美之辞赋予了谭盾。

谭　盾：我很喜欢我自己的职业，我觉得这不是一个卖弄美丽的职业。一个艺术
家成功的喜悦，就像一个哲学家一样，就像黑格尔、马克思、毛泽东，我
觉得他们都是哲学家，他们的喜悦就是在于他们可以把他们自己特别优越
的思考和非常非常聪明的思维跟所有的人去分享，从而改变这个社会。
比如说毛泽东就说，我们只有解放了全人类，我们才可以最后解放我们自
己，那么这个就很有意思，我觉得这是哲学。

　　　所以我希望做的点点滴滴，让全世界所有的音乐机构，音乐乐团，音
乐人，都可以来演奏你的音乐。我以前是不让所有的人演奏，只有我自己
演奏，那么现在我是反过来了，我觉得只有让所有的人演奏，你才可以改
变他们，你才可以跟他们沟通，让他们理解中国的文化。我以前觉得推行
中国文化，我独树一帜，没有人能够像我这么纯粹地去推行中国的文化，
现在我觉得错了，我现在的音乐，我现在的艺术，就是要让所有人去演奏，
所有人去听，然后让所有人都被改变，那只有他们改变了，我自己才可以
真正变成一个优秀的音乐家。

　　　正因为这样，我觉得自己的生活阅历显得更加厚重。这样一来，人到
中年的时候，会突然觉得这片土地才是你真正可爱的地方。那么其实你的
全部，都是这个文化，这个土地给予你的。其实你所有的东西，需要报答
的，正好是这个土地给予你的一切。

　　　在美国生活这么长时间，我自己好像读书越多，我就越认为自己是中
国人，所以我就劝导所有的人要读书，因为读书和听音乐一样，越多，就
越好。好到什么地步呢，就是好到你认为你自己就是你自己。我自己是什
么呢，我就是中国人，我真的是一个中国人。反过来看是中国人，顺过来
看，还是中国人，最后我决定，我要落叶归根。

文怀沙｜半为苍生半美人

文怀沙简介

文怀沙，1910年出生，名奫，以字行，斋名燕堂，号燕叟，人称"燕堂老人"。他博学多才，是长寿老人，亦是国学泰斗。现为上海大学文学院名誉院长、西北大学"唐文化国际研究中心"名誉主席、中国诗书画研究院名誉院长等。

代表作品：《宝学概论》《离骚今绎》《九歌今绎》《九章今绎》《招魂今绎》《屈原集》《文怀沙序跋集》等。

导语：文怀沙的人生经历如同他编撰的《隋唐文明》一般，厚重、精彩。他在我国文学艺术界，独步天下难描述。他已经九十六岁高龄，却笑称自己只有四十多岁，尚不足五十；他是著名的国学大师，经史百家经典、汉魏六朝文学、历代诗词歌赋无所不知；他创立了宝学、东方美声学；他对佛学、医学、红学、音乐、戏剧、金石书画等也广有涉猎。他因研究《楚辞》而出名，虽与屈原隔千年，但却诗心相通，人称"活屈原"。

文怀沙年轻的时候即做诗"平生只有双行泪，半为苍生半美人"。他爱美文，更爱美人，以风流倜傥、浪漫多情闻名文坛。

名利淡泊，达观乐天，更难能可贵的是在耄耋老年，他仍葆有一颗年轻的心。

与他对谈，他声如洪钟，时而诙谐幽默，时而语出惊人纵论古今，时而引经据典高谈阔论。他的鲜明丰腴、率性而为的个性，令晚辈们领略了一位近百岁老人的风采，令人赞叹不已。

如果外头下急风暴雨，我内心也下雨，这就太苦了。而烦躁、愤怒和忧伤都是催人衰老的暗器。

——文怀沙

"我要求你们，不要把我当老头看。人老心也老是最可怕的事。"文怀沙说按照他发明的计算年龄的方法，现在他才四十多岁，不到五十岁，正值壮年，可以继续做贡献。

"文革"期间他曾经被诊断为肝癌。面对死亡，他却从容不迫，天天扫地劳动，闭目背诵楚辞。就是以这样的胸怀感悟生命，他的病不治自愈，这是一个奇迹。

他把《离骚》的精神看做是对生命的讴歌。屈原之所以跳江，是因为他太爱生命。"骚"的精神则是把生存的理由看得很重要，为了它可以不活着。这是精神与风骨。

文怀沙：生命有两个特点，第一个是短暂，第二个又充满了惊险。像我们这一代人，幼年时候经历过"五四"运动，后来我自己参加了"一·二九"运动，哎呀，峥嵘岁月愁。这是讲客观世界，那么你主观世界跟客观世界应该怎么样？如果外头下急风暴雨，我内心也下雨，这就太苦了。毛泽东有两句话，"敌人围困万千重"，这是客观世界，他的主观世界呢，"我自岿然不动"，我觉得用岿然不动对敌人围困万千重，这是比较有头脑的人。

　　我常常讲，最伟大的空间应该是海洋，比海洋更大的是天空，比天空更大的，是哲人的情怀。

——文怀沙

　　文老性情秉直，一生命运多舛。抗日战争期间，他因反对独裁政治，在皖南被关进监狱；十年动乱，他又被当做"反动学术权威""反革命分子"，进了"牛棚"。"文革"期间，他抗拒江青的"圣旨"，不但失去了个人自由和与家人团聚的机会，而且被判处死刑缓期执行。

　　就是在十年的无边逆境中，他还常常拿司马迁的命运同自己做比较：他受了宫刑，我还没有受宫刑，与司马迁比起来，扫厕所这点屈辱算什么。一帆风顺只是一种理想的美好愿望，更多的人更多的时候都在逆境中探索。

许戈辉：但是怎么才能做到岿然不动？在您的一生里，真是充满了惊险、曲折，连牢都坐过不止一次，怎么可能保持岿然不动，而且自在呢？

文怀沙：来到世上，凡是有生就有死，有来就有去。那么怎么对待这个人生，得需要有一个头脑。人是有头脑的。所以我常常讲，最伟大的空间应该是海洋，比海洋更大的是天空，比天空更大的，是哲人的情怀。

　　如果有一个人骂我，有的人就受影响。他说你这个人是狗娘养的，我就大怒，这个就不必了。他再骂你是狗娘养的，我教你一个办法，你到镜

　　子里面去照一照，看脸上有狗毛没有，假定有狗毛肯定不是猫娘养的，假定没有狗毛，那就是讲话的人胡说八道，他的眼睛的水平是狗娘养的水平。他要骂你狗娘养的，是犯了错误。他犯了错误，他不生气，你替他生气干什么。所以我觉得这个世界呀，这个道路呀，虽然生命很短暂，我们要珍惜这个短暂，有的东西短暂了才可贵的。

　　我只记爱，不记恨，我只记恩，不记仇。

　　故人笑比中庭树，一夜秋风一夜疏。我很想念那些欣赏过我的、帮助过我的、努力想拯救我的人，同样也会想起那些曾经无情地打击、迫害过我的人——我们一样是芸芸众生。

——文怀沙

　　他把人生比做一场盛大的宴会，而每个人都是受邀的客人。那么走的时候应该像参加完宴会回家一样，吃饱了很舒服地回去。

　　老房子起火是很可怕的，老头子谈起恋爱来是很可怕的。那是迸发生命的所有光与热在进行恋爱啊，爱完了，所有一切都成灰烬了。我生平先后爱过九个女人，每个人都爱得认真不重复。

——文怀沙

　　他把现在的第三位夫人称做是娇妻爱妻。他说："我的婚姻经历过生离死别，第一位夫人早早去世了，叫'死别'，第二位夫人和我离婚了，叫'生离'，这位六十八岁的第三位夫人徐迎春是日本华侨，祖籍山东，出生在辽宁。"

　　20世纪40年代后期，已有夫人的文怀沙伴着一个女学生进入解放区，这个女学生后来成了他孩子的母亲。在解放区，文怀沙热情地投入到轰轰烈烈的革命运动中，但他与这位女子的婚姻生活没有维持多久，就以失败宣布结束。

生命中一定要有激情，而美人是可以让人激动的。我说的美人不是说一张漂亮的脸，而是美好事物的标志。我所留恋的美是自然的，是生命现场。"

生平只有双行泪，半为苍生半美人。

——文怀沙

解放以后，一位家境富有的医院大夫狂热地爱上了文怀沙。

有一天晚上，她留在文怀沙家里没有回去。文怀沙多情，但他也非常封建，用他的话说就是"那天晚上，我们有拥抱，也有kiss（接吻），但是不见于乱"。而女孩子一夜未归宿也使得女孩家人的判断她一定失身了，大骂文怀沙是流氓。那个女孩在三月三那天服毒自尽了。从此以后的几十年间，每年的三月三他都会闭门谢客，静坐一日，用这种方式纪念为他舍弃生命的心上人。

文怀沙：人家问孔子，有没有终身可以奉行的一句话？孔子说，那就是"恕"吧。这个"恕"绝不是简单的"Excuse"，不是。恕，严格讲就是八个字，"己所不欲，勿施于人"。人能做到这点很不得了。自己不愿意的事情，不要强加到别人身上。比方美国虽然对我不错，但是我觉得他有时候强加给别人，有的国家要发展什么原子，他要去管。那么你自己呢，你自己不愿意的事情，你要强加给别人，如果别人对你这样，你受得了吗？什么事情你能够经常想到叫慎独，很谨慎的，没有人的时候自己来监督自己，这个监管会在自己这儿。

许戈辉：那我正好就想问问您有关这个"恕"字的。在您的这一生里，有没有过让您觉得不能饶恕之人，不能宽恕之事？

文怀沙：我觉得什么人都要有无所不包的胸怀，但是有一样东西，包藏祸心不行。就是我在容纳你的结果，结果你制造的罪啊，你的罪孽算到我头上的，对不对。就是对你这个行道，在正道里头，这个包容量要很大。那如果在个人感情生活里，我看包容更大。

比方与我离婚的女人，她为什么离婚？一定闹架嘛。为什么我会跟她闹架？因为她是我妻子我才跟她闹架。那么怎么变成妻子？我恋爱过了，我跟她结婚了。我爱过的女人，因此这个女人曾经对我柔情似水，我才会娶她当妻子。后来分开了，这个柔情过去了，那么她留给我的是两个遗产，一个是爱，她曾经爱过我，一个是后来又曾经跟我翻脸。她既有柔情似水、脉脉含情

的眼睛，也有柳眉倒竖、杏眼圆翻的形象。我只记爱，不记恨；我只记恩，不记仇。并不是我宽恕别人，而是这样我心里舒服啊。我不能老想着这个人的毛病，一天到晚想谁得罪我了，谁给我使绊儿了。

　　"文革"中，曾经有人害了我，后来他的孙了考学校要我帮忙，我去帮，我家里人都反对，因为他的爷爷害过你。我说这是两笔账，孙子不等于爷爷，爷爷害我，有我的原因的，因为我确实跟他过不去，这是一点；第二点呢，他爷爷从前对我也有好处，曾经在我困难的时候帮过我，所以才会变朋友。他利用我们的友情，后来又做了对不起我的事情，但他人已经死掉了，人死不记仇。这个并不是对别人宽恕，对自己也是宽恕。因为我这样心里才活得舒服，如果我天天一脑门子都是官司，这个仇人，那个敌人，到处制造了很多不是敌人的敌人，还不如广交朋友，我的朋友遍天下。

　　你住在家里，你也可以像有的旅客一样，在彷徨。你住在旅店里，也像是在我的世代老家里头住一样安静。

　　　　　　　　　　　　　　　　　　——文怀沙

文怀沙在位于北京东三环的一个宾馆里已经生活了二十多年，两间客房一间做起居室，另一间"文化（谐音'怀'）沙龙"是他每天会见客人的地方。这个宾馆就是他的家。

文怀沙：我现在经常住在宾馆里头，家里不住的。"天地者，万物之逆旅"，这是我的趣味。天地就是一个旅馆，这里从老总开始到门岗，到服务员，到花匠，到卫生员，个个跟我好，你可以去了解这里的民意。我一走进来，哎呀，人家的眼睛看着我，我一走路，都想来搀我。我就说，我不是七老八十，但是我是带着感激，我觉得我在这个旅馆里头，"天地者，万物之逆旅；光阴者，百代之过客。"而在旅馆里头，我已经感到宾至如归的感觉，我很舒服。

那么究竟人能不能安？你住在家里，你也可以像有的旅客一样，在彷徨。你住在旅店里头，也像是在我的世代老家里头住一样安静。陶渊明有一句话，"结庐在人境，而无车马喧；问君何能尔，心远地自偏"。所以就想到文天祥的两句话，"哀哉沮洳场，唯我安乐国"。翻译成白话就是他住的那个监狱里头简直太脏，又是脏水，又有各种腐烂的味道，耗子死了的味道，各种各样的味道。他归纳起来有七种不能忍受的味道，但"彼气有七，吾气有一"，我就是正气，"以一敌七，吾何患焉"，没什么可怕的。因此他讲，"哀哉沮洳场，唯我安乐国"，这个阴惨惨的地狱是我心上的天堂。所以一个是客观世界，一个是主观世界，当外头急风暴雨的时候，我心里一片祥和。

2005年，文怀沙先生耗费十年心血主编的《隋唐文明》正式出版。长达一百卷，六千万字巨著被誉为展现隋唐文明的精髓与核心的集大成者。《商周文明》《秦汉文明》和《魏晋南北朝文明》也出版在即。文老感慨道："编书之初我们很寒酸，八个老弱病残在做这件事，后来才申请到'十五'国家重点图书的投资。但这是一项伟大的工程，并不是发思古之幽情。我们要为千秋万代存信史。"

　　文怀沙将东方文化用三个字来概括其精髓，即正、清、和，也就是正气、清气与和气。他呼吁今天的国人要贯通并弘扬的就是这三气，这三气正是中国人的精气神。

　　正气，是儒家所养的"浩然之气"，也是至圣先师孔夫子所一直提倡的，历千年而不坠。孔子及其倡导的思想，早已潜移默化地成为了中国人精神生活的一部分。清气，则是传统道家所讲的，清静无为，清是相对于浊而言的，无为是相对于有为的，有所为，有所不为；而和气，则正与"三个代表"的重要思想不谋而合，都讲求谐调、平衡与自然，构建和谐社会的纲本便源自于此。其实追溯到数千年前，亚圣孟子便已经讲过"和为贵"了，此"和"与彼"和"，正是一脉相承的关系。

文怀沙：我晚年提倡一个叫"三字经"。

许戈辉：就是您的"正、清、和"。

文怀沙："正、清、和"，这个"三字经"。下头解释为：孔子尚正气，老子尚清气，释迦尚和气。十五个字，东方大道其在贯通并弘扬斯三气也，又十五个字，两个十五，三十个字，来解释那三个字。

　　　　而且这一套东西，我把它变成一种功法。正，往里头来，正，这个肚子吸进去，正，去声字，清是阴平，和是阳平。然后眼睛对着鼻子，鼻子对着肚脐眼下头，舌头顶着上颚，心里排除一切杂念，正，清，和，这样子啊，以九的倍数，开头练九次，早晚各九次。可以睡着练，也可以坐着练，也可以躺着练，不拘形界，怎么舒服怎么好。但是把杂念弄掉，滤掉这些东西，把情怀放开来，正，清，和，我告诉你啊，妙不可言。我原来手上有斑的，现在没有，退干净了。那么血压呢，我到美国，我不肯检查的，硬要给我检查。在波士顿，一检查，低压七十，高压一百二十，我二十多岁就是七十，我说实在对不起，我不能与时俱进。

　　面对着当下这个时代的浮华与喧闹，浅薄与庸俗，商品经济下的功与利，文怀沙鼓励年轻人认真读几本经典著作，耳濡目染，多受熏陶。他告诫天下的父母亲：不要把满脑子的利润观念灌输给你的下一代，那是一条灭亡的道路，那是很危险的。你要把你的儿子培养成一个孝子，一个懂得儒家文化的孩子。如果用商品社会里唯利是图为纲领教育你的儿女，最后你也变成你儿女的一个牺牲品。他不把你卖掉才奇怪呢。

他更相信毛泽东的一首诗中所言：风物长宜放眼量。开拓视野，放长眼光，我们当能看到中华传统复兴的一天。

文怀沙：中国有个传统，叫尊老敬贤。对这四个字，我有自己的看法。我认为敬贤是绝对的，尊老是相对的。是应该尊重老人，但是有例外，就是倚老卖老的人，见到年轻人把胡子一缕，哼，你们这些年轻人，我走的桥，比你路还多呢，这就叫倚老卖老。倚老卖老是一句文明词，如果直白一点讲，就叫老不要脸。这个老不要脸的人，就是把自己的经验夸大到不恰当的地方。老呢就是知识累积应该多一点，比年轻人书念得多一点，生活经验要丰富一点。那么按常规，书念得越多的人，越能看出来自己的有限。中国有一个词，我认为非常好，叫晓得。晓就是破晓，晓就是黑暗里头冒出光来叫晓。黑暗的地方，摸不到东西，就摸，瞎摸，光一照，看到什么拿过来就是，晓然后得嘛，是不是。

许戈辉：所以知道可以说成晓得。

文怀沙：知道是什么，知了以后道。不知，还可以原谅，最讨厌就是不知还要道。有一句话我很欣赏，我说你知道不知道，他说"知不道"。哎，这个高

明，知还不道，那个人就是比较有水平，比较谦虚啊。最可怕是不知道，那么老人不谦虚就是不知道，因为学然后知不足，知识越多的人越发现自己不行。那么人呢，要感到自己不够，那就是丰富。骄傲可不可以呢，可以的，骄傲也需要的，骄傲同谦虚，这两个品质对人类的前进都有用。骄傲属于年轻人的，年轻啊，他因为很多事情不知道，初生之犊不畏虎啊，他一往直前，他充满了自信，甚至于自信到对老年人讲，觉得难以相信的地步，这推动历史前进。比方我在冲锋，这个是义无反顾，拿着枪往前走，这个不需要谦虚的。走到一半，哎，慢一点，请，您请，那这个仗打不了的，对不对。但老年人就不一样，书已经念多了，生活累积也多了，他越来越觉得自己不行。所以屈原这个诗啊，第一句，"吾令羲和弭节兮"，他需要光照，需要照明；"望崦嵫而勿迫"，这个压迫的迫字念 bu。望崦嵫山，崦嵫山就是太阳每天晚上睡觉的地方，不要靠拢，不要下去，每天，你慢一点睡觉，你得给我照明。

"路漫漫其修远兮"。我人生的道路，修就是长，远就是很远，又长又远哦。干什么呢？"吾将上下而求索"。

——文怀沙

文怀沙：为什么要照明呢？"路漫漫其修远兮"。我人生的道路，修就是长，远就是很远，又长又远哦。干什么呢？"吾将上下而求索"。多么好啊。那么对时间要这么宝贵的，因为路很远，我们知道的东西太少了，要珍视生命，因此这个时候呢，我觉得主观世界应该有个很宽的胸怀，这个路是很远，但不要悲观。

　　我一辈子歌颂两个东西，年轻时我有两句诗被柳亚子先生喜欢，这两句诗叫"平生只有双行泪，半为苍生半美人"。美人狭隘地讲，当然就是美丽的女人，实际上不仅是这个。屈原的美人芳草是代表着一切美好的理想，美好的事物。为了我刚才讲的"吾将上下而求索"的那个东西，我要去求索人为什么，人往何处去，人从哪里来，人活着干什么，有很多需要思考的问题。人类为什么那么多苦难，用什么办法来消灭这个苦难，让人活得更有意思，因此考虑的绝不是狭隘的个人。所以屈原为什么了不起，他不仅仅是自爱而已。

许戈辉：他也是为了苍生。

文怀沙："哀民生之多艰"，"长太息以掩涕"，他为人民流泪，爱土地，爱人民。艾青有两句话，为什么我的眼里含着泪珠，眼泪，因为我爱这片土地爱得深沉；"土地是什么，母亲"。

有一条我必须要告诉你，有一天我很痛苦，我的国家真是不行了，我就走屈原的道路，跳汨罗江，决不跳密西西比河，这一点你放心。

——文怀沙

文怀沙推崇中华文化，所以他大胆地推测过，即便日本当年真的统治了中国，最终也不过使中国的民族从五十六个变为五十七个，大和民族也终将被汉化。世界竞争的结果就是文化的较量。

文老爱家爱国，对家国的热爱之情溢于言表，耄耋暮年仍有拳拳赤子心。2005年连战访问大陆，因早已仰慕文怀沙的大名，遂托人向其索诗。文怀沙于是赋了一首《萁豆谣》：燃萁曾煮豆，萁豆俱长生。周论萁与豆，和谐铸永平（连战号永平）。

"现在党中央提出建设和谐社会，我真的希望和谐能保证永平。"

文怀沙：我就举一个美国的例子。我母亲有个很坏的习惯，那时她已经一百岁了，她有时候痰多，就往地板上啐。我回来了，看见她啐在地上的痰，我就向她提意见。我说您这么大岁数，怎么可以在地上啐痰，因为孙子看到这个非常恶心。她就哭了，我都一百出头了，我啐一口痰在我屋里，我犯什么错误？我说那也不行，这个事情你要改变。我要改造我的妈妈。

这个时候在美国的新闻处，有个在美国工作的人知道了，他就告诉他一个在耶鲁大学的朋友或是亲戚。当我到耶鲁大学去的时候，那个人就提到说文老人很正派，他妈妈吐痰，他都要禁止，他讲卫生。但是这个事情，我一听到，心里就很烦，因为他讲我妈。我妈有吐痰的习惯，但是我到美国，我不想谈这个东西，现在却有人拿它来表扬我，我就感到丢脸。我马上站起来，说某某教授说我妈吐痰，这个事与事实不符，恐怕是他妈吐痰，我妈从来没有吐痰。中国北京有一句土话叫"提着裤子不认账"。

那么人家说我说假话，这可不是说假话的问题，家丑不可外扬。我们国家是有些阴暗的东西，但是当我到美国去，人家从我这里来打听，我告诉你妈妈的丑处？我不想宣传。对妈妈的优点要对外宣传，缺点呢，我内部整风，我可以跟妈妈打架。

　　"孔子尚正气，老子尚清气，释迦尚和气"十五个字，东方大道其在贯通并弘扬斯三气也。

——文怀沙

文怀沙：我在国内有些地方看不惯，我可以东说西说。但是我到美国去，人家来问我，或者拿一些光盘给我看，就是中国的贪污啊，盗窃啊这些东西，问我看了以后有什么话讲。我说也许你这个是事实，也许是你的编造，我不能定性，因为现在科技手段很多。你叫我看了这个东西，我心里很难过，但是我可以告诉你，我们国家的阴暗的东西，恐怕比你这个片子还要多，可还有光明的一面呢，恐怕你也不知道。所以我不是讲过嘛，阴阳隔昏晓。

许戈辉：文老，如果要是，您是生活在古代的话，我真的想问您，您到底是要江山，还是要美人？

文怀沙：我需要你的微笑。

　　尾声：有人说文先生的声音和微笑能够融化世上的坚冰。他曾笑言："你要把内心的不愉快一点一点拔除，要换上青草、鲜花、活水。否则心灵就是垃圾桶了。"

吴冠中 | 道是平淡，却见浓艳

吴冠中简介

吴冠中，中国当代画坛泰斗，著名的美术教育家、散文家。1919年出生于江苏省宜兴县。十七岁时考入国立杭州艺专，先后师从潘天寿、吴大羽先生习中国画和西洋画。二十七岁考取国民政府的公费留学，赴巴黎深造。1950年回国后，曾在中央美术学院、清华大学建筑系任教。

1997年，台湾历史博物馆举办"吴冠中画展"，并在高雄市立美术馆巡展。

1999年，文化部举办"吴冠中艺术展"。

2000年，被选为法兰西学士院艺术院通讯院士。

2003年，《生命的风景——吴冠中艺术专集》出版。

2005年，启动《吴冠中全集》编撰，并在上海美术馆举办"吴冠中画展"。

导语：2006年圣诞节，清华大学美术学院宽敞的大厅里面迎来了一位贵客。"吴冠中2006新作品展"在这里开幕了。对于年轻的学生们而言，能够在校园里如此近距离地与当代艺术大师接触，近距离观摩大师的作品，机会实属难得。

已经年逾八十七岁的吴冠中老人，至今依旧笔耕不辍，2005年、2006年连续两年举办年度新作品展。不断地拓新，被老人视为生命延续的动力。在这次新作品展的序言中，吴冠中写道："老年，明悟自己的生命近尽头，虽然'希望'永远在诱惑所有的人们。如果失去了'创造'的激情，失去了'希望'的诱惑，我想也就失去了生之欲。"

画　家

吴冠中是一位学贯中西的艺术大师。几十年来，他一直探索着将中西绘画艺术结合在一起。吴冠中早期的作品多以江南水乡为题材，画面充满诗意。近年的画风有些变化，更多以粗线条来自成意境。

吴冠中：创造任何一个作品，它都是忘我的，必须以一种忘我的精神，什么功利都不考虑。像猎人要打豹子，你要追那个豹子，在追打的时候，你什么都忘了，哪怕地上是坑，都管不了，只想把那个猎物打到。所以当时追那个画，追自己想要的艺术，一定要把那个画搞完以后才能够放心下来，那时候胃才开始工作，才能够吃东西，才能够喝水。在这个之前，什么都停下来了。所以这比妇女生孩子还要痛苦。

许戈辉：您是这么形容的，比妇女生孩子还要痛苦，对，我就经常看到您的文章里出现怀孕两个字。

吴冠中：确实是这样的。怀孕最困难了，画家一般不容易怀孕，他能怀孕，他能够成长，他将来分娩不是很大的问题，关键是能不能怀孕。我们很多画，都是叫无孕分娩，没有怀孕，他就画画了，实际上他没有真感情，是这样的。所以文艺作品，不完全是哪一行的，是文学或是美术的，他必须有真感情。没有这个，他照样可以画，大家都会画。但是要的是艺术，而不是技术。

　　1992年3月26日至5月10日，伦敦大英博物馆推出吴冠中个人画展。画展收录了他自1970年以来所创作的油画、水墨和素描共四十四幅作品。这是大英博物馆第一次为中国在世的画家办展览，这也成为吴冠中绘画生涯的里程碑。

　　多年来他致力于油画民族化与国画现代化的探索和创新。素面朝天的作品背后往往蕴藏着浓艳炽烈的情感。而由创新所引发的艺评界的争论，却也伴随了吴冠中几十年。

许戈辉：您是在您的国画里引入西洋画派的，像这个"面"，还有在西洋画派里引入国画的"线条"。我觉得在不同的时期，您一定也遭受过一些争议，比如说吴冠中的画，中不中，西不西。那您面对这些争议的时候，您自己……

吴冠中：不仅是不同的时期，一直到现在还是这样，不认你是中国画，你这是西洋来的，不是国画什么的。这个问题在我看来，不值得一争，是吧。因为我们古代的审美同西方的审美，实际上它美的本质是一样的。虽然表面形式不一样，但真正的好东西都是相通的。

　　香港《资本家》杂志创刊号载文说：吴的绘画充满了最能集中反映本世纪中国艺术面貌的各种特点，即东西方艺术的汇合与杂交。

　　吴冠中要比其他受到西方艺术影响的中国画家都要走得远。

吴冠中：我在报告里还做过一个比方，就是说中国古代的很好的东西，同西方现代的很好的东西，好像差距很远，时代也不同，对不对。我说它们是哑巴夫妻，虽然语言不通，但他们是相爱的。我一直是这么比方。我们的作品，不管你是用什么材料，不光在中国能够欣赏，在西方不同文化背景、不同地域的人都能够欣赏，那才是艺术品。我的作品怎么样能够感动人，是更重视真的感情。假设在技法上有时候生疏一点关系不大，但是它主要是讲真话，好像你们这个广播，宁可口齿不流利，但讲的话是实际的，我觉得就爱听，只怕讲那个虚伪的流利的话。

许戈辉：我要记得您说的这话，宁可讲不流利的真话，也不要讲流利的假话。

回首来时路，对那份"真感情"的追逐，竟一直牵引着吴冠中的人生方向。就像一只翻飞在林间的美丽蝴蝶，吴冠中一路追着它从年少走到暮年，从故乡宜兴远赴巴黎再回到祖国。蝴蝶的美丽身影一直不曾让吴冠中迷失方向，而路边丛生的荆棘却让路上的行者遍体鳞伤。时至今日，吴冠中还是把这条不归路称为"歧途"。

许戈辉：我记得我读过您的一句话，我特别喜欢，还特意抄下来，是您在您的文章《歧途》里面说道的。您说人的一生只有一次选择，说我支持向自己认定的方向摸索，遇到歧途，也不大哭而回，错到底，作为前车之鉴。我觉得您的这番话呀，表达了自己一种即便是悲情但也是义无反顾的那种坚定的决心。

吴冠中：因为原来我是在浙江大学里面一个工业学校学工科的。

许戈辉：而那个时候学工是有前途的。

吴冠中：很有前途，而且很难考的，浙大也是名校。

许戈辉：所以全家都以您为荣。

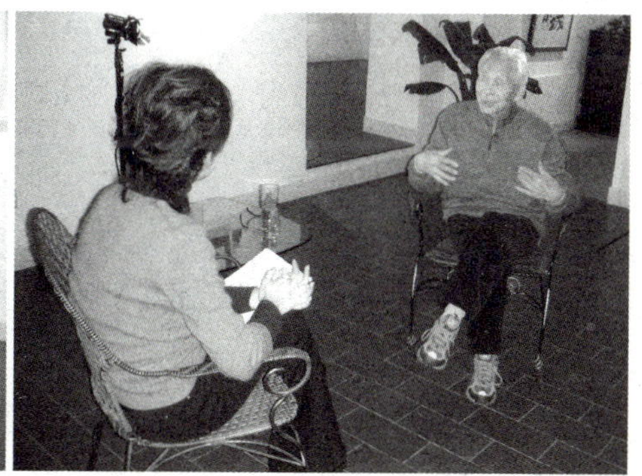

吴冠中：对，就说将来的生活有保障了，是这样。那么后来去参观了杭州艺专，第一次看到美术品，看到那么多油画，雕塑什么的，那么美，我一辈子没有见过这么美的美术品。因为过去没见过这样，这就像是初恋，第一次看到这个，看到人是那么美丽，可以说是恋爱，什么都不要了。那时候大概也十六七岁，高中了，自己有独立的想法了，觉得我什么都不要，我什么都可以牺牲，我一定要爱上她，所以变成初恋的感情。学艺术是要穷的，不管，我觉得我是属于我自己的。甚至我觉得父母他们那么爱我，哎呀，但这个包袱，觉得如果没有父母爱我的话，我会很自由。我要毁掉它也可以，但是另外有家属，就觉得不能那样，所以矛盾。觉得我选定了就不能改了。但却很幸运，这是不幸的幸运。后来打仗了，我们国家打仗了，那么就流亡了，沦陷了，家乡都沦陷了，父母都没有消息了，从此断了多少年，一直不知在哪里。是这样情况。当然他们忧虑，担心等等，但对我讲来，我暂时看不到他们的悲哀，他们认为我也许死了，也许怎么样了，那么我倒觉得，我这个时候可以拼命地搞我的艺术了。

1936年，吴冠中违背父命，执意放弃了已就读一年的工科专业，转考入国立杭州艺专。后来，吴冠中把当时的杭州艺专比喻成法国美术院校的中国分校，因为当时艺专的林风眠、吴大羽、刘开渠等教授，几乎清一色是留法的。而那时的吴冠中和同学们也早已爱上了塞尚、凡高、毕加索这些还完全不为中国人民所知的西方现代美术大师。

留　学

1942年，吴冠中从杭州艺术专科学校毕业。四年后，他的人生发生了重大转变。

吴冠中：当时都想到法国去学美术，但是抗战出不去。那么日本投降以后，教育部觉得日本投降了，国家要兴盛了，就搞公费留学考试，送到英、美、法、丹麦这些国家，送了一百多个。那是八年来第一次送公费留学生。全国有九个考场同时考，人也很多，每个科目都是取两名，这个考试就很难考。考试很紧张，竞争很激烈，差一分你考了个第三名，差一分也考不上，所以这对我讲来是生死挣扎了，是生命的很大的一个转折。如果这次考不上，那我根本出不去。出不去的话，我的人生轨迹会有很大的改变，会完全不一样。

1946年，是吴冠中人生中最值得纪念的年份。他在这一年中同时尝到了洞房花烛夜和金榜题名时的大喜滋味。他以第一名的成绩考取了公费留学绘画专业的名额，得到法国最高美术学府——巴黎国立美术学校的入学资格。次年，他和百余名留学生踏上了远赴欧洲的"海眼"号轮船，开始了充满激情和梦想的留学之旅。

许戈辉：我看到您的画上有一个题名"荼"，如火如荼的"荼"，这个字怎么讲，您为什么会给自己命名为"荼"？

吴冠中：这个字本来是强烈的意思，如火如荼嘛，如火，是强烈的意思。还有呢，因为都是油画，开始都是画油画，用油画笔签名。油画笔不好写，不像毛笔那么方便，所以写一个荼字就代表了。不要写吴冠中三个字，少写一点。写洋文就好了，像毕加索一笔勾就签名了，但中国字写起来比较麻烦，不好写，所以写一个荼字比较简单。

在法国留学时的吴冠中

　　巴黎，这个世界的艺术中心，让吴冠中大开眼界、如饥似渴。对艺术的热爱，让他心中燃起了熊熊烈火，就如同他的笔名"荼"字一般炽烈。每当课余闲暇，他都扎在各大博物馆和古文化遗址中，疯狂地汲取西方文化的养分。在国立巴黎美术学校中，吴冠中先后进入丢巴（J.Dupas）教授和法兰西学院院士、美术界一代巨子苏弗尔皮（J.M.Souverbic）教授的工作室学习。

许戈辉：我记得您曾经说过，说在法国学习的时候，苏弗尔皮教授有一句话，对您有影响，他说小路艺术是娱人，大路艺术是撼人，是震撼的"撼"。

吴冠中：对，震撼的撼，这个很重要。因为他是我的主要导师，他就讲艺术有两路，一路是小路艺术，他叫Mino，他说艺术是娱人耳目的，让你感觉到好看，舒服。他认为这是漂亮，他把漂亮和美分开的，漂亮和美不是一个字，法文里也不是一个字，不是一个概念。一个是漂亮，一个是美，他的意思是说要走小路艺术是漂亮，是使你感觉到耳目舒服的；大路艺术，它是震撼你心魂的，这个完全不一样，所以觉得，应该走大路艺术，震撼的是人的心魂，这让我有很深很深的印象。因此从这一点，我们把艺术看得非常神圣，比什么都伟大，当时是这样。那时候我想成为很大的艺术家，很想有成就，所以就是不管一切，也不管法国的生活好，等等，不是。我想的是怎么样能够搞出真正的好艺术来，在这种情况之下，后来回国了。

　　法国作为世界艺术之都的诱惑，使吴冠中在去与留之间，不断犹豫徘徊。

许戈辉：在那个时候，您没有犹豫过吗？您没有考虑过，国内是经过了战乱的，而法国一直是一个艺术的殿堂，那时候您没有犹豫过，我是否应该留在法国？

吴冠中：犹豫，犹豫，不只是我犹豫，我们所有的留学生都犹豫，这是我们的生命选择。我们一会儿想回来了，一会儿又不回来了，这是主要的矛盾。像我们这样，过去也穷惯了，倒并不觉得法国一定生活好，认为我们穷困就一定想过好日子，不是这种想法的。我们是想怎么样艺术能够上去，法国是世界艺术的心脏，那当然见得也多，可能发展得更多，回来可能就闭塞了。

生活还是其次，法国是过得好一点，当时也不大好，战后的法国也很可怜的，生活也是这样。那么回来当然更糟糕了，但生活不是主要的。想回来就是说，在自己土地上是不是没有那么多失落感了，因为在国外，人家歧视你，时起时落。在教室里，老师、同学中间，都觉得你画得好。但是你出了学校到街上，法国人都瞧不起你。那时候中国人很少，他们看到我们是黄种人，以为我们是越南人，越南是法国的殖民地，他们一般歧视得很厉害。所以这样的情况，我觉得不可能成为一个大艺术家。最后觉得还是应该回来。

回 国

1949年，游历欧洲的留学生们即将结束自己的学业，这时的祖国正发生着翻天巨变。留在国外还是回祖国去，吴冠中和同学们又一次站在了人生的十字路口。在给尊师吴大羽先生的信中，吴冠中说："踏破铁鞋无觅处，艺术的学习不在欧洲，不在巴黎，不在大师们的画室，在祖国，在故乡，在家园，在自己的心底。赶快回去，从头做起。"法国导师苏弗尔皮教授听闻吴冠中要离开，遗憾地说："艺术是一种疯狂的感情事业……你似乎应该回到自己的祖国去，从你们祖先的根基上去发展吧。"

吴冠中：凡高在一封信里讲，他的兄弟说你是麦子，你的位置是在麦田里，你不要在巴黎浪费你的生命了。这个话对我影响很深，我觉得我也是麦子，我不能在巴黎开花，应该种到麦田里去，这样就回来了。当时回来，我们在政治上很幼稚，因为国民党很腐败，这个政府我们很讨厌，那么共产党呢，我们也不了解，没有看过马列主义。当时宣传，中国人民站起来了，至少是对帝国主义不怕了。在这种熏陶之下，总的讲政治上我们是拥护共产党来把新中国建立起来，因此我们是抱了很大热情回来的。回来呢，政治上，他们也还算不错，有专门接待留学生的，比较优待，给分配工作等等。但是后来发现根本的问题，因为我们是把艺术看做是唯一的上帝，一切都为它牺牲，但是列宁讲的是"文艺是政治的螺丝钉"，毛泽东讲，"政治标准第一，艺术标准第二"，因此艺术完全变成打工仔，艺术变成政治的打工仔，这在我们来

讲是不可调和的矛盾了，所以回来最大的打击是这样的。

1950年，吴冠中回国后便到中央美术学院任教，向学生们介绍西方现代绘画，将艺术称之为疯狂的感情事业，强调自我感受、感情独立、形势法则等观念。然而很快，在文艺整风中，他被划做"资产阶级形式主义堡垒"，并被批评道，"自然主义是懒汉，应打倒，而形式主义是恶棍，必须消灭。"

吴冠中：但是我又不愿意屈服于那些东西，也不愿意搞。而且我讲的就是苏弗尔皮说要搞大的艺术，要搞感人的艺术。什么东西感人呢？穷困，贫穷落后的中国是感人的，因此我想的一些题材都是我们故乡的，比如死了人送丧的，农村的渡船里那些可怜的老百姓，我是想画这些东西。

许戈辉：显然在那个时代是不可能的。

吴冠中：统统通不过，都不能画。所以我是"死胎"，胎死腹中，永远生不下来了。

　　由于不愿按照当时的流行模式画人物，吴冠中在中央美院期间创作的人物画，都被扣上了"丑化工农兵"的帽子。1953 年，无法再在中央美院待下去的吴冠中，被调往清华大学建筑系。尽管被挤出了全国最高美术学府，但他的艺术抱负并没有因此而收敛。

吴冠中：只能离开中央美术学院了。因为中央美术学院是一个最焦点的文艺的观点，思想的观点也可以说最极"左"的。那么我就到了清华大学建筑系，就是教技术而不是艺术了。所以没有思想意识问题，反正是在边缘了。但我还是不甘心，还是想搞自己的东西。我一看这个大势啊，我是拧不过这个时代的，那你又不能妥协。因此我学风景画，搞风景。风景、祖国的土地、大自然，它与社会的冲突不那么尖锐。而且王国维当时讲，一切景语、风景的语言、借情语，都是感情的语言，景里面都是有情的。所以我想从风景里面来表达我的感情。就从鲁迅的故乡开始，从我的故乡开始，宜兴绍兴，到江南，从那里开始，从家乡的风光、风景里面来开始走这条道路。

　　尽管曾经钟爱着人物画，文艺界领导一番"风景画无害论"，使吴冠中感到觅见了奔向自己目标的独木桥。然而这座独木桥是通往天堂，还是地狱，又有谁人知晓？吴冠中十九岁的时候，为自己取了笔名"荼"，喻示自己如火如荼般强烈的性格。在留学巴黎期满面临去留抉择的时候，为了能够创作出震人心魄的作品，吴冠中决定丢下西方艺术摇篮，奔回自己的家园——祖国。然而他的艺术抱负、他坦率并执著的性格，都如同是当时环境中的一根芒刺，遭到了猛烈的批判与打压。在一个艺术家将近二十年精力最为旺盛的创作期，吴冠中经历着人生最炽热的考验。

吴冠中：因为我的幸运，也是我的苦难，是我的遭遇，我的历史，也就是说在国民党的时候，这种腐败，这样贫穷，又遇到八年的抗战、流浪、落后、苦难都尝过了。后来一下子好了，到了巴黎了，西方的花花世界什么都看到了。

回国后，是另外一种形势。经过这样几种反复以后，我把客观情况看得很清楚，如果我没有能够在年轻的时候出去，可能我都比较相信，对什么东西都容易相信。正因为像我这样经历了那么多，我不容易相信，我有个比较，到底哪个是真理，哪一部分是真理，所以我坚持我相信的东西。

　　"文艺整风"后，吴冠中不得不放弃人物画，开始创作风景画。他背着画箱到处写生，有人以为他是修雨伞的，还有老太太问他是否下乡来收鸡蛋。浪迹天南海北的写生，让吴冠中找到了宣泄对艺术的爱的出口。

　　然而"文革"爆发后的五年里，吴冠中却一直没能摸过画笔。直到1972年他下放到农场，管理有所松动，他才被允许在个别的星期天画一点画。

许戈辉：那个年代还要（把画）藏起来，或者是撕毁。

吴冠中：像裸体、人体那就毁了，不毁就不得了。在法国画的那些东西都是人体，红卫兵也来毁，否则影响到你一家的生命安全了。后来到了农村劳动，画的一些都是庄稼、麦田，那些东西就无害了。有时候可以画一点，但是有时候部队领导看了之后也批判，你又画画了，你又搞什么，就是这样。你那么辛苦画了之后藏到老乡家里，藏起来。

许戈辉：那您刚才说的这一段，是被称为"粪筐画"的那一段吗？

吴冠中：对，那时候就在农村。开始不让画，到后一阶段松一点了，可以画一点。没东西，于是就把粪筐找来当画架，找农村用的那个黑板，纸的压的，拿来刷个胶，当油画板用。用这些材料，在农村画，画了一些东西就藏起来，藏在老乡家里，不让指导员知道。

许戈辉：那在这个过程中，您没有过非常苦闷的时候？

吴冠中：苦闷是很多，就是回来之后，在文艺思想上的苦闷很多。每天经常要被批判，经常是报纸上批判你，或者在学校里批判你。我经常是批判的对象。当时我老伴她跟着我，她也知道我这个苦闷。

许戈辉：怎么样排解呢，怎么样度过这段苦闷的日子呢？

吴冠中：我不管，但因为我相信，我走的路是正确的，我相信。文章千古事，得失寸心知。我相信我的东西将来是会有人认识的。我的画当时是不能发表，更不能卖，当时没有商业。那时候最重要的就是发表了，发表一张画就是最高的待遇了，也没有地方收藏，反正画了之后就收起来，否则还要批判你，"你还画这些东西你什么意思？"画了之后，我说将来等着当出土文物了，只好这样。当时我这样来安慰（自己），我说将来它还是出土文物，所以我还是要很保护它。我觉得还没等到我过世，它就出来了，这点对我讲是很幸运了。

吴冠中曾在散文中写道："鲁迅先生说过因腹背受敌，必须横站，格外吃力。我自己感到一直横站在中、西之间，古、今之间，但居然横站了五十年，存在了五十年。"

吴冠中：我最遗憾的就是艺术观点不能发挥。艺术观点同政治观点之间的矛盾，不是我能够解决的，这是我痛苦的根源，也是我无奈的奋斗的一个焦点。因为我不知道艺术和政治之间是这样一个关系，如果我早知道这样的情况我就不搞艺术了。

伉俪

1946年，吴冠中和朱碧琴在南京完婚，这时的吴冠中已经在绘画上展露出超出凡人的天赋，得到多位画坛名家的指点与赏识。陈之佛为他的婚礼担任证婚人，林风眠为这对新人题词祝福。只是那时的新娘子还不曾想到，等待她的不是如胶似漆的新婚生活，而是即将来临的长达四年的别离。新婚不久，吴冠中就离开妻子和未出世的孩子，只身赴法留学。似乎从那时开始，就注定了朱碧琴陪伴在丈夫身边的日子充满了磨难和艰辛。

许戈辉：那个时候的日子是特别
　　　　艰苦的。但是对于一个十
　　　　六七岁的少年来讲，可能
　　　　是又相当意气风发的。

吴冠中：恋爱第一，爱情第一，那
　　　　个时候是这样的。就像初
　　　　恋的人，这样讲，非要她
　　　　不可，什么都可以牺牲，

对艺术是这样的情况。所以我那个老伴，后来我认识她的时候，我们谈恋
爱，可能谈到婚姻了，就是她父亲觉得，学艺术的将来都很穷。

许戈辉：所以特别舍不得把女儿嫁给您。

吴冠中：所以她后来穷了，也还是嫁了。

　　　在五十年腹背受敌的挣扎中，唯有让吴冠中感到欣慰的是，妻子朱碧琴一直陪
伴在身边。

许戈辉：刚才吴老讲的时候，他就说"我夫人说……我老伴说……"我觉得老伴是
　　　　他的最高领导。一个艺术家，他在艺术上越有才华，可能他在生活中越不
　　　　容易相处。

吴冠中：是，是有这种情况。

许戈辉：我不知道您老伴儿对您有没有怨言？

吴冠中：是这样，她说除了我，谁也不能跟你在一块儿，你有再大本领我下辈子也
　　　　不嫁给你了。

许戈辉：可是你们已经共同走过六十年了，听说今年（2006年）是你们结婚六十周
　　　　年纪念。您这一生最感谢的人，就是您的老伴儿，她陪伴你走了这么久。

吴冠中：她对我起了很大的作用。就是说，因为我觉得我的画，必须是专家鼓掌，
　　　　就是行家看了说真是好东西，但是我还需要群众点头，让一般人能够接受

一点。不能说猛地一看完全不懂，尽管不能够辨别得很透，他还是觉得能够接受一点。所以我需要有两个观众，一个是比较高的高人、专家，一个是比较一般的老百姓，是这样。那我老伴儿开始就……是群众，因为她不是搞这个的，所以她是群众的代表。

许戈辉：但是她跟您时间久了也变成专家了。

吴冠中：对。画出来第一个观众就是她，先看看她的意见，再看看群众的意见。这样子她后来也慢慢地变成专家了。

许戈辉：很多人往往会觉得艺术家很神圣也很神秘，但是我看到您自己的回忆录里面写着，在几十年前有一段日子是非常非常清苦的，而且老伴儿也为此付出很大的代价。要生活在很狭小的空间里，要带孩子，还要骑自行车上班，每天都要走很远很远的路。

吴冠中：是有那段故事，我对家里的生活基本不管。因为我的工作太多了，除掉工作要教书以外，主要搞艺术创作，而且一有机会就下乡了。只要有一点机会我就要下去，下去到生活里去，所以我到生活里去的时间是最多了，恐怕比哪个画家都艰苦，而且很多是自费的，也没有稿费。我老伴儿就不大愿意我去，她说吃那么多的苦你还要去画。还有一次她母亲生病了，我们经过桂林是看她母亲，我就一路画画，画的时候下雨了，她就心疼我了，因为我只要画画，什么都不顾了，就找了把伞挡着画面，她也只能淋着雨陪我。

许戈辉：只给那个画打着伞？

吴冠中：对，把画遮着，我们两个淋雨。那么我画画是经常移动的，画了一部分要搬到那边去画了。后来不下雨了，要上山去了，山上风大，刮得那个架子支不住，我就哭了，怎么办呢？也没有几天假期，现在就一定要画。这样她就用她的身体来帮我把这个架子扶好了，等于她当我的架子。本来要去看她母亲的病，路上却画呀画的。这种情况你还要画，她心里是很反感了，因为生活已经很困难了，你还要画画，要费钱，浪费时间，家里搞得一塌糊涂，那实在觉得你不用再画了。但是她始终没有讲出来，你还画什么画，

　　这句话她没吐出来，但她实际上这样的矛盾也是很多的。

　　前些年因老伴受病痛折磨，吴冠中受到很大的触动。他为妻子写下散文《他和她》，其中道，"他和她也许正挣扎在夕阳中，夕阳之后又是晨曦，愿他们再度沐浴到晨曦的光辉"。去年，这对相濡以沫六十载的夫妻刚刚度过他们的钻石婚纪念。

　　如今，物质生活条件改善了许多，创作的环境也宽松了许多。吴冠中在自己大病一场之后，更加紧了创作的频率，作品也更凸现出强而有力的生机。

许戈辉：前两天您在清华与学生进行交流，有个学生问您艺术道路，差不多走了七十年了，怎么在这动荡的半个多世纪里保持一颗平静的、淡然的心？您当时回答很有意思，您说我从来没有平静过，我一直在战斗。您现在还觉得您在战斗吗？

吴冠中：是，现在我老伴说，现在没有人打你了，我说还是有，不管是明的还是暗的。比方说有些是观点不统一，是吧。不能说因为我现在作品受人欢迎了，我的地位高一些了，他就服你了，不可能的。他有他的观点，还是有，或者还有一种妒忌，这是人类的天性，必须看到这一面。所以韩愈说，死修而谤息，德高而毁来。德高了毁誉就会来，所以钱钟书从来不接受你们电视采访的。

许戈辉：杨绛先生也不接受。

吴冠中：他生怕一出名，人家就有反感了，就有毁谤来了，免得落俗，少露面。

吴冠中画作

许戈辉：我知道，您也很少很少接受采访，所以我特别感谢您这次接受我们采访。

吴冠中曾把风景画的创作，喻作通往艺术伊甸园的羊肠小路，因为它偏僻而孤独。今天，收藏市场的火热，却是吴冠中当初决定改画风景的时候绝对不曾料到的；而收藏热引出的烦扰，也是本来乐于看到自己的作品有所归宿的他，所不曾料到的。

在吴冠中最悲观的时期曾经安慰自己，如果有朝一日自己的作品变成出土文物，只要出了土，重见天日，也算是一种慰藉。而今在他有生之年看到自己的作品不断在拍卖行中拍出天价，他却感到并非如愿。

许戈辉：我看还有一类让您会比较伤心的事情，就是看到自己以前赠给友人的画，
　　　　最后进入拍卖市场了。

吴冠中：这很多。送给友人的画，送给公家的画，都拍卖了。

许戈辉：但是现在因为您这个市场价值高嘛。

吴冠中：这些拍卖的价钱我也知道，但是在我看，这个不是很重要，因为它还没有经过历史的考验。现在有些炒作，有些是看不准，或者是各种因素加在里面，价格与价值还不是很准确的对等。但是我相信这个实际的价格应该是什么样的价格，是什么样价值，它将来会有更公正的评价。凡高生前自己卖不掉画。但是他自信，他说我的画将来要卖五百法郎一张，他有这种自信。我自己同样有这个自信，我知道我有多少分量，不必要别人来称的。所以外面这些价钱，虽然一方面这些画都已经出去了，我得不到这个钱，

这还是其次，就是它的（价钱）高不高低不低，我觉得这个还不能够完全肯定是这个价格，可能还要低下去，可能还要远远高上去，所以我对这个问题始终不是很感兴趣。

许戈辉：您今年（2006 年）秋天又捐给故宫博物院三幅画，对吧？

吴冠中：对。目前来讲生活大家都过得去，可以了，我们也没有太豪华的生活，不需要这样。现在我们的作品，这些画将来怎么办，主要的就是为这个"女儿"要嫁到一个可靠的人家。可能每个画家都是这样，能够嫁到合适人家就安心了。每个人对自己的作品总是爱惜的，有的自己搞一个博物馆，在家乡或哪里保存下来，这种心态是完全可以（理解），不管它是美丑，他自己生的"女儿"他是很爱护的。但是这个是很悲哀的事情，因为保不久，保不住的，时间长了还是不行的，他靠县里靠乡里给他搞，你搞不了多久将来以后画都给你卖掉了，就变成文化馆了，变成下棋的地方了，都是这个下场。但是他生前他还是要看到自己的东西能够保存下来，这是画家的悲哀，都有这样的心态。

　　吴冠中的艺术观念，就如同他的性格一样直率。他说造型艺术就应该"形式大于内容"，对作品的要求是"专家鼓掌，群众点头"，脱离了具体画面的孤立的"笔墨"其价值"等于零"等等。过去五十年中，他的理念常常引发口诛笔伐。如今他德高望重，荣誉齐肩，而对真话实话的渴望有增无减。

许戈辉：您看啊，到了今天，可能您的身边的学生或者是业界的人还是对您的赞誉多，您觉得您今天还能够听到真正的批评吗？你还希望听到真正的批判吗？

吴冠中：我很想知道，但是不大容易听到，因为我现在活动也不大多，那些学生都是讲好话的多。我说你们一定要把真正的声音告诉我。所以清华搞我的展览，我说我坚决不搞。我说这样，学生们想提问题的，就来提问题，我答问题，面对面，他们尽管提最尖锐的问题。

许戈辉：那您能接受？比如说一个年轻人站在您的画面前说，说吴冠中我一点也看不懂你这个画，我一点也不喜欢，这个和一个三岁的孩子画出来的画也差不多，您能接受吗？

吴冠中：能接受能接受，我非常喜欢。我完全愿意听到这样，因为这是我的对象，我就是来为他们服务的，就是为他们、同他们交流的。那他是这样反感，那使我反思。我往往听别人讲，哎呀你的画很好，可惜我不懂，不大懂，我心里很难过。你不懂，不是你的问题，是我的问题。我的画你不懂那就是我讲话你没懂，是我没讲清楚。作者应该让读者能懂。一件好的作品，应该很容易抓住读者。所以他一看，说我不懂，我觉得这是骂我了。

许戈辉：老伴儿给您的赠言是说，"如果有下辈子我肯定不嫁你了"。那如果，那您要是有下辈子的话，您还想当画家吗？

吴冠中：下辈子我就不想当画家了。因为我觉得绘画有它的局限。我开始当画家是因为单纯地爱它，但是爱它还有个原因，因为开始在中学我喜欢文学，特别是受鲁迅的影响，所以想当文学家，那么不可能。再后来是移情别恋了，好像是这样的情况学了美术。

吴冠中对鲁迅极为推崇，他曾经希望在美术上起到如鲁迅在文学上的作用。
他有这样的看法：一百个齐白石，抵不过一个鲁迅的社会功能。

吴冠中：但是从社会功能讲来，在我感觉，我们如果多个齐白石，少个齐白石，当
然也都变化，少个齐白石很可惜，多个齐白石更好一些。但是如果没有鲁
迅，那么我们这个民族，这个民族的精神那完全完全不一样了。因此到后
来，我在美术中始终感觉到没有办法达到鲁迅那样对社会的冲击力，所以
现在我就写《民族魂》去回忆他。他死的时候我还上高中，那时候我记得
他的棺材上，是盖了"民族魂"三个字，大概是沈钧儒写的。这我才知道，
民族也有魂的。所以我讲是我负丹青呢，一方面是我没学好，也是谦虚；
还有一方面我又讲丹青负了我，我不搞丹青我可以搞别的东西，可以搞得
很好。

尾声：在吴冠中晚年的作品中，出现了"字画"。它们不被称之为书法，是因
为它们只是作者宣泄内心情感的方式之一。吴冠中说，科学是探索宇宙
的秘密，而艺术是探索情感的秘密。为了将感情的秘密表达出来，吴冠
中尝试着各种技法和载体，也穷尽着一生的气力。"道是平淡，却见浓
艳"，正是吴冠中其人其画的写照。

小室哲哉 日本乐坛的神话

小室哲哉简介

1958 年生于东京，射手座，1979 年，他加入了一个叫做"SPEEDWAY"的乐队，由此开始了他辉煌的音乐生涯。后乐队更名为 TMNetwork、TMN。1995 创办了 Globe 乐队，转行培养歌手后进入中国并大获成功。1997 年，小室哲哉进军中国音乐市场，先在香港和台湾开办分公司，然后在上海开设音乐学校和娱乐公司，希望在这三个地点实现他"欧美味"和"大资金"音乐套路。

导语：小室哲哉在他二十六年的音乐生涯中，不顺利的时候远多于辉煌的日
　　　子。每每遭遇挫折的时候，他就会变换自己的根据地。
　　　2005年6月，小室哲哉再次来到北京，并推出自己要打造的中国"万人
　　　迷"陈好，因为"她的眼睛会说话，很有灵气，而我有信心把她培养成
　　　安室奈美惠那样的歌手。"陈好首张个人同名大碟即由小室哲哉本人亲
　　　自操刀。

　　小室哲哉，一个日本乐坛不可多得的神话，从作曲、填词、和声、配器到制作
人，小室都取得了非凡的成就，仿佛他身上的每一个元素都是为了音乐而生。

闾丘露薇：我想我们可以像聊天一样进行这次访谈。
小室哲哉：对，像聊天一样。
闾丘露薇：非常感谢，你能够接受我的采访。我听说了所有关于你的事情，你从三
　　　　　岁便开始学习小提琴。那么是谁要你这样做的呢，你母亲还是你的父
　　　　　亲？还有，你为什么要学习小提琴呢？对于一个小孩来说，仅仅三岁，
　　　　　实在是不简单。
小室哲哉：是的。事实上，我只是学了大概一两年，学起来还真是很难的，所以，也
　　　　　就会那么一点。

　　1958年出生于日本东京的小室哲哉，三岁起就在妈妈的指导下练习小提琴。热
爱音乐的妈妈希望儿子从小接受古典音乐的熏陶，长大后成为一名古典音乐家。然
而，个性独立的小室并没有按照妈妈所设想的道路走下去。

小室哲哉：十岁或是十二岁，我去了大阪展览会，1970年的时候，我听到了电子合
　　　　　成器发出的声音。两三年之后，我开始练习键盘，自己学。
闾丘露薇：没人教你吗？你完全是自学？

小室哲哉：没有，没让人教。

间丘露薇：但是你卖了你的吉他、小提琴、键盘，仅仅是为买一个合成器，是什么让你做了这个决定呢？我想这是一个很重大的决定啊。

小室哲哉：也许是受到了电子音乐的影响吧。

间丘露薇：我想，80年代中期的音乐正处于新浪漫主义运动中，这也许也是影响你的原因吧。

小室哲哉：最终选择用键盘来制作音乐是对电子音乐大有裨益的，所以，我决定要成为一个键盘手。

间丘露薇：所以你决定了将来所要做的事情。

　　1984年，小室哲哉首次以"TMNetwork"乐队键盘手的身份粉墨登场，由此正式踏入乐坛，开始了他辉煌的艺术生涯。而此时的他还只是日本早稻田大学社会科学系的一名学生。

间丘露薇：你是如何在大学里就有了自己的乐队呢？你为什么要选择社会科学呢？

小室哲哉：我对市场营销、人力资源以及心理学等比较感兴趣。过了十年以后，我便开始做音乐制作人。这个专业对于个人思维的开拓是很重要的。所以说，社会科学对于市场营销来说是很重要的。

间丘露薇：没错，后来被证实了。你还能记起你是怎样遇到乐队的另外两位成员的吗？你为什么要做这个乐队呢？

小室哲哉：是很自然的，这仅仅是出于一种爱好。

　　在乐队中，小室哲哉身兼数职，从键盘手、歌手到乐曲创作、音乐监制，他不断地变换着自己的身份，而也正是在这看似随性的转变过程中，小室逐渐为自己日后的音乐创作奠定了坚实的基础。

间丘露薇：那你认为这对你今后的事业很重要吗？

小室哲哉：是的。但是，（最开始）我并不这么认为。我是逐渐地往上走，变成专业
　　　　　的(音乐人)，当然也有了梦想。

间丘露薇：你的梦想是什么？

小室哲哉：我想致力于音乐的专业制作领域，成为一个音乐人。

间丘露薇：你是在追寻一切想要的东西。

小室哲哉：很幸运，我做到了，我成为了一个音乐家，我真的幸运。此后我便去了
　　　　　伦敦。

从60年代开始，欧美音乐一直占据着世界音乐的霸主地位，而亚洲歌手几乎没
有立锥之地。为此，1988年，小室哲哉抛下乐队工作，只身前往伦敦学习西方音乐
创作，而这次旅程却使他的音乐梦想发生了转变。

在英国的一些音乐制作人和歌手那里，小室哲哉学到不少音乐方面的知识。他
萌生出改变自己音乐方向的想法，成为一个制作人，不只可以唱歌和作曲，还可以
培育新人，做他们的监制。

间丘露薇：你在伦敦待了一年？在那里做了些什么呢？这为你的创作带来了什么？

小室哲哉：我做了很多事情，我遇见了一个欧洲的音乐制作人，做了些舞曲的监制
　　　　　工作。所以，当我在伦敦的时候，也许，我想变换发展方向，想从一个
　　　　　音乐人转变为……

间丘露薇：制作人？

小室哲哉：对，制作人。

从英国回国后，小室哲哉开始给其他的歌手写歌作曲。

他为当时默默无闻的女歌手渡边美里创作歌曲《My Revolution》。这首情歌风
靡日本，渡边美里因此一举成名，小室哲哉也因此在日本音乐圈享有盛名。

间丘露薇：所以你想成为制作人。当你在伦敦的时候，你做了这个决定。你认为这是

　　　　正确的道路，对你来说……

小室哲哉：当制作人可以发挥的空间更大，为自己的工作。

间丘露薇：可以做更多的事情。

小室哲哉：是的，在同一时间做很多事情。

间丘露薇：作为一个制作人，可以做词作者，也可以做歌手，同时也能发掘更多的
　　　　　艺人。

小室哲哉：是的，没错。

　　从1990年～2004年，小室旗下的歌手一直是日本音乐市场上的宠儿。那是他职业生涯最辉煌的时代。在小室哲哉的顶峰时期，1995年ORICON公信单曲榜年度十大歌曲全部是由他制作的，他被日本媒介认为是"日本流行音乐教父"。

　　曾和小室哲哉有过合作的谷彰宏这样赞扬他："小室第一是创作词曲，其次是电视舞台的表演艺人，还是统筹全局的制作人。因此他制作的音乐品质是完美的。"

间丘露薇：当你回到日本，你建立了TRF。这是不是意味着这个概念是来自于伦
　　　　　敦，因为这个（团体）同Jason & Kelly很相似，也有很多漂亮的女孩
　　　　　和舞蹈演员。

小室哲哉：是的，你说得对。我自己喜欢欧洲音乐，有些音乐元素来自欧洲。

间丘露薇：你把西方的音乐带到了日本。

小室哲哉：对。我把好的（音乐意向）带给了你们大家。

间丘露薇：我看过关于你音乐思想的一些文章。你想制作的是（一种）既能在卡拉
　　　　　OK里琅琅上口，又能风靡舞池的音乐。这是你的想法吗？

小室哲哉：是，是我的主意。

　　90年代，随着舞曲文化的兴起，舞曲音乐在日本如日中天，整个流行音乐都被舞曲牵着鼻子走，而日本的舞曲则由小室一人主宰。他打破了"80年代不会再有迪斯科音乐"的论调，使沉寂一时的迪斯科舞曲成功地与电子乐和都市流行乐融为一

体，创造了一张又一张百万销量的唱片。自此，"小室旋风"从日本本土如闪电一般迅速波及整个亚洲乃至世界，而他也无疑成为世界电子音乐发展的领军人物。

小室哲哉：人们（那时候）还是会花钱在娱乐方面，迪斯科、酒吧、卡拉OK，但在音乐方面会少些。我尝试了不同的音乐种类，流行乐、说唱音乐等等。

闾丘露薇：你是想把这些（音乐元素）综合起来吗？

小室哲哉：是的，是的。

闾丘露薇：你认为你的音乐是满足听众们的需求呢，还是在寻求创作突破呢？

小室哲哉：两者要综合一下。我会考虑到大部分人群（他们）所感兴趣的。

闾丘露薇：下一步的计划是什么呢？第一步只是展现了你的设想，让人们感受到，哗，这是一个新东西。那你的下一步路怎么走呢？

在日本，受过高等教育的人都喜好欧美音乐的口味，比如麦当娜、迈克尔·杰克逊等。为迎合市场的需求，小室决定摆脱纯日本口味，开始了对西方味道的模仿。这是他的一条成功之路：Globe 乐队很快取得了日本唱片史上第一次专辑销售达四百万张的成绩。

小室哲哉：我想做日本的流行舞曲。接下来，就像我对你说过的，一个制作人，必须做好很多事情，在同一时间。有些是女歌手，有些是乐队，有些是说唱歌手，像是玛丽亚·凯丽，像是麦当娜，或是珍妮·杰克逊。

1994年，随着 TMN 乐队的解散，小室哲哉开始以专业音乐制作人的身份活跃于日本乐坛，作曲、填词、演奏、挑选歌手完全集于一身。而他与旗下歌手共同建造的"小室家族"更可谓是一座名声斐然的造梦工厂，从他亲自组团的 Globe 地球乐队，到他一手选拔的安室奈美惠、华原朋美、铃木亚美……无一不红透东瀛，擦亮日本艺能界的天空。

闫丘露薇：如果我们来说歌手的话，比如说安室奈美惠，你是想让她变成麦当娜还
　　　　　是玛丽亚·凯丽？

小室哲哉：一开始我就问过她，她所喜爱的（音乐）是什么。她说了，她只想成为
　　　　　珍妮·杰克逊。她出生在冲绳，环境很特殊，她的歌唱和舞蹈都很特别，
　　　　　都会受到（环境的）影响。

闫丘露薇：我知道，这个地方本身就很特别。你第一眼看到她的时候，你就想到她
　　　　　可以变成一个超级明星，还是你想到你可以为她做些什么？

小室哲哉：是的，我考虑过，在电视里，她已经唱得很专业了，还有她的舞蹈。她
　　　　　能模仿 TRF 的舞蹈和演唱风格。

闫丘露薇：所以你认为所有这些因素构成了她成为一个超级明星的条件。

小室哲哉：对。她跟珍妮·杰克逊很像。我会努力尝试为她去做。

闫丘露薇：所以你为她写了歌，适合她的（歌），让她有自己的东西。在你的家族
　　　　　里当然还有其他有天赋的人才。那么哪些素质是他们所应该具备的呢？
　　　　　如果想要成为你家族中一员的话。

小室哲哉：我不太介意这个人是好歌手还是普通歌手。我的工作是利用任何乐器或
　　　　　素材来制作畅销歌曲。

闫丘露薇：所以你认为一首经典的歌曲是最重要的，而不是天赋使然。

小室哲哉：是，与天赋无关。他们只是通过演绎一首歌曲来推广一种形象和风格，
　　　　　并不仅仅是简单的歌唱。

　　　1995年，小室哲哉将当时欧美十分流行的一人唱一人Rap的组合形式引进了日
本，联合新人Keiko和日法混血儿Marc组成Globe乐团。Keiko优美的歌声、Marc
的Rap，加之小室的作曲，Globe的音乐在瞬间席卷了整个东洋，成为日本音乐史
上史无前例的强大乐队。

闫丘露薇：提到Globe，为什么九年前你会(给你的乐队)用这个名字呢？这个名字包
　　　　　含了你对你自己的音乐的一些构想吗？

小室哲哉：Globe 是一个非常特殊的情况，我感觉它是一个非常自由的空间。我可以尝试。

闾丘露薇：所以你并不是仅尝试舞曲这一种，同时还可以制作出你想要的音乐，摇滚之类的……在你一生中，你创作了很多商业化的音乐。我们可以说 Globe 包含了你对音乐的梦想吗？

小室哲哉：Globe 在音乐创作方面是非常自由的。

闾丘露薇：你是说 Globe 有极大的自由去创作各种音乐，没有任何限制？

小室哲哉：对，我可以重新做一个音乐家，Globe 可以回到……

闾丘露薇：回到音乐世界。可以这样说吗？你创作不同形式的音乐以满足市场的需求，而 Globe 可以实现你对音乐的感觉和梦想。

小室哲哉：对，我的音乐世界。

如今，小室哲哉的事业似乎进入了"瓶颈"，然而他的感情生活却仍然是人们关注的焦点。2002 年 11 月 22 日，小室迎来了人生的第三次婚姻，而新娘正是与他共事十年之久的 Globe 成员 Keiko，二人在享受甜蜜生活的同时，也共同面临着来自事业上的挑战。

闾丘露薇：Globe 在 90 年代获得了巨大的成功。现在那批喜爱 Globe 的人群也年纪大了。年轻的听众不是很热衷于 Globe 的音乐。

小室哲哉：从今年开始，我本人和 AVEX 公司都将尝试一种新的音乐文化，我指的是创作网络音乐，(网络)下载音乐。

闾丘露薇：网络音乐,(网络)下载音乐？

小室哲哉：他们也在期待。网络音乐，对我肯定也是一种逐渐提高。

据小室哲哉说，MP3 和数码科技的兴起，让 CD 市场变得越来越不景气，单曲的销量减少了百分之五，专辑则减少了百分之十五。日本年轻人的注意力越来越多地转向电脑、网络。日本的许多唱片行和卡拉 OK 店都在减少。"电子音乐软件的进

步让普通人都可以在家里做音乐，我们这些职业音乐制作人的出路在哪里呢？"小室哲哉说，"没有别的路可以选择，只有在音乐的品质上下功夫。"

间丘露薇：你的意思是你们将把重点放在那些愿意从网上下载音乐的人群。
小室哲哉：从唱片装载成集。
间丘露薇：你们将创作音乐满足这部分人的需求？
小室哲哉：对，世界范围内的（这部分人），尤其是中国。
间丘露薇：中国？
小室哲哉：中国，亚洲国家。

　　近几年来，小室哲哉东奔西走利用各种渠道寻求突破。1997年，他将目光转向中国，亲自为其选中的中国歌手制作专辑。
　　安室奈美惠是小室哲哉包装过的歌手中最成功的，小室当然企望这种成功能在日本之外被复制。然而历时八年，小室中国之行的成绩却并不尽如人意。

　　面对庞大复杂的中国市场，小室哲哉只得"本土化"，了解当地乐迷的习惯，为迎合不同地方的文化来制作不同风格的音乐。他转换了自己在日本市场得意一时的风格。

间丘露薇：但不同的国家有各自不同的文化，即使是在亚洲，你是怎么去吸引不同国家的听众的呢？

小室哲哉：用相同的音乐路线，改变一下唱片，包装一下封面。根据每一个国家（采用不同的风格）。就像烹调，制作音乐的过程就像烹饪。

间丘露薇：你是指，一首歌曲就像是原材料。

小室哲哉：我创作一首音乐，然后发给不同的音乐制作商，每个制造商则开始关注如何去吸引本地的音乐市场。

间丘露薇：去迎合当地（观众）的喜好、当地的文化和审美品味。

　　1996年，小室哲哉移居美国洛杉矶专心从事创作，他曾为好莱坞影片《生死时速》制作片尾曲。1998年他为法国世界杯足球赛制作专辑曲。自此，一向以多元化的商业头脑叱咤流行乐坛的小室哲哉，逐渐将工作的重心转向国际市场。

间丘露薇：那么你把自己看成是日本的音乐家还是全球的音乐家呢？我们应该怎么看你呢？

小室哲哉：不仅仅是Globe(乐队)，流行歌星。来到中国大陆后，我将把（比如）韩国歌手、日本音乐制作人……

间丘露薇：联合起来，变成了国际性的？

小室哲哉：是。我并不仅仅把自己看成日本的明星和歌手。

严歌苓 | 在文字世界里起舞

严歌苓简介

著名旅美作家，生于上海。1986年加入中国作家协会，1990年进入美国芝加哥哥伦比亚艺术学院，攻读写作硕士学位。二十余岁开始发表作品，长篇小说《绿血》《一个女兵的悄悄话》分获十年优秀军事长篇小说奖、解放军报最佳军版图书奖等。90年代后曾以《少女小渔》《女房东》《人寰》等中长篇小说获一系列台湾文学大奖。另著有《雌性的草地》《学校中的故事》《海那边》《第九个寡妇》《一个女人的史诗》等。她的作品被翻译成英、法、荷、西、日等多种文字。

导语：在严歌苓的小说世界中，人复杂而又单纯、卑贱而又高尚地活着，很难想象有着优雅姿态的她，能写出那些苍凉而凄美的文字。

好友陈冲这样评介她的作品："她的小说有提炼，有升华，有思想性，故事在表面上是一个样，认真思考后会有截然不同的体会，作品里有内却又冲突性十足的人性，很深层，不是普通人写得出来的。"

极高的文学天分加上自身的刻苦努力，使她的作品不断向纵深发展。她的作品被《芝加哥太阳报》评作"以诗一般精细的语言进行陈述"。在严歌苓笔下讲述的每一个关于中国人的故事都是独特、复杂，并富有深深的感染力。

三十多年前，一身绿军装，一双红舞鞋，她走入了舞蹈的世界。

二十多年前，她迈着优美的舞步开始在文字世界起舞。

从中国作家协会会员到好莱坞专业编剧，她的经历宛如一部精彩的小说。

她写文革、写移民、写女性……《天浴》《扶桑》《少女小渔》《第九个寡妇》《一个女人的史诗》。

一幅幅生动的人性画卷铺展于她的笔下。

她，便是旅美华人女作家严歌苓。

许戈辉：其实你看，在你的名字前面加的头衔，一定是旅美华人作家。但是你最近的这个作品，好像给人的感觉是风格完全变了，是很充满乡土气息的。为什么会有这种转变？

严歌苓：我希望我是孙悟空，七十二变，写一部就得变一次。

2006年3月10日，严歌苓的新长篇《第九个寡妇》面世。它的出现，被认为是"2006年中国文坛最重要的收获之一"。在这部作品中，严歌苓讲述了一个发生在中原农村的，传奇的"藏人"故事。

　　严歌苓的第一任丈夫是作家，他是创作电影《李双双》的著名作家李准的儿子李克威。80年代末期，他们双双出国，严歌苓去了美国，而李克威去了澳大利亚，夫妻就此离异。

许戈辉：但是我们又都知道你是上海人。对于这样的一种中原地带，中原农村的方言，你是怎么样去掌握的呀？

严歌苓：我是一个对方言极感兴趣的人，而且我跟我妈妈似的，我妈妈是学一种语言就像一种语言，她很巧，嘴巴很巧，跟八哥似的，所以呢我就是很爱跟人学方言。我原来的丈夫，他们全家都是河南人，他的父亲是著名作家李准，所以我在他们家生活了七八年，跟他们学这个方言。

　　李准一家说话诙谐幽默，话语间满是生动、形象的河南方言，令严歌苓在他们家里七八年间也成了半个河南人。她学会了河南特有的方言和土语。即使是离异后，严歌苓依旧把李准夫妇当成她的第二父母。

　　《第九个寡妇》的写作得益于李准夫妇生活中给予她的河南生活和农村风俗教育，还有传统家庭具有的温暖与热闹。

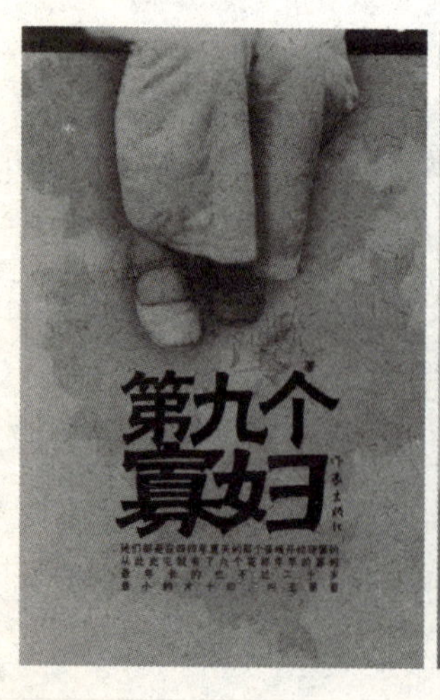

许戈辉：我挺难想象，你能够操着一口河南话。

严歌苓：河南话咋着，我很喜欢。我觉得非常有力，简洁，有时候还带一些古字，
　　　　很有意思。

　　与前几部作品不同，严歌苓放弃了对于旅美生活的写照，挑选了一段远离自己
生活环境、远离自己生存时间的故事，描写了一个20世纪40年代的童养媳，为了
保护自己的公公，将他藏匿于红薯窖近三十年的故事。

　　小说《第九个寡妇》写的是一个名叫王葡萄的女子，从少年青年直至暮年的故
事。她是一个背着巨大的、不可告人的秘密的寡妇，自幼在孙家做童养媳，土改时
将被错划为恶霸地主的公爹从死刑场上背回，藏匿于红薯窖几十年。这段岁月正是
中国农村发生纷乱复杂的变化的历史阶段。每一个人都经历了严峻的人性人伦考验，
大多数人不得不多次蜕变以求苟活。而强悍朴拙、蒙昧无邪的女主人公王葡萄则始
终恪守其最朴素最基本的人伦准则，她凭着自己的勤劳和聪慧，使自己和公爹度过
了一次次饥馑，一次次危机……

严歌苓：这个故事我听来已经有二十多年了。我成长了，我的境遇变迁了，不知道
　　　　怎么搞的，它还总是在我的印象里面，在我的记忆里面，不断地出现一下。
　　　　后来我写小说了，我也在想，我怎么来写这部小说。对传奇的东西，有的
　　　　时候你总是要觉得，你不要弄出来像一个通俗故事似的，对吧。所以这本
　　　　小说我觉得我花的最大的工夫就是搜集这些细节呀，语言啊，使它这个血肉
　　　　让人感觉到很真实，很有质感，然后使它的这种传奇性淡化，使它变得无奇。

　　为了将传奇化为无奇，严歌苓将这次创作拖延了二十年。

　　2004年，严歌苓的丈夫因工作调到非洲，她跟随丈夫定居非洲。那里原始的民
风，自然得让人忘掉城市攀比的生活，忘掉物质生活带给人的心理压力。严歌苓说，
自己在非洲被泡洗了一遍，"我在那写了很多东西，写得开心而丰产，《第九个寡妇》
就在那写的。"

许戈辉：这个作品是在非洲写出来的？

严歌苓：对。

许戈辉：充满了中国乡土气息的一部作品，跨度有四十年，这么有着文化背景的一部作品，居然是在如此遥远的异域写出来的。

严歌苓：其实要说呢，它们也有一点相像的地方，就是那种洪荒的感觉，就是那种没有被现代化、没有被工业文明影响感染的那种感觉。土地，那里的土地是红的，到处可见，然后到处还能见到小村庄，很原始的生活状态。这些东西其实在某种意义上还是挺刺激我的想象的。当时从大使馆的居住区走出来，我们就能看到很多很多的黑人妇女的劳动情况。男人很懒的，坐在一边抽烟啊，或者是喝酒啊，然后那些女人们总是像蚂蚁一样地，在那无声无息地忙。男人总是坐在那，我不知道他们男人是有什么功用，大概就是造了这些孩子吧。所以我就一再验证，就是说女人的那种顽韧和柔韧，一方面是忍辱负重的，另一方面就是易受伤害的，对吧。这两种结合起来，我真的只想塑造出这样一个很立体、很质感的女人。

尽管王葡萄这个小寡妇生活在闭塞的中原、闭塞的年代，但她和严歌苓所有小说中的女主人公一样，懂得主动去爱，去享受性的快乐。严歌苓把这归纳为女人的佛性，一种天然而来并且不被改变的佛性。

严歌苓：我觉得理想的女人不是作为取悦男性的一种人，她本身也是一个被取悦的人，就是相互之间都在取悦，在共同地 share（分享）一种 pleasure（快乐），所以我想这是我的一个 wish（愿望），对吧，不知道能不能存在，当然小说都是寄托了一些梦想的。

严歌苓十二岁来到西藏当兵，是部队文工团里的小舞蹈演员。都市优越生活的过早结束，却让她接触到最辽阔的东西。在创作中，她的脑海里闪现的尽是壮阔的

●意境，摆脱了小女子的纤细情怀。

许戈辉：我发现你作品里边，不断地塑造
　　　　各种各样看似柔弱的女性，但事
　　　　实上一点也不弱。而且你自己也
　　　　强调过，说你认为女性不是第二
　　　　性。我觉得这一点，是不是和你
　　　　的部队生涯有关系？

严歌苓：对，其实在部队里面，女兵的对
　　　　立面就是成年的、比她们有权力
　　　　的男兵。实际这个对她们来讲是
　　　　一个比较大的威胁，就是说你一
　　　　再地感受到作为一个女人的那种
　　　　弱势。因为有这样一段经历吧，
　　　　就促使我好像也就是下意识地去
　　　　想，我们为什么成了第二性呢？
　　　　我常常就在说，难道阴柔的就是
　　　　接纳体，就是客体吗？你说太极
　　　　图阴和阳的关系，其实它这种
　　　　退，它这种守，这种关系，实际
　　　　上已经把这个进，掩埋在这个退
　　　　当中了。就是说从整个宇宙，阴
　　　　阳，整个地看起来，女性就是这
　　　　种包容，不能说她是第二性。我
　　　　觉得男性、女性都是第一性。

严歌苓20世纪60年代生于繁华的大

上海，童年经历了父母离异。

1971年，能歌善舞的严歌苓被成都军区歌舞团选中，以十二岁的年龄幸运地成为了一名舞蹈小兵。

二十几岁的时候，她在中越自卫反击战的前线，成为一名战地记者，频频目睹死神的降临。

而立之年的严歌苓自费赴美留学攻读哥伦比亚大学艺术学院文学写作系的研究生。和大多数自费出国读书的人一样，在美国求学期间，她为赚得生活费和学费，做过餐厅服务生、带过孩子、照顾过老人的生活。

严歌苓：在部队的我是一个……怎么说呢……是一个异己分子，因为部队当时的大
　　　　多数人家庭背景是和我们家不一样的。当时是在"文革"当中，我爸爸还
　　　　在被批判，还在农场被改造。
许戈辉：所以你说在那种情况下，你能被吸收到部队，挺意外的。
严歌苓：对，所以有时候讲话，比如说我要一要幽默，要一要贫嘴啊，就会有人说，
　　　　哎，你注意啊，你这样讲话是不对的。那么就会变得自己比较有自我意识，
　　　　就觉得，我为人处事要当心一点。那当时我又干了一件坏事，就是说在十
　　　　五岁谈恋爱。我一谈恋爱呢，它就不是一个小孩违反纪律的一点事，它会
　　　　联系到你的家庭，对吧，说你是坏书看多了，资产阶级的书看多了，然后
　　　　使你这样小小年纪就看到这么复杂的东西，对吧？那么在这种时候，你就
　　　　非常的伤感，你就觉得好像你是很孤独的，你是很不安全的，在这种时候，
　　　　你完全没有朋友。那么在这个成长阶段，我觉得是一个创伤累累的成长。

严歌苓坦言是基因决定了自己的写作身份。她来自真正的书香世家，祖父是留美博士、翻译家，曾与鲁迅是同事，回国后曾执教于厦门大学，父亲是著名作家萧马，母亲是舞蹈演员。在这样一个家庭里面，父母给予了文学、美术、音乐等各个方面的艺术修养，因此走上写作之路是别无选择的。

许戈辉：我觉得好像你是很孤独的，你是很不安全的，在这种时候，你完全没有朋
　　　　友，是吧？

严歌苓：那个时候我们舞蹈演员要拿顶，五分钟不许下来。那我就不下来，别的人
　　　　会下来，上去，下来再上去，那我就是一直会不下来。我是一个表面上很
　　　　顺从的人，但是心理上，我是很不服的，所以我是一个蔫儿叛逆。

许戈辉：那种叛逆的刺儿，后来被折断了吗？

严歌苓：真的是没有。它就是内向化了，越来越内向。所以我觉得它就变成了我，
　　　　我觉得外部和内部的冲突越大，才越会形成一个很丰富、很复杂的内心，
　　　　就越来越走向内心。所以我就变成了一个内心独白很多的人。

　　在严歌苓的大多数作品中，总是夹杂着第一人称的叙述。这些充满自恋的叙述，
就是她在镜中的影子。文字的表情，流露着她那不合时宜的顾影自怜、我行我素，
当然还有她纤弱外表下的执著和坚强。

　　1989年，严歌苓远赴美国求学。思乡之苦，异化之苦，令严歌苓再次步入脆弱

和敏感的沼泽。

严歌苓：到了美国以后，因为你是个外乡人，我所在这个课堂、这个学校的这个系
　　　　是一个写作系，将来都要当作家的学生，没有外国人，我是唯一的外国人。
　　　　我在班上必须口述自己的故事，你的小说在写下来之前，你要口述，这个
　　　　口述对我来说最开始有多么艰难。常常就觉得，哎哟，我怎么又说了一句
　　　　这么愚蠢的句法，所以那会使你紧张，浑身都是自我意识。

许戈辉：但是你，你也可以给自己开解呀，你说，这里边只有我一个人英文不是母
　　　　语。

严歌苓：你也不要忘了，我是一个神经质的完美主义者，随时随地都觉得你可以做
　　　　得更好，你怎么这么愚蠢，就是这样的，自我批评很多的人。

　　在对自己近乎苛刻的严格要求下，严歌苓的学习慢慢步入了正轨。

　　她是哥伦比亚艺术学院历史上唯一的外国学生。在那里，她必须跟所有的美国
本土学生一起，放弃母语而用英语写作。在美国求学的经历，使她作为一个自由思
想者，完成了从一个经验型作家向一个知识型作家的转变。

　　严歌苓曾经把自己比做"中国文学游牧民族"之一员。这种离开中国文化背景、
又处于异国文化边缘的身份，使她肩负着一种使命。她的感受是，真正融入其他语
境的最佳途径便是用他们的语言去写作。经过多年的奋斗，严歌苓已经获得了与美
国读者直接面对面交流的机会，做了无数个报告。现在她的创作方式大多是双语齐
下的。

严歌苓：当然我想我这个人语言上还是有天分的，还是比较快。在美国，同学非常
　　　　的谅解我，教授也总是鼓励我。在他们那种谅解和鼓励下，第二个学期我
　　　　的小说就在我们学校的杂志上发出来了，然后第三个学期又发表了。这样
　　　　子的话，我就觉得我在学校里，大家是承认我的写作功力的。大家也说，
　　　　啊，你是我们系的一个宠物啊，就说你看我们的老师都对你那么好，所以

　　呢我自己也挺得意的，这样就过来了。

　　1996年，严歌苓以优异的成绩获得哥伦比亚艺术学院硕士学位。

　　走出学校的大门，她发现，有些事情可以自己证明给自己看，但有些事情，自己却无能为力。

　　十多年的海外漂泊，东西方文化的碰撞，特别是初期艰苦的打工生涯更使严歌苓从做人到作文都出现了新的变化……

　　严歌苓：刚到美国的时候，应该讲我是一个很天真的人，就会相信人都是平等的。后来在美国就看到，白人肯定和黑人是不平等的，然后黑人和亚洲人也是不平等的。在饭馆里打工，你也会碰见一个莫名其妙就把你骂了一顿的人。记得有一次给一个老太太洗澡，她的朋友叫我 Lady，然后那个老太太就说，"Lady，你怎么能叫她呢？Lady 是你自己这样的人"。所以有的时候，心里还是有一定的创伤感吧。你想到卢梭说的人生来就是平等的，或者什么什么样的，你就觉得都是很天真的，是一些艺术家和一些知识分子的愿望，其实在生活当中，这些愿望都是处处碰壁。

　　正是在无数次的碰壁中，严歌苓创作出了《少女小渔》《扶桑》等一系列移民题材作品，同时也奠定了自己作为一个新移民作家在美国华文文坛的地位。

　　严歌苓对自己的文字坚守着固执。《扶桑》在美国出版时，她的经纪人希望把小说改成第三人称，否则没办法找文学出版社。严歌苓的回答是：不能改。宁可没有出版社出版。一直坚持了三年，直到1997年她的小说在美国获奖，《扶桑》才得以出版。"这个人以为美国的商业市场对我有强大的作用，他错了，他不了解我这个人。我整个的乐趣都在文字里面，商业化根本改变不了我。"

严歌苓：我的小说里是没有怨妇这个形象的。在《扶桑》里面有一段这样的描写，女性和男性像海浪和礁石的关系：礁石的那种破坏性，那种尖利，一次次地撕破平静的海浪，但是海水是会马上就愈合，马上就包容，把它又没在下面。所以呢，我觉得女性那种愈合力，那种慷慨，使她成为一种强势，用她那种退让，用她那种包容，使她自己成为强者。

许戈辉：但是很显然，像您笔下的这些女性，在中国的女性里边，不管是行为上，还是观念上，一定是属于少数的呀。

严歌苓：其实我在过去当兵的这些年代里面，接触了一些农村女性，包括我们家的小阿姨、老阿姨、中阿姨……就是离我们所谓的现在文明比较远的吧。她们的讲话，你去静静地听，静静地去分析，你就会发现，真的，她们有一种非常宽容的心态。

许戈辉：说说看你笔下的这些女性，她们身上具备的很多很美的东西啊。你觉得和你本身的性格特点，是不是有很多相似的地方？

严歌苓：我是很欣赏这些人，但是我真的是很惭愧，也很遗憾，我不是像她们这样很懵懂的、很自在的状态。有的时候我就变得有一些不自在，很忧郁。不自在的人怎么会快乐，对吧？

许戈辉：你在审视自己啊。可是你想想看，如果不是因为你的审视的话，我们可能永远也看不到作品里面那一些懵懂的人物，懵懂而自在的人物。

严歌苓：对，我想是，那就说我就拿我自己做一个牺牲好了。有的时候读很多书的话，这个人就失去了自在状态。

在严歌苓大部分作品中，男性都是被动的、灰色的。

而在现实生活中，她的另一半是位美国的外交官。因受当时外交官不能和社会主义国家女性结婚的法律禁令，她的先生为这段爱情等待了十年之久。

严歌苓：我觉得我两个丈夫有很多很像的地方。我父亲老说，你找的爱人好像都是一个类型的。他说，用平常的话叫做没用场的，就是说在社会上呢，他不是那种进攻性很强的、很能张罗的那种人。但是他又学问很好，读了很多书，属于那种才。怎么讲呢？就是说能高，心不高，就不想做很大。比如我跟我先生说，你有没有想到要做大使？就像拿破仑当时说的，一个好士兵要想到做将军，对不对？他说，我没有想到，我为什么要做大使。

许戈辉：你四岁的时候，就说过你自己想以后要出名，而且说要出大名。四岁的时候怎么就有如此的雄心壮志啊？

严歌苓：因为诗人在那个年代是最最最最受人瞩目的。诗人走上台去，风度翩翩地念他们自己的作品，下面有那么多人为他们陶醉，掌声，鲜花，然后我就想，这才像一个真的名人，要做就这样很辉煌地去做，对吧，我就小的时候就是这样想的。

后来参军，那时是一个小姑娘嘛，我就想我要嫁给一个营长就可以了，当时就觉得营长很帅。然后一直到后来我又开始写作了，那么我就在想，搞艺术就是这样啊，要么你不要搞，要搞就搞到登峰造极，是吧。糟糕吧，我爸爸和我爷爷都是那种属于性格清高的人，这都不是他们教导我的。他们都讲，不要，这个不好。

许戈辉：就是啊，你看你和你爸爸，还有你的两任先生多么不一样啊。

严歌苓：对呀，他们就是要做这个绿叶嘛。

许戈辉：看来只有他们这样的人才有可能，你们才有可能……

严歌苓：结合在一起，对吧？

许戈辉：对，才可能这样互相地包容，互相地接受。

严歌苓：年轻的时候会想，哦，那种激情，让你眩晕的那种才是爱情。现在就想想，那是荷尔蒙所致，那种东西会过去的，它会要被一种平和的、相依为命的、极其信赖的、舒适的那种感情所替代，我现在很 enjoy（喜欢）这种舒适的情感。你什么样子，他都见过了，就是说你发脾气的，你早上起来蓬头垢面的，你生病的，你睡不着觉的，写得鼻青脸肿的，什么样他都见过，他都接受了，他都欣赏了，这是我觉得情感到这个时候才是最最靠得住的。

　　这几年，严歌苓一直与外交官丈夫生活在非洲，从中国到美国又到尼日利亚，吉卜赛般频繁的空间转换使严歌苓常常感叹自己身处漂泊之中，"等我先生的任期结束，我可能还会回非洲，法语的非洲"。她很享受非洲的淳朴生活。

许戈辉：现在应该是你最找到自我的一个阶段，就是生活里边最有成就感、也最自在的一个阶段。

严歌苓：对，是最不会失控的。因为就怕自己不能掌控生活，而让生活驾驭着你走。我现在就是不想做我就不做，那么有剧本来找我写，我可以不写呀，因为我写小说写得很得意呀，很开心啊，对不对？在台湾我的书出版得很好，大陆也有我的读者群。在美国，我的英文小说，直接用英文写的第一本小说，下个月要出版，所以应该说我很自由。我的中文是本职，是我的本分，那么英文和电影剧本呢是票，去票一把，反串一下，然后回到中文来。应该讲中文写作像我的宗教一样，我对它是非常非常虔诚和认真的。

阎连科 | 游走在现实与虚幻之间

阎连科简介

出生于河南嵩县，1978 年入伍，1980 年开始发表作品。现为中国作家协会会员，河南省作协理事。十余年时间，他发表了总字数超过两百万的各类文学作品。2004 年因《受活》而获老舍文学奖，有评论界的人士将阎连科比做东方的马尔克斯。

代表作品：

长篇小说《受活》《情感狱》《日光如年》《坚硬如水》等。

中篇小说《两程故里》《横活》《乡间故事》《瑶沟人的梦》《寻找土地》等。

散文集《没有边界的跨越》。

导语：2004年，刚刚出版了新作品《受活》的作家阎连科，抽身离开喧闹的赞誉，放下笔，背起医疗包，走进了中原一个艾滋村落。之后他完成了二十万字的、中国第一部以艾滋病为题材的小说——《丁庄梦》。

BBC中文网的特约撰稿人舒非，在看完全书后立刻撰文写下了《中国的诺贝尔文学奖新得主？》。因为他说阎连科是近年内地最肯直面人生、最肯接触现实而且最有道德勇气的小说家。

阎连科写作的力量来自那条延绵不绝的耙耧山脉。当兵前的十几年，他一直生活在河南农村那片贫瘠的土地。他写作语言的乡土气息十足，但其作品的厚度和力度，也如故乡脚下的泥土一般实在、沉重。

随着《年月日》《日光流年》《耙耧天歌》《坚硬如水》的相继推出，随着《受活》和《丁庄梦》在文坛引起的巨大反响，阎连科已经成为中国作家群里的一个标志性的人物。

《丁庄梦》讲述了中原土地上，一个村庄因卖血染上艾滋病的故事。阎连科用短促而厚实的、中原人的语言，描绘着中原大地上的这一场噩梦，一场明明是渴求着美好的生活、却被肮脏愚昧的现实所惊醒的噩梦。

《日光流年》《受活》都是通过想象走入现实的，而《丁庄梦》却相反的由现实通往想象。他说：现实生活对我写作的支持，犹如流水对土壤的支持和催生一样。他的小说牢固地扎根在中原大地上。

现实主义我的兄弟姐妹，请你离我再近些；现实主义我的墓地，请你离我再远些。

——阎连科

许戈辉：因为上次我采访您是为了《受活》，《受活》本身也是一个给人带来疼痛感的小说。但是这一次，我再采访您的时候，我的感觉是，您好像更多了一点悲观。

阎连科：可能是有种绝望，我觉得。这种绝望可能不仅是生命消失的绝望。说得特
别作秀一点，夸张一点，你会觉得整个社会，你说谁对他们（艾滋病人）
负责任？可我们社会对他们是如此冷漠。艾滋病这个题材，对我来说非常
非常重要。首先重要的一点就是三年自然灾害时期，我家乡河南是重灾
区，这是世人皆知的。河南在三年自然灾害饿死的人数，可能是要以百万
来计算的。在几十年以后，艾滋病在河南同样又是重灾区；第二点，我想
三年自然灾害时期，我们整个中华民族，整个国家那么多文字工作者，却
没有人认真地写有一部书来记述下这样一段历史。就是到今天我们也无法
知道三年自然灾害饿死了多少人，究竟是什么原因导致了三年自然灾害。
"三年自然灾害"六个字，这么简单就把这么大面积的人类生命消失的过
程给掩盖了。应该在1994、1995年，我就看过一篇文章，三千多字，讲到
在三年自然灾害时期，其实中国大部分地区是相对风调雨顺的。这里边就
有一个问题，究竟是自然灾害还是人祸，这是需要我们去思考的。那么同
样，今天的艾滋病在河南这样大面积、大人口数地蔓延的话，我想这究竟
是自然灾害还是人祸，同样是一个问题。

越是黑暗的事物，我写起来就越光明灿烂。一片光明。

——阎连科

《受活》获得第三届老舍文学奖。阎连科把其中的一万元奖金捐给了河南的艾
滋村。

他的作品大多表达了劳苦人民和现实社会之间的紧张关系，透露了作家在现代
化进程中那种焦灼不安、无所适从的内心。他小说中把更多的目光投给生活在社会
底层的人，"劳苦人"也成为他在写作中的全部内核。

和树叶飘落一样死掉了。

灯灭了，人就不在世上了。

> 丁庄和树叶样不知去哪了。
>
> ——《丁庄梦》

许戈辉：我当时看到这些情节的时候，我都在想：阎连科老师笔下的这些人物，这些事情，是有原型的吗？他的这个小说里，到底多少是事实，多少是他的虚构？

阎连科：我想这部小说它的大故事应该是彻底地虚构的，但是其中的细节，的确是百分之百的真实。而且那种真正生活中的真实，我还没有血淋淋地把它搬进小说，有一部分我已经写进去，后来又把它删掉了。比如说他们开始是用葡萄糖瓶（采血），五百毫升多少钱，后来变成塑料袋，再后来，小说后面写了，我就把它删掉了，我觉得特别可怕，它是一大盆，A型、B型、AB型、O型，一盆一盆的，这都是那个血头跟我讲的。他说满院子就摆的是这么一盆一盆的血，他说那你想想，我们买采过来血，五百毫升最便宜的才是四十、四十五块，最贵到八十块，平均就给五十块钱，卖出去是一百二十块钱。他特别荒诞，他可以把啤酒打开，然后往里头倒一倒，搅一搅。他说倒一瓶啤酒一块钱，卖出去就是一百二十块钱。你一听特别可怕，后来我一写，就觉得这个东西太可怕了，删掉了。我觉得特别无法告诉读者。但是反过来说，那个村里的人，也特别叫你恨，就是人都已经面临着死亡的时候，还会出现你家偷我家，我家偷你家。这不是咱们想象的，大家同舟共济，过三年五年好日子，完了死掉就死掉了，不是那回事。恰恰都知道要死，明天死，后天死，人性的恶，全都表现出来了。丈夫与妻子之间，婆婆与媳妇之间，我经常说，每个家庭讲出来都是真正所谓那个温情的故事少，残忍的故事多。我经常说，不能讲，因为我自己也是农民，讲出来，只能让所有的人对他们更恨，更不理解。这个我在小说中没写。

阎连科的小说从以往的歌功颂德开始写人的内心世界。

读过他的小说的人，都有一种被疼痛所刺心的感觉，也是因为这种痛苦的疼痛看到了他对民族和土地的刺心热爱和关注。

　　小说中那些超出人们想像的生活，极其荒诞和黑暗的情节，勾勒出现实生活中的人们无法想象却又真实存在的一个世界。

　　县里的第一个血站在丁庄的庄头咣当一声扎起来，深绿的帆布棚在日光下闪着青萝卜的光。

——《丁庄梦》

许戈辉：那么确实像您小说里写的，卖血给这个村庄带来过短暂的繁荣，是吗？

阎连科：比如说孩子要找对象，要送彩礼，那就卖血吧。还有孩子要读书，要交学费，交不起，那就卖血吧。还有计划生育超生了，要罚款，要罚款两千到四千，那就卖血吧。因为当年农民们种地，那时候农民可能会经常收到白条子，比如卖棉花，卖粮食，你收到的是白条，而卖血是给的现金，人民币。我觉得可能还是和我们当年的经济形势分不开。90年代初期，全国都在做生意，全国十亿人口都在为"钱"而奋斗，他们当然也不能逃离这个"钱"字，何况还是有组织地进行这项工作。

许戈辉：那村民们今天面对着艾滋病，面对着自己的命运，他们真的认命吗？他们心里有怨吧，怨谁呢？

阎连科：他怨谁呢？没有目标，甚至是比较抽象的，政府是谁，他不知道。怨血头

吗？每一个血头当年也都是卖过血的人。他们真的是不知道怨谁。怨自己的命运吗？他们觉得这也不公正，这就导致他们现在出现的另外一种情况，就是基督教或者佛教特别兴盛。大家有病了，就到这里，当地的话叫祷告祷告，祈祷祈祷，以此来安慰自己的命运。

从2004年到《丁庄梦》写作完毕，阎连科前后去了艾滋村七次，最少住四天，最多要住上七八天。为了排除各种阻力，阎连科跟随美籍华裔医学教授邵先生一行，承诺一不拍照，二不记录，三不问为什么会感染艾滋病。尽管至今没有留下一张照片、一篇笔记，多少有几分遗憾，但他们给当地的艾滋病患者进点亮了希望的灯烛。

阎连科：人就是活一个梦想，当一个梦想永远像一盏灯一样，在前面照亮着他的时候，他觉得生命是有希望的，是要向前奔的。但这盏灯呢，我自己也非常矛盾，第一次走进这个村庄，帮助他们疏通一些思想问题的时候，帮助他们吃药看病的时候，我也充满着这么一种幻想和梦想，的确觉得前途非常好。那时候我们会非常具体地告诉他，比如说美国已经有六代产品了，我们现在引进第一代，五年六年，你现在孩子三四岁，你不为了自己生命活着，你要为了孩子，为了老人，那么第二代产品来的时候，你又可以维持五六年，那么有三代产品，你就看到你的孩子结婚成家了，这就是他们活着的希望。这在当时，在我去这个村庄做这样的工作时，非常非常的有效，但是第一代产品，第二代产品，第三代产品，这是一个链条，这个链条断了以后怎么办？现在已经面临着这个链条就要断掉了，第二代产品就不存在，或者说是在我们国内不存在，中国直到现在没有引进第二代产品的意向，没这种考虑，就意味着真的是这一代人死完了，彻底死完了。今年上半年，我曾经到河南去过一次，走到这个村庄的头上，没有走进这个村庄，我觉得就是无法解释这样一件事情，已经三四年过去了。

许戈辉：您无法面对那些人。

阎连科：你无法给他说。那么他就说，我还有两年时间，第二代产品在哪里呢，就

　　这么简单的一个道理，你无法向他解释。

　　如果读者能和我一样从心里流血流泪的话，他是不会忘记（我的作品）的，（因为阅读时）会有很多思考的东西。

——阎连科

　　对生命、对生存和苦难的认识，使得阎连科的身上背负着沉重的社会责任。他自喻自己的每部小说都是一片荆棘，远看满眼是绿，走近却受到伤害。

阎连科：如果我们能够像重视计划生育一样重视艾滋病，就像重视生一样重视死，我想这样一些人的生命会延续得更长，生命也会更美好。但现在，我觉得恰恰我们的冷漠，其实超出了两三年前了。比如说回到1996年的时候，我第一次到高耀洁（被称为"中国民间防艾第一人"）老人家里，高耀洁老人给我了四个艾滋病孤儿的名单和地址，就是说让我来资助一个，让去找朋友资助那三个孩子。事实上大家听说的时候，说阎连科要做这样一件事情，都说我来帮助一个，我来帮助一个。当你把这些名单带回来落实到具体的时候，一个都没落实下去。每个人只要给艾滋病人捐五百块钱，孩子们就都有书念了。但是你最好的朋友，吃一顿饭可以吃一千两千，居然都不愿意拿这个钱，他不愿意受这个累。你会觉得，哎，人心和人心不是我们想的那么回事。

　　你就说《丁庄梦》的出版问题，当时要给艾滋病村做一项水利工程和别的事情，需要一大笔钱。我讲，我出一半钱，哪一个出版社要出这两本书再拿一半钱的时候，每一个出版社对出书都非常非常的热情，但谈到捐助艾滋病的时候，却恰恰相反，都非常简单地说，这需要党委来研究研究。这一研究，等于什么事情也没发生。最终给上海某出版社出的时候，也是类似的情况，我就一定提这样的要求，你要出这样一本书，你就最少要给艾滋病村捐助五万块钱人民币。上海××出版社也说得非常好，捐助艾滋病村，我们是一定要做的。当书出版之后，直到今天，这五万块钱仍然没有兑现，我觉得这不是简单的钱的问题，我觉得是我们的体制，我们健康人的人心，的确离他们太遥远，太遥远，太冷漠，太冷漠了。

　　艾滋病并不可怕，人心理的病更为可怕。再深入一句话，艾滋病人心理的病不可怕，而我们正常的人心理的病更为可怕。

——阎连科

　　颓然地坐了下来，
　　有两行泪水无可遏制地长泻而下。
　　木呆呆地盯着对面雪白的墙壁，
　　仿佛我在望着，
　　已经"渺无人烟了平原，苍茫者的平原"。

——《丁庄梦》后记

　　截至 2006 年 10 月 31 日，中国历年累计报告艾滋病人 40667 例，死亡 12464 例。
　　据"中国抗艾第一人"高耀洁的调查：每个因卖血而感染的艾滋病人身后留下的，是一至三个孤儿，甚至更多。

阎连科：所以我觉得我们的确无能为力。这种无能为力，今天去想的时候，不仅是我们生命上的无能为力，还有人性上的无能为力。比如我经常说，比起托尔斯泰，我们确实太渺小了，托尔斯泰可以把自己的全部财产给他的奴隶们，可是我们却不能拿出我们一部分的财产交给这些将死的艾滋病人们。我经常会非常自责，也会非常的矛盾。我们应该经常拷问我们自己，当我们面对他们的无能为力时，是不是我们自己也特别特别鄙俗，特别……人性的黑暗其实特别特别多。所以这些事情我们无法去谈，谈起来你会觉得生命没有意义，甚至我觉得明天就活着没有意义，甚至你会觉得晚上去吃饭都没有意义。所以我经常讲，有时候能够忘记是好一点的。忘记，尽管我们违背我们自己的良心，但我们会安慰自己的生命。

让阎连科更为彷徨的是，因为这一场"梦"梦得太深，他的写作状态曾一度崩溃，而写作热情也在曾经炽烈之后面临着熄灭。

许戈辉：我们说起鲁迅，总说鲁迅先生的这枝笔就是刺向这个社会的一柄剑、一把刀，那当您觉得特别无助的时候，您不会这样想吗：我是一个小说家，其实我的小说在某种程度上，我是在影响着社会，我是在警示着人们，我也是在用另外一种方式，我自己的独到的方式在帮助人们？

阎连科：不会的。我今天在想，鲁迅是弃医从文的，那么忽然今天，当我面对艾滋病人，我就觉得，其实邵先生非常的伟大，而我的确不行，我就非常希望自己不是一个作家，而是一个医生。当然这样不是贬低鲁迅，我想鲁迅如果不放弃他的医生职业，也许他能做得更具体一点，如果鲁迅今天活着，他会像医生一样，走进这些村庄里去，做很具体的事情，可是今天我没有这样的能力。像《丁庄梦》这样一部小说，其实它不是我最初想写的一个

故事，我想写的应该比这复杂得多，比它深刻得多，也比它惊心动魄得多，我没有把它写出来，这是我今天非常后悔的一件事情。的确是因为"为人民服务"这件事情，改变了我对小说的认识或者写作的方向，我觉得我已经写得非常非常的温和了，尽管我写得这么温和，《丁庄梦》也同样受到了一定的批评。比如说有指示，不能宣传，不能再版，不能发行，使你这部小说的读者非常有限，这是第一点；第二呢，真正读这部小说的时候，并唤不起人们对艾滋病的关注。我现在想得特别具体，就是希望有更多的人去做具体的事情，而不是我们今天每天在报纸上，在媒体上看到那样预防艾滋形象大使。我经常讲，你为什么不到村庄去做一个普通的人呢，做一个普通的人，那么你帮助了一个艾滋病人，就比你在这镜头上晃一晃，做了一个形象大使要好得多，实在得多。他们太需要具体的帮助，而不是口头上说说。

文学有没有对穷人的歧视、不尊重？看看我们今天的影视，占据电影、电视屏幕的有几部尊重穷人的戏？你穷，就得受人歧视，唯一的办法就是富起来。

——阎连科

阎连科：我一直在讲，艾滋病它不只是河南的问题，不只是安徽的问题，不只是湖北的问题，也不只是中国的问题，它是一个世界的问题。我们今天说艾滋病，其实和艾滋病相似的病非常非常的多，无非艾滋病更具有代表意义，而这种病，最根本的起源不是卖血，就是因为文明和发展，使人类现在面临着一个非常矛盾的处境。不文明不发展，这个社会就要倒退，就会出现很多问题；但你一旦文明和发展，就会出现另外一种问题，这些问题是谁都无法解释，谁都无法回答的，但是我希望人们对此有所思考。

走出乡村，阎连科因文学改变着自己人生的命运，而他也为今天的文学缺乏一种"仁爱"而深深地自责。他更期望有更多的人对人生、社会和国家有深深的思考，投下对"底层人"的关爱，而不仅仅是他在为这块苦难深重的土地流血流泪。

许戈辉：您现在仍然有这样的打算，就是以后会把这个题材重新整理，把它写成一
        部纪实的作品？

阎连科：是的，我会，比如说缓过去这（段），因为艾滋病是个非常漫长的过程。当
        艾滋病第一次进入我们视野的时候，每一个人都惊心动魄，都不敢相信，
        都触目惊心，但是有可能第二次的死亡高峰期到来的时候，比如说像邵先
        生说的那样，如果第二次的死亡高峰期在三年五年，或者二三年就到来的
        时候，那个时候反而人们会对这个病看得非常淡。人们会平心静气，熟视
        无睹，觉得一切都是正常的，甚至会觉得，死完了，这件事情就结束了。
        所以我觉得我还是应该关注的时间长一点。我走不了特别多的村庄，我永
        远不知道有多少人有艾滋病，永远也不知道有多少村庄有艾滋病，而且我
        去的这个村庄，也不具有多大的代表意义。但是有一点，我想我应该把这
        一个村庄里面，他们染病的来龙去脉搞清楚，把每一个家庭里发生的那些
        真实的故事搞清楚。把我的所见所闻，一点一滴地写出来，哪怕写五万字、
        十万字、二十万字、五十万字。这样一部纪实作品，可能与发表没有关系，
        应该是对我自己良心的一种安慰。写下来就放在抽斗，永远就不再管它。

名人
余华 | 我与《兄弟》

余华简介

　　1960年生于杭州，三岁随父母迁至海盐，在海盐读完小学和中学，曾经从事过五年的牙医工作。1983年开始写作，至今已经出版长篇小说四部，中短篇小说集六部，随笔集三部，主要作品有《兄弟》《活着》《许三观卖血记》《在细雨中呼喊》等，其作品被翻译成多种语言，在美国、法国、德国、意大利、荷兰、瑞典、希腊、挪威、俄罗斯、巴西、日本、韩国、越南和印度出版。曾获意大利 Grinzane Cavour 文学奖（1998年），澳大利亚和爱尔兰 James Joyce Foundation Award（2002年），美国 The Barnes & Noble Review From Discover Great New Writers（2004年），法国文学和艺术骑士勋章 Chevalierdel' Ordre Des Arts Et Des Lettres（2004年），首届中华图书特殊贡献奖 Special Book Awards of China（2005年）。他的处女作为短篇小说集《十八岁出门远行》。作为当代中国大陆先锋派小说的代表人物，他的作品虽然为数不多，但却反响独特。

导语: 余华是近二十年中国文学史上一个无法绕过的人。少年时代的他就怀有强烈的写作梦想，这个梦想支持着他从牙医成为一名真正的职业作家。

1987 年他怀揣《十八岁出门远行》来到北京参加笔会，从此在二十多年的写作道路上，他找到了一条表达自己的正确道路，展现给读者一个独特的余华。

余华的作品正如他所说：一位真正的作家永远只为内心写作，只有内心才会真实地告诉他，他的自私、他的高尚是多么地突出。内心让他真实地了解自己，一旦了解自己也就了解了世界。

他的作品大多写得真实而艰苦，纯净细密的叙述，打破日常的语言秩序，组织着一个自足的话语系统，并以此为基点，建构起一个又一个奇异、怪诞、隐密和残忍的独立于外部世界和真实的文本世界及文本真实。余华曾自言："我觉得我所有的创作，都是在努力更加接近真实。我的这个真实，不是生活里的那种真实。我觉得生活实际上是不真实的，生活是一种真假参半、鱼目混珠的事物。"

2005 年，余华的新作《兄弟》上部问世。在 1995 年完成《许三观卖血记》后他就将这部小说列入了写作日程，此后《兄弟》在写作途中搁浅。2000 年他又开始了一部长篇小说的创作，那部描写一个世纪的大叙述作品，由于写作道路的不顺畅而中断。2004 年，他又重新开始了《兄弟》的写作。

《兄弟》叙述的是发生在中国时代交替中的故事，连接两个时代的就是兄弟二人，兄弟两人的命运和他们所遭遇的时代一样地天翻地覆。

岁月荒唐，两个兄弟被命运推到两个相距遥远的位置，两段人生看似两棵各自生长各不相干的树，然而土壤深处，两棵树的根系彼此缠绕，无法割裂。

由于叙述统治了写作，整个《兄弟》的创作最初设想只有十万字，最后他完成了五十万字的内容。

《兄弟》是荒诞主义和现实主义结合在一起的作品，小说中一些极为荒诞的情节也是以超现实的手法展现真实，更有力度地贴近了真实。荒诞的喧嚣过后，留下的是忧伤，令人沉思。

闾丘露薇：我们还是从《兄弟》这本书开始讲起。其实我看了一遍，然后我遇到的所有看过的人都跟我说，哭得稀里哗啦的。

余　　华：我自己写的时候也哭得很多呀。

闾丘露薇：真的，你读到哪里的时候哭的？

余　　华：基本上越往后面写，这种情感就越丰富了，前面还好一点。

闾丘露薇：其实你知道吗，看你这本小说，看开头的时候，你知道我们曾经以为这是什么，这是故事会。

余　　华：为什么呢？

闾丘露薇：就想，怎么是这样的一个人物，怎么是用这样的一个厕所偷窥的故事开头，我们就想余华到底想写什么东西，你怎么会这样开头的？

余　　华：这是写两个时代的，就是正面去写两个时代的一部小说，这是我第一次，所以上部一上来就是一个禁欲的和反人性的那个时代，你一看就看得清清楚楚。

闾丘露薇：对，看得出来。

余　　华：下部一上来就是一个纵欲的、人性泛滥的时代了，让读者在读的时候一读下去，就知道已经进入了两个时代。

　　沉寂十年之后，余华带着他的《兄弟》回来了，一样的江南小镇，一样的动荡年代，一样的悲惨结局。不同的是，该书通过李光头和宋钢两兄弟的命运，展现了从"文革"到当代中国最具特征性的两个时代。作品中的每一个人物身上，都刻着那个年代中国人特有的烙印，那种感觉让人无比熟悉。

　　《兄弟》依然紧扣小人物的遭遇，由社会剧变而带来对人性的考验和扭曲刺痛了读者将要麻木的神经。天性淳厚的宋钢沦落到卖伪劣丰乳霜，一个大男人屈辱地去做隆胸手术，带着血汗钱回到家中却发现妻子已与自己的兄弟私通。他最终选择自尽，没有怨恨，只有解脱。

闾丘露薇：听说那个《兄弟》里面的"余拔牙"就是有点你自己的影子。

余　华："文革"时候我还不是牙医，后来我是做了五年牙医。但是你说的里边那
　　　　个余拔牙跟我其实没有什么太大关系，因为假如我要是写自己的话，我肯
　　　　定把自己写成一个英雄人物嘛，绝对不会把余拔牙写得那么投机，是吧。
　　　　当然里边一些拔牙前后的过程啊，我肯定是比较了解的，但他确实不是
　　　　我，这点要声明一下，通过你，向全中国人民声明这个余拔牙不是我。

闾丘露薇：虽然姓余。

余　华：我觉得开个玩笑，因为从来没有写过拔牙，虽然我写了那么多年小说，从
　　　　来没有写过牙医，也从来没有一个作品中的人物姓余的，所以这次突然要
　　　　写一个拔牙出来，那就把余也放上去吧，就一次性全部解决了嘛。

　　　1994 年，由张艺谋执导、根据余华同名小说改编的电影《活着》，获得第 47 届
戛纳国际电影节评委会大奖。1995 年，随着小说《许三观卖血记》的问世，余华迎
来了自己创作生涯中的巅峰。

余　华：人家都说我出国出多了，所以没写长篇小说，其实我在写，就是写得不
　　　　太顺利。就在这部《兄弟》之前，我有一部长篇小说已经放下了，就是写
　　　　得很不顺利，就把它放下了。再以前我不就写了很多年的随笔吗，后来我
　　　　感觉到出国对我还是有好处的。

闾丘露薇：怎么好？

余　华：就是出国以后当我再和国外的一些作家，还有编辑、记者们谈论我小时
　　　　候的故事，以及发生在今天中国的故事的时候，所有人的表情都是非常夸
　　　　张，就觉得，真的吗，真的有这样的故事在发生吗？就完全是这样的一种
　　　　表情，这个就让我更加能够考虑到我的生活是什么样的。"文革"的中国
　　　　和今天的中国的比较，有点像欧洲的中世纪和欧洲的今天比较，而我们今

天的中国其实比欧洲还要令人匪夷所思。今天的欧洲已经是给人感觉到它衰落了，没有什么生机了，相对来说美国还有点生机。但是看我们中国，你看生机勃勃，是吧，就是这样。

闾丘露薇：那生机勃勃是不是有两层意思的生机勃勃？

余　华：就是各方面都是生机勃勃，好的，坏的，都是生机勃勃。今天的中国就是这样，所以我感觉到你要是作为一个西方人的话，你可能要生活四百年以上，他可能才会像我们中国一个生活了四十年以上的人所经历的这样两个天壤之别的时代。最重要的就是这样两个天壤之别的时代，却是发生在同样的人身上，这在西方人看来是不可思议的。

　　1960年余华出生于浙江省杭州市，后随父母迁居小城海盐。和大多数经历过"文革"的同龄人一样，动荡的年代让他荒废了学业，高中毕业之后他没能如愿考上大学，万般无奈之下他只能做了一名牙医。

余　华：做牙医是我父亲让我去的，因为我父亲是医生嘛，我父亲就让我去做牙医，说是做个医生比较好，那个时候我是想去工厂的。

闾丘露薇：你不觉得做医生很崇高吗？

余　华：没有，我讨厌那份工作。做牙医太无聊了，你知道吗，整天看人家张开的嘴巴，那个口腔里头又没什么可看的，连棵树都没有，更不要说小河了，什么风景都没有，所以……

闾丘露薇：那做工人呢，就不闷吗，你在……

余　华：做工人的话起码你看见的是一个车间啊，那比嘴巴大多了呀，是吧。所以当时我其实最想做的是工人，但一是我个人没有选择工作的权利，第二是我父亲要让我去做医生，他还要开一些后门啊，他还要帮我去跑各种关系。那是1978年的时候，"文革"已经结束了。因为我考了两次大学都没有考上，所以我只能去拔牙了。

　　80年代的中国，牙科医生并不是让人羡慕的职业，那时候的医生拿着国家固定的工资，收入也并不比一个工人多。在那个时代的这种现象，会使许多对中国过去情况知之甚少的外国人为他放弃富有的牙医工作去从事贫穷的写作感到不解。

　　余华把他放弃牙医从事写作当成是一件极为幸福的事情。虽然都是穷光蛋，可是文化馆工作是个自由自在的每天都可以玩的穷光蛋。在县文化馆工作时的他几乎每天都要睡到中午，然后在街上到处游荡，实在找不到什么人一起玩了，才回家开始写作。

闾丘露薇：那其实你是什么时候发现你喜欢写东西，你不是想当工人吗？

余　华：就是做了牙医以后，我们那个牙科医院，农民不叫我们医院，叫我们牙齿店，完全把我们作为一家店一样的。当时我们县城也就一万多人，所以我们的客户，用现在时髦的话叫客户，就是病人主要就是那里的农民。就每天面对……主要是农民，所以农忙的时候是很清闲的。当时很年轻还不到二十岁，就想，难道我一生就这么过去了？一生就拔牙了？所以当时就特别羡慕在文化馆工作的那些人，他们整天在大街上游荡。

　　　　有一次我就问文化馆里的一个作曲的朋友，我问他，你们为什么不上班？他说我们在大街上这样走来走去也是上班啊。哎呀，我想这个工作我也喜欢，然后我就向他讨教，怎么能进文化馆。他就告诉我，作曲也可以，绘画也可以，写作也可以，你只要取得成绩以后，就有可能调到文化馆。

闾丘露薇：这三样你最喜欢做哪个？

余　华：我想绘画和作曲太困难了，只能写作。虽然大学没考上，"文革"中也没有好好学习，但是也认识了大概有四五千个汉字了，我估计那时候最多认识那么多汉字。然后就开始写小说，所以为什么到后来很多中国的那些批评家们表扬我，说我的语言简洁，我告诉他们其实是我认识的字不多。

　　余华拿来自嘲的这种简洁的语言方式，日后被文学评论家赞誉为"零度情感叙述"方式。而当初无论是出于对文学的真心喜爱，还是仅仅为了能够摆脱牙医职业，他开始努力尝试着写作。

余　华：当时也处于一个很好的时代，就是你给一些文学刊物写稿子，不需要贴邮票的，剪一个角。我是一个胃口很大的人，我写完稿子以后先寄北京的《人民文学》，上海的《收获》，退下来以后再降一些，《北京文学》和《上海文学》，类似这样，不断地寄稿子。我们家住在一个有围墙的院子里面，那时候我印象很深，连我父亲都知道什么是退稿，什么是有希望的。只要是一个很大的信封，从围墙外边扔进来，我父亲就跟我说，退稿来了。扔进来一封很轻飘飘的信，我父亲就说有希望了。后来当然由于退稿多了，然后就是慢慢再降，就是什么新疆、内蒙古的刊物也寄去了。刚开始野心很大，想要好的刊物。所以我经常说，当年我那些退稿所走过的那些城市，我一生都跑不过来，太多了，什么城市都寄去过。

　　经过一次次失败的打击，余华的努力终于有了回音。一个改变他一生命运的机会在一个清晨不期而至。

　　那天是1983年冬天的某日，从遥远的北京打到海盐一个长途。那时的电话还是手摇的，整个海盐也仅有一个总机设在县邮电局。这次是《北京文学》的副主编周雁如打电话让他去北京改稿。这也意味着他的作品第一次获得了出版物的承认。

余　　华：当时是《北京文学》给我挂了一个长途电话，上班就开始挂，到了下午快下班的时候，终于挂通了。那部电话就放在牙齿店挂号的地方。开始我以为就是我们镇上的同学打来，我过去接，结果是我们总机的声音，一个女孩的声音，说是你有一个北京的长途。我当时心里面一阵狂跳，知道好事来了。我拿着电话又等了大概不到一小时，这期间有好几个电话打进来是找我们单位别的人，我在那儿勃然大怒，我说不许你们再打电话进来了，我在等一个中央的电话，因为北京就是中央嘛。当时就是《北京文学》的副主编周雁如。

　　余华曾经为《北京文学》寄去过三篇小说。只有一篇的结尾处略显阴暗需要修改。其他两篇作品都得到了周雁如的夸奖。

余　　华：我到了北京以后，周雁如就找我谈话，她说，你的结尾有点阴暗，要改。她说我们是社会主义国家，怎么能这样呢，肯定应该是光明的。那么我就问周老师，你告诉我是怎么个光明，因为光明也要有一个程度的，我要弄清楚我才能回去改。他们问我什么意思，我说你是要"文化大革命"样板戏的光明呢，还是就是稍微降低一点的那种光明？她说"文化大革命"样板戏的光明是虚假的，我们要一种真实的光明。我明白她的意思了，回去以后两天就给改出来了。改完以后她特别高兴，后来她还逢人就说，余华这孩子真聪明，有些作者到我们这儿来改了两个月都改不出来，他两天就改出来了。

　　余华的处女作现在看来充满着青涩。它描写了一个拉小提琴的孩子被没收了提琴，最后只能用两根木棍拉琴的故事。余华充满悲剧色彩的风格，在那个时候已经开始初露锋芒。但他却不得不在编辑的要求下，改写这个阴暗的结尾。

间丘露薇：其实我觉得挺奇怪，因为很多作家会坚持自己的原则的，但是你当时还
　　　　　蛮有妥协精神的，或者说你蛮有这个适应能力的。你为什么能够这样？

余　　华：没有，那个时候别说是为了发表让结尾光明，从头到尾全部光明我都干。
　　　　　你知道吗？那时候发表太重要了，我觉得自己是要坚持，但要看它是属于
　　　　　一种什么样子的坚持自己。当你有了本钱以后你才能够坚持，假如你没有
　　　　　这个本钱，你千万不要坚持，你一坚持，人家一棍子就给你给打死了。回
　　　　　家以后，没想到这个事情在我们海盐引起了很大的轰动，我们县委当时的
　　　　　宣传部长也姓余，余部长和我父亲是老朋友，他对我父亲说，你这个孩子
　　　　　是有才华的，我们不能再让他拔牙了，让他去文化馆吧。他们中了我的奸
　　　　　计了。

　　　　凤霞死于产后大出血这一剧情是《活着》这部电影中唯一一个忠实于原著的死亡方式，剧中结尾处福贵一家围坐一起的场景在原著里并不存在，原著中福贵一家除他本人之外全部死于非命。余华小说中的人物一经出现就注定了走向死亡的结局。这也许与作者本人五年的牙医生涯有关，也许与他的体验和偏好有关。

余　　华：我从小在医院的环境里边长大。我们家的对面就是医院太平间，太平间
　　　　　再边上是一个厕所。每次上厕所以前，都得从太平间门口经过。太平间本
　　　　　来有一扇木门，后来被人偷了以后，就再也没有安上去，很干净，里面非
　　　　　常干净。

间丘露薇：但是你还记得你第一次看到那些人，就动也不动地躺在那，或者头蒙起
　　　　　来那种……

余　　华：我就经常看到一双脚，头看不见，因为头是用一块布蒙起来的。当时的
　　　　　白布也不是太长，所以经常看到一双脚在外面，那脚就给人感觉像是假

的。在童年和少年时期的睡眠中，深更半夜我经常会被那种失去亲人的哭声给吵醒。那时候记得我还曾经在太平间里睡过午觉的，因为当时中午特别热，太平间就特别凉快。

闾丘露薇：那时候你几岁？

余　华：大概也就十一二岁的时候吧。

闾丘露薇：那你应该懂得死亡这个问题了，你居然还跑到太平间里面去？

余　华：我小时候很胆小，但是由于我生活在一个无神论的时代，就是"文革"的时代，根本就没有灵魂什么，这些都是被批判的，所以生活在那个时代真是不怕死人啊，而且也经常看到死人，看到那双脚，觉得没有什么。我睡觉的时候，边上没有死人躺着，要是边上有死人躺着，我肯定不敢睡，是吧。当时不知道死亡是什么意义。很多很多年以后，我长到大概二十七八岁或者三十来岁的时候，读到了英国雪莱的一首诗，我觉得这首诗写得就是我当年在太平间里面睡觉的感受。他的诗句是这样的，死亡是凉爽的夜晚。我觉得这句诗写得太好了，写的就是我，雪莱就是为我写的，就是为我童年时期在太平间睡午觉找到了一个有力的理论依据。

在小说《活着》问世之前，余华的作品充满了血腥、暴力与死亡，由此他也成为80年代先锋派作家的代表人物。他的作品通常与血有关，书中人物也常常处于非理性的疯癫状态。对于死亡的描写，更是读者对余华作品和余华本人期待和猜测的起源。

余　华：在我80年代写了一大堆的小说里边，有非常多的死亡的描述。那时候我们浙江有一个批评家叫洪治纲，写了一本《余华评传》，他说我从1987年到1989年，写了多少篇作品里边有三十六个人是非正常死亡，全是写一些杀人的那种故事。我觉得跟我生活在医院的那个环境有点关系，当时我父亲是外科主任，他的手术室也就在我家的对面，一个很简陋的平房，我母亲又是手术室的护士长，所以经常看到我父亲动完手术后，穿着手术服，口罩上，帽子上，身上都有血迹地出来。他还举着双手，手指头上都是血，然后医院里面的护士提着一桶血肉模糊的东西就倒在医院边上的一个池塘里面。当时医疗设备特别简陋，到了夏天以后，苍蝇就像是一条地毯把那个池塘给铺满了。你想我在那样的环境里面长大，后来又拔了五年的牙，每天看见人的嘴巴里面鲜血淋漓的，我的一些小说肯定也充满了暴力啊，血淋淋的那种，所以洪治纲用了这个词，我觉得特别有意思，非正常死亡。

一首美国民歌《老黑奴》撩动了余华写作《活着》的想法。歌中那位老黑奴一生苦难，家人都先他而去，而他依然友好地对待这个世界，没有一句抱怨的话。这首歌深深地打动了他，他也写下一篇这样的小说，就是《活着》。

"活着"是一种力量，是忍受生命赋予的责任和现实给予的幸福、苦难、无聊及平庸。

——《活着》韩文版前言

这篇《活着》，写人对苦难的承受能力，对世界乐观的态度。写作过程让我明白，人是为活着本身而活着的，而不是为了活着之外的任何事物所活着。我感到自己写下了高尚的作品。

——《活着》中文版前言

《活着》是余华的转型之作。在这部小说中，人物同样没有逃脱死亡的必然结局，只是死亡的方式，已经不再充满血腥与暴力。这部小说的成功，曾被认为是对先锋文学的背叛。而如果承认这是一种背叛的话，个中缘由却是批评家们无法体会的。

余　华：80年代我在写最暴力的那些小说的时候，其实里边是有一个故事的。你看我在白天写小说，里边写的都是一些杀人的故事。然后一到晚上我做梦，梦的全是我在被别人追杀，我东躲西藏，而且追杀我的都是公安局的人，就是要把我抓起来，类似这样的。往往是要快被人抓住的时候，我的梦醒来了……哎哟，心想，好在是个梦。结果呢没有教训，你知道吗，醒来以后又继续写杀人的故事，然后呢再做这样的梦，又是眼看着要被人枪杀的时候，我又醒来了，又还是个梦，胆子还是越来越大。所以就是为什么写了三十六个非正常死亡的人。

闾丘露薇：写作的工作可能会控制你这一段时间的精神状态。

余　　华：对，一直到做了这么一个梦。我睡得很沉，我太累了，那个梦做得很完整，很完整。

闾丘露薇：做了一个什么梦呢？

余华的童年和少年时期在"文革"中度过，那时候他上学的海盐中学操场的主席台就是一个对犯人进行公审的现场。那些被抓过来的犯人都是强奸犯和杀人犯，他们每个人的胸前都会挂着一块大牌子，上面写着犯人的名字。那些被五花大绑的犯人们都低头站在台上，等待宣判。

余　　华：每个宣判都不是公诉书，也不是宣判书，而是像批判文章一样，从《毛主席语录》开始，到"无产阶级文化大革命万岁"，下面那句话就是立即执行，就是绑赴刑场，立即执行，根本没有什么上诉一说。在那个时代，马上就押上卡车，往海边去了。海盐县在杭州湾的边上，当时有一个南沙滩，一个北沙滩，不是在北沙滩枪毙犯人，就是在南沙滩。

余华就是梦见自己被绑在他们县中学的主席台上，被宣布死刑，立即执行。

余　　华：我梦见就是我真的被抓住了，在我们县中学的主席台上，我被五花大绑，不知道是强奸罪呢还是杀人罪，我忘了。从我写小说来判断，我应该是杀人罪，杀人犯，就在那上面，也是宣判我死刑，也是立即执行。宣判后马上就有一杆长枪伸过来，对准我的脑袋，一枪。我当时就感觉到自己被打倒在地，脑子里边还空了，只有一个骨头在那儿，别的都没有了。然后我感觉到我自己摇摇晃晃地站起来，我还非常气愤地对那个开枪的人说，我还没到沙滩呢，你就提前开枪了。一般做噩梦不会做到这个地方，早就被吓醒了，那天不知道为什么，那个梦我却做得特别长。可能是前面经过了不断的考验以后，我的意志越来越坚强，所以那个梦做得很长。我就是这个时候被吓醒的，吓醒以后就再也不敢写杀人的故事了，要不我估计现在已经精神崩溃了。

爱　情

在《兄弟》中，余华写下了自认为这个世界上最美妙的爱情。上部是宋凡平和李兰夫妇，下部宋刚和林红夫妇。

闾丘露薇：我觉得看《兄弟》的时候，另外一个很打动我的是你写爱情。虽然你在网上跟人家聊天说，你很少写爱情。

余　华：对，我觉得写爱情我没把握。所谓爱情小说，他们指的是写那种很纯情的那种小说，这个我确实不是很擅长，起码到现在为止。也可能我有这样的才华，但是我还没有发现。

闾丘露薇：看你以前的像《许三观卖血记》或《活着》，里面很多女性，一开始都很普通，大家会忽略这个角色，但是在某一个情节、某一个事件之后，她会一下子变得非常有光彩，其实这是不是你心目当中对女性的一种印象？

余　华：对，应该是这样。我心目当中的女性都是很美好的形象，几乎没有写过女的太坏的，坏的女的我基本上不写。

闾丘露薇：那为什么？是因为你年轻的时候母亲的影响，还是因为你太太的原因？

余　华：我也不知道是什么原因，反正就是写女性的话，我难以写她们爱情故事开头的那段，这对我来说是有点困难。我在下部里面想尝试解决这个问题，但是因为还没有出版，还没有得到读者的认可，我比较适合写的就是成立家庭以后的相依为命的那段。那段爱情我写得比较好，前面的激情燃烧的那段，我还真不是那么太有把握。

　　在余华以往的小说中，主人公无一例外都是男性。书中的女人，虽然同样有血有肉，但终究只是陪衬。究其原因，这也许与他的成长环境有关。

闾丘露薇：那讲讲你自己，你自己当初这个爱情故事，怎么开始的呢？

余　华：我觉得这是我个人的隐私部分，不能说，我觉得呢，最美好的东西是应
　　　　该藏在自己心里面的，不能说的。

闾丘露薇：虽然你回避自己的故事不说，但每个人对于说爱情啊，情感啊，他总归
　　　　是自己有一些想象，或者说有一种希望的理想状态。如果让你来写一篇爱
　　　　情小说，正面地反映你自己，你会怎么写呢？每个人成长都有这样的想
　　　　法，人是会随着环境有一些变化的，然后两个人要走得一样地快，这样大
　　　　家才能保持很好的感情，你有没有这样一个感觉？

余　华：我觉得可能是我的工作的原因，就
　　　　是我是一直在家里（写作）的，我
　　　　太太她是歌舞团的编剧，也是在
　　　　家里工作，所以我们两个人是一
　　　　天二十四小时（在一起），除非就
　　　　是我离开家，出门，出国，或者就
　　　　像今天下午出来这样的，我们才
　　　　不在一起，我们基本上都在一起。
　　　　我们两个人的生活都是一目了然
　　　　的，就是我看她，她看我，都是清
　　　　清楚楚的那种。

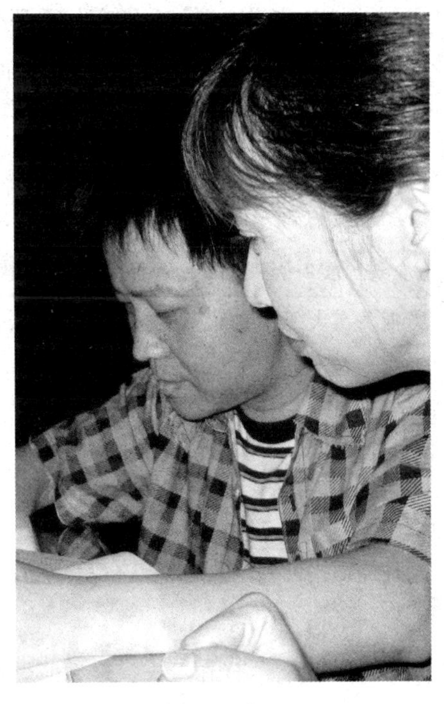

　　人到中年的余华拥有一个幸福的家庭。
从事文艺工作的太太擅长诗歌创作，对文

字有着天生的敏感，由此也给余华的创作带来了很大的帮助。

余华最喜欢看NBA比赛。最开始冲着乔丹看，后来乔丹退役，大鲨鱼奥尼尔填补了空缺，然后出现了中国的姚明，他的目光当然也投向了NBA的东方小巨人。

一家三口在余华的带动下都迷恋姚明。他从不错过任何一场姚明在火箭队的比赛。即便是在外地不便收看比赛，也由夫人和儿子通过电话口述转播。儿子特地写了一篇《全家都是姚明迷》的作文。

余　华：她的爱好就跟着我走。我看NBA，她也跟着我看NBA。我以前看足球，她也跟着我看。现在我不愿意看足球，中国的足球实在太不好看了，这个让我很生气。你知道吗，NBA毕竟还有一个姚明，让我感觉到很高兴，是吧。

闾丘露薇：她就跟着你看？你有没有跟着她看啊，她的兴趣你跟着吗？

余　华：我始终就没有跟上，她喜欢看那种时装节目，我始终没有兴趣，很奇怪。

闾丘露薇：结果要让她来跟着你。

余　华：她也没必要让我跟着她看那些时装的东西吧。以前她上街买衣服还要我陪着，后来发现我跟我儿子都不愿意陪她，她现在也死了这条心了，就自己去吧。

受父母的影响，余华的儿子余海果很早便接受了文学的启蒙教育。他喜欢看《哈利·波特》，当他在爸爸的引导下读完了大仲马的《三剑客》《基度山伯爵》，狄更斯的《大卫·科波菲尔》之后，竟会非常感慨地说"这个世界上竟然还有比罗琳更伟大的作家"。

闾丘露薇：说说你们家儿子吧。

余　华：我孩子挺好玩的，十二岁。

闾丘露薇：你们两个都是从事写作的，有没有想过他以后也来喜欢这件事，还是无所谓？

余　华：没有，现在没有，现在他当然在写作文。他在写作文的时候，已经表现出了他的一些才华来，就是这孩子的一些特别有意思的那些比喻啊，类似这样的东西。

闾丘露薇：有没有对你带来启发，小孩子一些很纯真的、很想不到的东西？

余　　华：反正特别有意思，他的语言方式很怪。我在哈佛做演讲的时候，我请我的教授，让他的一个学生带着我的孩子去玩，那个学生后来告诉我说，余海果说话很有意思，比如你捏住他的手，他会说"你捏住我的血管了"，就是他的语言方式，是很有意思的。你知道吗，他在文章里边也有很多很有意思的比喻，我看了以后，觉得他的比喻是很好的。现在我开始要制定他读书的计划了。因为他挺喜欢文学作品，他最早读过的两个长篇就是《活着》跟《许三观卖血记》，他很喜欢，那时候他还小。

闾丘露薇：很小，看得懂吗？

余　　华：大概八岁，或者九岁、十岁的时候。因为我本身认识字不多嘛，我的语言是很简单的，他到小学二年级，认识的字也跟我差不多了。他有很时髦的一些书，像《哈里·波特》一到五，他全部读完了，所以我就跟他说，我说你现在已经五年级了，马上就要念六年级了，我说你读孩子书的时代应该慢慢过去了，你要提前过去。

闾丘露薇：怎么提前过去？

余　　华：我说你应该读经典文学作品，外国的。我先让他读大仲马，读《三剑客》，我过去读的那个版本叫《三个火枪手》，现在是叫《三剑客》了。他读完《三剑客》以后就来跟我说，爸爸，这本书怎么写得比《哈里·波特》好啊？我说那你很好啊。我说那你马上读《基度山伯爵》。《基度山伯爵》大概读了四分之一的时候，他又过来问我，他说这本书是不是比《三剑客》更有名，我说是的，我说在文学界的地位比这个确实更高，他说他已经感觉到了，我说为什么？他说他读到那个人在监狱里的仇恨那一段写得非常好。紧接着我就让他读狄更斯的《大卫·科波菲尔》，就是写跟他一个年龄的人在19世纪的英国，一个穷孩子是怎么生活过来，闯荡过来的，我说你要去看看这一个。

杰克·伦敦在他给一个文学青年的回信中说：宁愿去读拜伦的一行诗，也不要去读一百本文学杂志。受到这句话的影响，余华对读书的态度就是：把美好的青春，放在对经典文学作品的阅读上。

余华说，这样一步一步对儿子的循序诱导，在他能够把狄更斯的作品读到两三部后，就开始读莎士比亚了。

余　华：因为读经典文学作品，一定要从最好看的开始。我这次在上海和《收获》的李小林一起吃饭，我在说这个的时候，李小林告诉我，她在十岁多的时候，巴金开始让她读那些文学作品了，就是要正儿八经读文学作品了，最早推荐的三部外国文学的长篇小说，就是《三剑客》《基度山伯爵》和《大卫·科波菲尔》。

闾丘露薇：真的很有成就感。

余　华：很有成就感。我后来跟李小林说，我说我跟巴老确实英雄所见略同。

和许多作家不同，余华并没有选择故乡海盐作为他的生活基地，虽然他写作的灵感无不来源于此。1993年开始，余华定居北京，除了为他的新书做宣传，其余的时间他都在家中潜心写作。

余　华：基本上我已经适应北京这个城市了，在中国最像纽约的城市就是北京了。

闾丘露薇：包容。

余　华：是的。各种各样的人在北京，你不会受到一种人家看不起你的感觉。哪怕你北京话不会说，哪怕你的普通话里边带有很明显的浙江腔调，当然出租车司机会问我，是不是做衣服的。因为浙江人在这边不都做衣服嘛，我说我是做衣服的，就跟司机应付一下。还有非常好的一点，就是在北京，一个人能够得到很好的安定，我要是在我们海盐的话，我肯定写不了东西，光陪人吃饭都够了。

闾丘露薇：那是现在你出了名啊。

余　　华：北京和纽约有一个最大的优点是什么呢，就是你自以为你自己很了不起
　　　　　的话，你到了那个城市了以后，马上就被人淹没掉了，谁会理睬你呀，你
　　　　　说是吧。有一个作家，他住在外地某个城市，他要买房子的话，所有那些
　　　　　开发商拼命地给他压价，希望他搬到他这来。在北京，你买谁的房子都要
　　　　　给你抬价，你说是吧。所以我觉得北京对我来说，就有一种像是别人的城
　　　　　市一样，跟我没有什么关系，当我要和它有关的时候，我就上街了，我回
　　　　　家我就和它没有关系了，它是属于这样的一座城市。

闾丘露薇：但是它会帮助你写作和创作。

余　　华：对，我觉得这一点是最好的。我可以说我要是生活在中国别的城市里边，
　　　　　我的应酬肯定会非常多，但是在北京我可以做到最后一点应酬都没有，就
　　　　　能够做到这一点。为什么？因为在北京这么一个地方，谁也不把你当回
　　　　　事，因为比你牛的人多着呢，他们都还没人把他当回事呢，是吧。所以你
　　　　　就说你不去吃个饭，人家也不生气。你要是在一个小的城市里边，什么领
　　　　　导要跟你吃饭，你能不去吗？在北京，我的最大的领导也就是个街道主
　　　　　任，那个主任也不认识我，是吧。

　　　诸多的奖项，作品的热销，这一切都给余华带来了安定的生活。而随着年龄的
增长以及长年的写作，余华的身体渐渐进入了亚健康状态，他的写作也因此受到了
影响。

闾丘露薇：你好像说过，到现在你好像晚上睡觉还是有问题。

余　　华：睡眠不好。

闾丘露薇：为什么？就是因为你是个作家呢，还是因为你想得太多，还是因为别的？

余　　华：主要还是年龄问题。

闾丘露薇：你什么时候开始的？

余　　华：从四十岁以后，四十岁以前睡眠我还可以，虽然有时候经常失眠，可是

我只要睡着了就能够保证七八个小时。现在主要一个问题就是，虽然入睡还是跟过去一样不容易，但是睡下去以后大概三到五个小时就醒来，所以呢不是每天都能够写作的，一个礼拜里面大概有四天写作就不错了。醒来以后先看看天亮了没有。一看天已经很亮了，就马上拿来表看，然后就算算睡了几个小时。要是算下来已经有七小时了，这天的写作状态就特别好。有时候最要命的就是只有六个半小时，然后我这一天的精神就不好，我发现可能，其实六个半小时也能写作，但是人的精神就受它的控制，就是整个一天都在为那个半小时所努力了。然后看看电视，看看你在那电视里边的采访，看你没有采访萨达姆，但是看到你在巴格达，然后呢再上上网看一看，发现有点困意了，赶紧到床上去躺着，结果又没有困意了，又起来，就整个一天都是为了把那半小时的睡眠找回来。

闾丘露薇：作家不是应该随心所欲的吗，你为什么会为这半小时，其实是很……

余　华：就是一种心理状态。我觉得就是难以逾越的一种心理状态，没办法。

闾丘露薇：你这到底是主观决定客观，还是客观决定？

余　华：都有，两方面都有，所以现在偶尔有一天睡得很好的话，就很珍惜这一天的时间，想好好地写作了。

"麦莎台风走了，余华旋风来了"，这是上海一家著名时尚报纸在上海书展期间的醒目标题。而余华也名副其实地成为2005年上海书展最耀眼的明星作家：连着三场签售，场场爆满，而四天卖出三千多本的数字，更是创造了整个书展单本销量第一的纪录。

闾丘露薇：签书什么感觉？你坐到那里，有没有害怕的感觉？我自己是有害怕的感觉。

余　华：我倒是慢慢已经习惯。因为中国还是好，我最害怕的是美国。我2003年的时候在美国，我的出版社兰登书屋给我安排那些书店的朗诵会，那时候进书店前腿都发抖。美国所有的书店，每天都有朗诵会，出版社给你安排，由于你在美国又没有很高的知名度，能来十多个，你这就心放下了。哈金和北岛就告诉我说，他们有些朋友经常是到那儿一看读者一个都没来，最后书店老板不好意思拍拍他肩膀，走吧，我们去喝啤酒吧。不只是他们两个，这在美国作家中故事很多的，所以你会特别担心出现这样的情况。

我在爱荷华的时候，那时候刚好是民主党在那竞选总统，克里就在我住的那个学校的招待所下面的草坪上进行他的活动。当时民主党最最火的还是迪安，他来的时候还有一千多人去，这克里下面就一百多人在那，你知道吗？所以我后来到了纽约以后，我的那个出版社的编辑问我怎么样，我说我现在心态已经很好了，人家竞选总统，而且还呼声很高的人，也就一百多个人给他捧场，咱们到书店有个十个人就不错了，你说对吧。从美国回到中国以后，他们问我什么感受，我说还是中国好，我说在中国我要是开一场演讲会，中途退场的人都比在美国来的全部的人要多得多。

在当代中国文坛，似乎很少有作家能像余华一样幸运：语言障碍是中国文学走向世界第一道"围墙"，而余华却在海外频频获奖。从2003年开始，余华受到国外三十多家大学的邀请，先后到哈佛、耶鲁等著名高校巡回演讲。

从《许三观卖血记》开始，他的作品被译成英、法、德、意等多种语言文字在世界范围出版发行，余华也因此奔走各国，忙于签售等活动。

闾丘露薇：其实你的作品很多是在国外得奖的，然后你会不会觉得是因为你写作的题材让他们更好奇呢，还是因为你写得好？

余　华：这个很难由我自己来评价，因为每一个奖都有各自的标准。得奖都带有某种机遇性，就是未必这个奖是要给你，但是你刚好碰上了。有很多事情都是这样，就不要太把它当回事。

闾丘露薇：但你总有一些东西应该是蛮在乎的。比方说我自己吧，我自信自己蛮看得开，这些名利我觉得不重要。但是当你坐在你的读者面前，或当别人在讲你的东西的时候，你心里总归是在乎的。

余　华：对，第一就是我已经写了有二十多年的小说了，我知道什么事情应该去想，什么事情不应该去想，不要去浪费时间和浪费精力。比如说知道什么是我的势力范围，什么是超出了我的势力范围。当我在写一部作品时候，我努力把它写好，这是我的势力范围；写完以后，它的命运怎么样，能不能获奖，能卖一万本，还是十万本，或者狂想一下，一百万册，能不能达到这个数字，那已经不是我所能够左右的，因为超出了我的势力范围以后，尤其是获奖，那就尽量不要，就是根本就不要去想。

事实上余华并不算是一个多产的作家。他的作品，包括短篇、中篇和长篇加在一起亦不超过八十万字，但他却是中国"90年代最重要的作家之一"，他多年前的作品直到今天仍然热销，新作《兄弟》自7月底出版以来，一直名列全国各大书店的畅销书排行榜首位。

闾丘露薇：现在我相信你是有足够的本钱可以坚持很多东西。

余　华：对。

闾丘露薇：但如果这些本钱没有了呢，我想这些本钱就是说，出版商是看重你的，你的名字是一个很好的商标，或者说它是个很好的有卖点的东西，那这些足以支撑你可以去坚持很多很多东西，你也去把握很多。但如果这些都没有了呢？

余　华：这次在写完《兄弟》以后，很多媒体采访时就会问说，你对你的名声是一个什么样的看法，他们始终问这个问题。其实我对这个问题已经是很麻木了，为什么很麻木了？我就开始发现，我不知道你是不是有这样的一种发现，就是一个人出名的感觉，一生只有一次，就是最早的那一次，以后就没了，哪怕你的名声不断在增长，也已经没有了。

余华说他对名气最有感觉的一次是在80年代末期，那时候刚开始有大量的约稿，这让他倍感骄傲和荣耀。

余　华：那一次是什么时候呢，就是前面说过我父亲说老是那个大信封扔进来，突然在 1987 年年底，1988 年年初，这一个多月里边，我收到了十多封文学刊物的约稿信，一个多月收了那么多的约稿信，以前都是我到处被人退稿，突然又变成那么多人来向我约稿了。然后我就把那些信全部去拿给我父亲看，我说我出名了呀。就从那以后，再也没有出名的感觉了。我发现，我后来问过很多人，他们都说，就只有最早的那一次，以后你就是一个非常缓慢的过程，你可能得到了越来越多的，比如说最早我的书可能也就印个几千本，印个几万本，现在是可能达到二三十万册，或者更多一点，就是类似这样的数字。所以我想它失去也会慢慢地，不会那么快，因为作家跟影星还是不一样，作家主动权是掌握在自己的手上的，这一点也跟媒体的记者一样，就是有什么新闻，你敏感到了你去捕捉，我是有什么题材了，我敏感到了我去写，最后是老了写不动了，你是老了跑不动了。

余华想等有一天他实在不能写东西的时候，就去湖边走走，池塘边看看，钓钓鱼。

余　华：像我这样写写随笔，晚年给自己再找一份工作做一做，不会有你说的那个情况出现的。

写作使我拥有了两个人生，现实的和虚构的，它们的关系就像是健康和疾病，当一个强大起来时，另一个必然会衰落下去。于是，当我现实的人生越来越贫乏之时，我虚构的人生已经异常丰富了。

——摘自《现实一种》序

闾丘露薇：你那篇没有完成的史诗般的长篇小说，能不能透露一下，这个史诗般的，它是写到我们从古到今，还是……

余　华：没有，就是一个世纪，从 20 世纪初一直写到 20 世纪末，就是写一个世纪。

闾丘露薇：一个中国……

余　　华：本来是想写……

闾丘露薇：它是写小人物，还是写一个……

余　　华：还是一个小镇子。在一个小镇上一个最牛的人物那也就是个小人物。

闾丘露薇：为什么你老是写小人物呢？

余　　华：因为我自己也是个小人物啊，对不对？我自己没有大人物的经历，所以
　　　　　写不了大人物，确实是这样的。你看萨达姆一写小说全是大人物，他有这
　　　　　样的经历。

闾丘露薇：但是问题是以前很多很著名的作家，就比方大仲马，小仲马，他有很多
　　　　　东西也不是他经历到的啊，但是他可以把一些大人物塑造出来。

余　　华：对，当然，我刚才也是一个借口而已，但其实我发现我喜欢写小人物，我
　　　　　不喜欢写大人物。

闾丘露薇：其实我是在想，你一直写小人物，其实我们每个人都是小人物。你说国
　　　　　家大事我们也控制不了，天灾人祸我们也控制不了，那别人问我的时候，我
　　　　　就说我能控制的可能是我的这份工作，我选择怎么样去工作。那对你来说，到
　　　　　现在为止，或者将来你觉得你能控制的，能把握的是什么呢？

余　　华：我觉得还是我的写作，就是一直写到我的身体越来越不行了。因为我知
　　　　　道，人的创造力是无限的，真是无穷无尽，但是人的寿命和他的身体状况
　　　　　确实影响着他，这也就是为什么我后来把随笔停下来，开始写小说。我觉
　　　　　得一个人应该合理地分配年龄，就是尤其是像你现在，我建议你还是多跑
　　　　　跑。等到你五十岁以后，你再开始干主持人，反正就坐着不动，所以呢就
　　　　　是在什么年龄做什么工作，这个自己必须要安排好。假如不安排好的话，
　　　　　将来就是晚年后悔，整天后悔。

闾丘露薇：你应该不会后悔了。

余　　华：我现在及时地调整过来了，我觉得我自己还能写十五年的长篇小说，所
　　　　　以我还有时间把失去的时间捞回来。

沈昌文 | 人生中的二十个字

沈昌文简介

　　1931年出生于宁波，1949年～1951年就读于上海私立民治新闻专科学校采访系，1951年进入人民出版社，先后任校对员、社长秘书、主任、副总编辑。从1980年起，进入《读书》杂志，1986年1月到1995年12月退休前任生活·读书·新知三联书店总经理并兼《读书》总主编，退休后亦一直活跃在出版界。

导语：前《读书》杂志主编，三联书店总经理沈昌文，七十多岁了，人称"沈公"。尊崇他的人说：他主编的《读书》杂志，曾是中国读书类杂志的范例，延续了一代人的精神追求和文化梦想。熟悉他的人说：他不知道有多迷人，女的迷他，连男的也迷他。而他形容自己是一个不良老年，背一个笔记本电脑，脖子上挂个U盘，骑一辆破旧永久，出入饭局，贩卖资源，以荤面素底为幽默，招摇过市，不亦乐乎。

在中国有着这样一份刊物：70年代末，它创刊之始就提出"读书无禁区"的理论，这在当时可谓振聋发聩。它聚集了一代一流知识分子被压抑的才学和能量，这就是《读书》杂志。

《读书》杂志曾经是当代中国知识分子表达声音的理想之地，它延续了一代人的精神追求和文化梦想。

在80年代它一直被认为是一本先锋杂志，是中国读书类杂志的典范。在刚刚经历了十年"文革"迎来了一个气象万千的春天之时，《读书》应运而生。

沈昌文就是这本杂志曾经十年的主编，三联书店总经理。

把一个思想评论杂志《读书》长期坚持下来，读者越来越多（从两三万到十三四万），靠的无非是认识到自己的局限和无能。

——沈昌文

许戈辉：您真正把自己的精力还有热情投入到自己的事业当中来，是不是应该从创办《读书》开始？

沈昌文：《读书》杂志是1979年4月创刊的。1980年5月份，上面把我调到《读书》杂志编辑部。

许戈辉：对了，您好像不是《读书》杂志最早的主编。您前面还有两任，就是还有两位比您资格更老的。

沈昌文：不止两位了，包括吴彬，都比我老。当然了，杂志是老前辈创办的，陈原，
　　　　陈翰伯，范用，是他们创办的。主要的执行编辑就两位，一位叫史枚，一
　　　　位叫冯亦代，他们年纪都大了，而且改革开放以后，他们变成名人了，他
　　　　们要做的事儿多了，于是要有一个人去主持日常工作。

　　《读书》的成功难以复制。那时候众多老知识分子和出版家为它塑造了一个独
特的风格。它刚刚问世，就站在了一个很高的起点上。

　　《读书》是由时任国家出版事业局局长的陈翰伯发起并扶持起来的。主持商务印
书馆的陈原担任主编，范用、倪子明、冯亦代、史枚任副主编，于光远、夏衍、黎澍
等十四人组成编委会。这些屡经沧桑的老人们是知识精英，也是理想主义者。他们当
中有的人编辑过30年代的《读书生活》，有的主持过40年代的《读书月刊》，大都有
着丰富的办刊经验。他们因每期杂志的选题、定位、文风等大小事情而聚在一起讨
论，有这些在中国文化界名噪一时人物的共同努力和扶持，这本杂志的定位与风格如
今就被确立了下来，那个年代越来越久远，这些老人中，陈翰伯、史枚、陈原、冯
亦代、吕叔湘、夏衍等几位已相继离世，而在《读书》的历史上，他们的名字永垂不朽。

许戈辉：这个中间是怎么样的一个背景？
沈昌文：当时都在破除禁区，当时已经提出科学无禁区，这个是上面认可的。当时
　　　　《读书》杂志第一期主稿的那篇文章的作者是当时中宣部的，很解放思想，
　　　　他写了"读书也要破除禁区"。你们没有经历过，当年是连《安娜·卡列
　　　　尼娜》都买不到啊，所以呢要破除禁区，让这些东西放出来。那么无禁区
　　　　是《读书》的一个编辑改的，据说改的就是那位史枚先生。史枚先生当时
　　　　任《读书》的副主编。那么和我有关系，就是到以后，做检讨都是我做的，
　　　　因为我（后来）主持工作了，上面批评了，做检讨，要一个党员去，那当
　　　　然是我了。我主持，所以我经常去挨批。
许戈辉：那做检讨，您做出什么经验来了？
沈昌文：我觉得当年做检讨，我是立了一功了。我承认我们有种种不对的地方，做

检讨必须要承认错误，可是不能承认自己有根本立场上的错误，只不过是
水平不高。

许戈辉：是不是因为您的为人，还有您的这个处事的方式，就团结了一大批知识分
子在您自己的周围？

沈昌文：对。

许戈辉：也团结在这个《读书》杂志的周围。

沈昌文：事实上很简单，连批评你的人，他也懂这些，是不是啊。尤其改革开放以
来，大家水平都有很大的提高，认识有很大的改变，所以都应该相信，是
吧。哎呀，我又要用政治语言，有这些信任，才有建设和谐社会的可能。
我又把不住要拍马屁，真是要命。

许戈辉：那您是哪一年真正担任主编的？

沈昌文：1986 年 1 月，我担任主编。

许戈辉：《读书》杂志的风格是从什么时候开始确立的，大家是怎么样一个思路把
这个风格确立起来？

沈昌文：应该说是一创刊就开始确立了。说实话，连我都不能适应，因为我是做政
治宣传出来的，我喜欢听话的。可是《读书》杂志一出来就有一种特别的
主张，这个主张连我都很惊讶，所以一到那里呢，我觉得我也是很长时间
不能适应，但是慢慢我能适应了。

　　40 年代，一些开明知识分子，提出了关于发展中国思想文化的主张，但他们在
当时并没有可能实现自己的理想。70 年代末《读书》创刊，重续了他们的主张，确
立了杂志的宗旨：以书为中心的思想评论刊物。创办思想评论刊物，需要勇气，更
需要智慧。能够把《读书》办得有声有色，成为一代人精神的引领，这其中沈昌文
功不可没。

沈昌文：我通过对《马克思主义史》的研究发现，我们当时批评卡尔考斯基、修正
主义、第二国际修正主义，列宁老用一个理论来批判他们，说他们是在资

本主义社会跪着造反。因为他们不敢反抗整个资本主义制度，讲了一点所谓第二国际的特征，就是讲了一点不同的话，自己认为造反，实际上是跪着造反，完全不触及整个资本主义制度，因此叫他们修正主义。

许戈辉：后来我看到您还专门在文章里写过，您是很提倡这个跪着造反的。

沈昌文：我觉得受了启发了啊，我觉得我们今天干吗不跪着造反呢。就是说，我不反对无产阶级专政，我不反对共产党，可是我有不同意见，我提出来了，那不就是跪着造反嘛。根据列宁所说，跪着造反就是维护这个制度嘛。

许戈辉：但是跪着造反，听起来，完全是有点两面派。

沈昌文：我想，我只能做两面派，我甚至欣赏这个两面派。我觉得这是一个对人生很好的解释，所以我就一针见血，我赞成你，我就是一个两面派。所以我心里得到平安了，别人再三说我，怎么说，我有一点没改变，就是我没反过党。我自己没什么想法，我支持有很好的意见的人发表这些主张，我觉得这个是应该说它是两面派或者一面派都可以。我觉得这样使得我的心灵得到安慰，这种安慰一直到我现在。

　　从 70 年代～90 年代之间，《读书》恰恰伴随了中国的改革开放和社会转型，沈昌文曾经担任了《读书》十年的主编。多年后，人们评价说，他主持的《读书》杂志，是启蒙时代最重要的知识分子思想阵地，是一代人精神上的营养。

沈昌文：我从编杂志的时候就深刻地感受到，你要相信读者比你聪明。我们的读者相当有智慧，我经常发表一个人家觉得很荒唐的意见，现在办报啊，最有意思了，你到不可讲的时候，你用一个什么办法，你讲德国的经验，你讲欧洲的经验，你讲这个秦王朝的经验，你讲什么，然后大家得到启发，哦，于是觉得有改革现实的必要。

　　每个月 25 日，是 Service day，即读者服务日。和读者的交流探讨，是沈昌文在 80 年代最大的娱乐活动。他创办《读书》杂志读书服务日，并提出"没主题、没主持、没开始、没结束"四个服务日口号。

许戈辉：所以我相信在《读书》的十年，应该是您觉得最带劲的十年，是不是？

沈昌文：所以我最高兴的是什么呢，在我编《读书》的时候，我从哪里得到力量的呢？是读者来信，我现在还保存着很多读者来信。

许戈辉：是吗？

沈昌文：我讲了一个拐弯曲折的话，不是我讲的，或者多半是作者讲的，拐弯曲折的话。远在千里以外的一个县城的中学老师，给你寄来一封信，表示会心，表示懂了，啊，I see。哦，我看了多高兴啊，所以这就是力量，这是给你一种信心，给你一种力量。我们这些做传媒的就靠这些，对不对。

　　所以我们《读书》杂志后来就是，不参加任何评奖，我觉得我已经有最好的奖了，我干吗去参加评奖？评奖麻烦。比如说我告诉你有一条《读书》是评不上奖的，因为《读书》不用阿拉伯数字，都用汉字。

许戈辉：这个也是评奖的标准吗？

沈昌文：哎，那当然了，国家规定用阿拉伯数字呀。直到现在，还是我们的印刷出版物的一条重要的标准啊，必须要用阿拉伯数字的。

许戈辉：哎，但是这个是小节呀，在这样的细节上面，小事上面，你为什么那么执拗呢，你反倒很倔了？

沈昌文：那当然了。

许戈辉：你为什么不耍一点阴谋啦？

沈昌文：损失很小嘛，最多是评不上奖嘛。评不上奖，而我本来就不想去评这个奖嘛。我有那么多读者的来信，而且当然还有一个很重要的奖了，我的印数，每个月都上去。我接手的时候是两万，我移交的工作的时候是十三万。

许戈辉：今天的三联书店，和以前的这个结构布局什么的一样吗？

沈昌文：嗯，基本上一样，基本上一样。

许戈辉：当年是请了一位法国的设计师来设计。

沈昌文：对，这里都是学术的书。

　　沈昌文的家很小，二十几平方米的两间屋，他的书房几乎摆不开我们的摄像机。就是在这样的环境中，沈昌文开创了《读书》杂志的辉煌年代。他推崇的外行办杂志的理念影响深远，而他却说把一个思想评论杂志长期坚持下来，读者越来越多，靠得无非是认识到自己的局限和无能。

许戈辉：那您为什么主张应该由外行来当编辑啊？

沈昌文：不是主张由外行。什么叫专家，专家就是对某一件事情特别内行，因此对别的事情必然外行，你说一个事可能样样事情都内行吗，不可能的。这个谁说过这话，我引不出话来了，越是专家越傻帽……

许戈辉：这一定是您说的，这不像别人说的？您又想推卸责任。

沈昌文：可是编辑呢样样都要接触的呀，是吧。你说我是历史编辑，你今天编的是宋史，你也许下个月变了明史了，明史你懂吗？中国史也许你都懂，而哪有一个出版社保证不编外国史呢，对不对。因此我提出一个当编辑的呀，要有基本上的掌握材料的本领，特别是要懂得，我用了一个时髦的词，敬畏作者。最近敬畏两个字老提，敬重的敬啊，害怕的畏。因为作者是专家呀，他一辈子是搞宋史的，他可以说对明史不懂，他可以说对外国史不懂，他就是搞宋史。你对他必须要敬畏。那我呢，说我去指挥他怎么可能。

知道分子是沈昌文欣赏的一个词，他在一篇文章中写道："说这个人不是知识分子而是知道分子，我觉得真是说我了。"而他这个知道分子对知识分子的敬畏，也用他自己的方式来表达。

许戈辉：但事实上作者是很敬畏你们的嘛，因为觉得生杀大权在你们手里嘛。

沈昌文：所以我觉得，我现在联系作者也这样，还保持这个习惯，我要跟哪一个作者联系了以后，我头天必须看看Google，或者谁谁谁，以便他明天说的话我能理解呀，对不对。这个作者最冒火的是什么呢，他跟你说了半天学问，你没听懂，你给他做了一个傻帽的回答，那是这个作者最冒火的。你讲的话，你能听懂，不但表示 Yes 或者 No，而且许戈辉一讲这个主张的时候就说，哎呀，许小姐，我知道你去年2月28号那篇文章里边就讲到过。许戈辉一听了，高兴，这个沈昌文真是值得可交啊，咱们是老朋友了，对不对？

许戈辉：我也基本上明白了，就是用您特别喜欢说的一句比较时髦的词啊，就是一个编辑呢，他不需要是一个很专很专的知识分子，他只需要是知道分子就可以了。好像您就总强调说，我不是知识分子，我是一个知道分子。

这是一个好玩的人，而他经历的，是一个并不好玩的年代。1931年，父亲去世的时候，祖母和母亲收拾了细软，祖母抱着姐姐，母亲抱着三岁的沈昌文，连夜出逃，从此在上海飘摇不定。

沈昌文的父亲是一个旧式家庭的没落子弟。由于吸食鸦片，在沈昌文三岁时父亲就去世了。童年的生活很艰辛，沈昌文做过佣人伺候过有钱的人打牌，为交学费给资本家做过假账，在首饰店里当过学徒，做过摄影师，专门在影楼里为模特拍照……二十岁以前的生活俨然是上海的一个"小瘪三"。

许戈辉：我听说您小时候还做过银匠呢，在银铺里面做过。

沈昌文：我是很苦的，我的父亲据说有钱，我也不知道，据说我的家族有钱。从我
　　　　记忆开始我家就是穷的，因为我父亲是抽大烟的。我才知道大烟为什么在
　　　　当时的上海泛滥。据我祖母讲是当时的有钱人家要让孩子抽了大烟，这个
　　　　孩子才会不变坏。所以我用一句语言现在叫做，学音乐的孩子不变坏。在
　　　　当时是抽鸦片的孩子不变坏。

许戈辉：为什么呢？怎么会呢？

沈昌文：我祖母跟我讲的非常有道理。因为我们的家产如果很多的话，孩子只有嫖
　　　　跟赌才能把家产败掉。那么抽了鸦片，不嫖，不赌了，他的生活没有这方
　　　　面的追求了。我父亲就是不嫖，不赌，可是家产也没了。我想用现在的语
　　　　言讲就是，因为家产还需要管理了。

　　　沈昌文的朋友这样评价他，貌似嬉皮笑脸，但内藏诚恳；确乎玩世不恭，可其
实行端坐正，谨严不苟。他的"雅皮风致"与"慧眼人心"其实互为表里，相互牵
动。沈昌文在文人圈里颇有人缘，他那外圆内方的处世方式为他赢得了推崇，而这
一切都源自于他从小在上海底层的生活。

沈昌文：回来到上海，我就不叫沈昌文了，我就不姓沈了，我姓王了，所以我有很

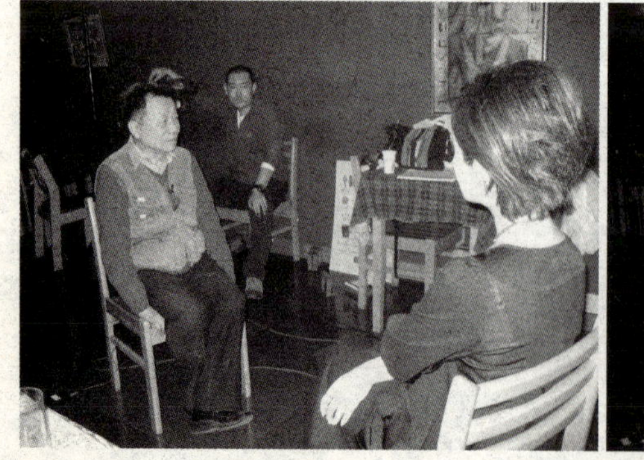

长时间叫王昌文。我原来叫沈锦文，锦绣河山的锦，那么以后呢改成王昌文，可以说我是上海最穷的人。我住的房子，你们大概难以想象，上海叫棚户，那些房子全是临时建筑的，全是木板钉上的。所以我就记得我最大的乐趣就是通过木板看街上那些木板不钉上的房子。

许戈辉：那就是木板还有缝，是吗？

沈昌文：有缝嘛，一两年以后木板就有缝了嘛，我就一边做功课，一边看街上，那有乐趣得很。祖母经常的家教就是，我母亲也是这样的，就是说必须跟好人家的孩子打交道。我比周围的工人还穷，可是家里不许我跟工人子弟打交道。所以我参加工作以后，当年我要经常自我检查、自我批判。我自我批判的内容就是说，我看不起工人阶级的孩子。可是现在，真糟糕，我现在发觉我的思想有点回潮，老觉得好像这样还给我一条出路。许戈辉呀，你发现我会有很多缺点，可是有一条优点你以后会牢记不忘的，就是无论在哪一个场合跟你打交道，我嘴巴里很少有脏词。那就是孩子们从小训练，上海的孩子这样，北京孩子这样，动不动，不论高兴不高兴，都要用一个脏词，伟大的词呀，操操操，这个词我没有，家里禁止我讲。

许戈辉：哦，你真的就学过那些做首饰的一些具体的工序，是吧？

沈昌文：对，我不是做得很好。为什么不是做得很好呢，因为后来我上过初二。初二居然上过一个月，是最大的知识分子，所以我不久就表现了这个才能。

许戈辉：怎么表现法呢？在银楼里边有什么表现的地方呢？

沈昌文：那很多了，我待会告诉你。接着就很快地叫我管账了，叫我学习管账，而且等于是做秘书。我给老板写信，那么我有多方面的才华，不得了啊，才华横溢呀。

许戈辉：嗯，那时候你自己也是这么认为吗，觉得自己才华横溢？

沈昌文：我的才能就是说，首先 I can speak English。啊，我这个 English 到什么程度呢，我从 one 能讲到 eleven，twelve 我还不认得，可以 eleven and one。1945 年 3 月 24 日开始做学徒，1945 年 9 月抗战胜利了，很多美国兵到了上海，上海有一种妓女是专门接待他们的，当时就是我们叫做咸水妹，就

　　　　是英文当时翻成咸水妹。咸水，因为水兵，咸的水。那些咸水妹老是敲美
　　　　国兵的竹杠，要买首饰到我们这来呀，有些要想办法做成功这个买卖。

许戈辉：这简直就像你们的托儿一样。

沈昌文：我的那些师兄弟都不大敢跟他们接触，我很小，年龄小，可是我敢接触。

许戈辉：所以这个时候你的才华就显示出来了。

沈昌文：我有才华，而且我很滑头的。我去跟人家请教，看见美国兵怎么说呢，他
　　　　们告诉我怎么说，后来我一说这个美国兵都愿意到我这买东西。

许戈辉：你怎么讲的？

沈昌文：（英文）你叫美国兵，叫他们总统的名字。哦，这美国兵高兴死了，对不
　　　　对呢，我叫他罗斯福先生，杜鲁门先生，所以这买卖就肯定能成功了，是
　　　　不是啦。所以看见高鼻子，远远就叫，美国兵就过来了，这种都是取巧的
　　　　办法了。

　　刚刚解放时，沈昌文抱着找一份工作养活自己的打算，报考了三联书店，不曾
想却因学历低吃了闭门羹。命运阴差阳错，三十多年后的1986年，他成为三联书店
的总经理。

许戈辉：那你如果要是他很得意的一个学徒，门生的话，那个老板有没有想过说把
　　　　女儿嫁给你呀这一类的事？

沈昌文：你怎么知道的？实实在在要把他女儿嫁给我。

许戈辉：还真的有这么回事，是吗？

沈昌文：到了1951年3月，六年以后，当我要离开的时候，他说我想把女儿嫁给你。

许戈辉：这是艳福啊，那你以后就应该是这个银楼的老板了。

沈昌文：1951年，银楼还有老板吗。我的天啊，如果有老板我大概就娶了吧，当年
　　　　我是一心向往革命。1949年北京解放了，这儿叫西总布胡同29号，这儿
　　　　的一些楼过去就是三联书店。后面那个楼过去也是个平房，很有名的，叫
　　　　韬奋图书馆，现在没有了，是用邹韬奋先生命名的一个图书馆。我1951年

　　3 月到北京的时候，这里还都是办公室。

许戈辉：然后呢？

沈昌文：到了 1951 年 8 月，三联书店就归并到人民出版社，这个地方就改成住家
　　　　了。到了 1966 年改成楼房了，就搬进来了，我就住在这儿。

　　1986 年，沈昌文担任了《读书》杂志的主编。而在这之前，他已经在出版界
度过了半生。1951 年 3 月，沈昌文考入人民出版社做校对。1951 年 8 月，人民出
版社和三联书店合并。到 1954 年，因为出版了《苏联出版物的成本核算》一书，他
从校对提拔为编辑，并开始担任社领导的秘书。从一名校对到社领导的秘书，为了
保全来之不易的位置，沈昌文注定要在 1957 年后开始的历次政治运动中，遭受心
灵的煎熬。

沈昌文：我后来地位越来越高了，我当上领导的秘书了。在单位里边，我的级别很
　　　　高了，行政十七级，工资九十九块，我刚参加工作的时候是二十八块，没
　　　　多少年后，就是九十九块了，这在当年的科员里边算很高的了。可是马上
　　　　也来了各种各样的斗争。

许戈辉：在那个年代，是不是您自己心里也会像大多数人一样，经历过那种苦恼啊，
　　　　斗争啊，诚惶诚恐啊，从这样起伏动荡中过来？

沈昌文：是，是。我从小是主张委曲求全的。因为我是苦出身嘛，所以我很能够委
　　　　曲求全，所以我在这方面比较能够适应。我即使当了社领导的秘书，我还
　　　　是很安分守己的。

许戈辉：没有飞扬跋扈？

沈昌文：没有，没有，完全没有。最多就是地位改变了，开始初恋，如此而已。

许戈辉：初恋的对象是现在的夫人吗？

沈昌文：不是，初恋对象已经死了。当年她也是做校对，可是她喜欢美术，后来她
　　　　去做美术了，学习做美术、设计封面等等。

　　20世纪50年代，沈昌文和那个年代的青年人一样，对俄国小说和歌曲甚为迷恋。屠格涅夫的《初恋》《贵族之家》的中文本和原文本，他都读过多遍，也因此而欣赏俄罗斯奇特的爱情观。这种对爱情的浪漫幻想，他在当了社长秘书后，有过一段和社里的一位胡姓女士的恋情。

许戈辉：虽说是初恋，但是我刚才听您一讲，觉得好像在男女方面，您已经蛮有理论经验了嘛。

沈昌文：那当然了，我可以告诉你我更有经验的地方。上海当年出版了一些小说，是讲唐诗的，它把每一首唐诗都做性的解释。最早是看了这个，我才知道唐诗的。唐诗里边说一个山，它给你的解释就不是山，而是指女士身上的某一个部分啊。这是上海的恶劣，我首先受到的是低级的教育啊。现在我不得不老实交代，我不像个高雅的知识分子，我是从非常低俗的那个地方出来的。

许戈辉：那我问您，在您初恋的年代，您头脑里的这些花花思想，会不会把初恋的对象吓一大跳？

沈昌文：没有。因为我要说实话，我要向上爬的，我不甘心，我要求进步。而那位小姐呢，学艺术的，她不主张求进步。到了1957年，我们产生了很大的矛盾。我当年其实是跟右派沆瀣一气的，可是等到反右斗争来了，我立刻要改变了，我要去斗争右派了，她觉得我不能这样。我记得非常清楚，她跟我用爱情的语言讲了一句话，她说，当我看到你在批判右派的时候发言啊，我觉得你丑陋极了。两个人不大一致，可是倒没分手，还是很好。可是她越来越不能适应那个现实了，以至于得病，以至于后来死了，就这样，1959年死了。

许戈辉：那你自己回过头来去看自己在反右时候的所作所为，你自己觉得自己丑陋极了吗，那个时候？

沈昌文：是相当丑陋，因为，总之是适应潮流，改变自己的主张，那当然不应该了。

许戈辉：那种改变是很积极主动的，还是违心的呢？

三联韬奋图书中心
本店已消毒

沈昌文：有积极主动的一面，可是违心占了很大的成分。

许戈辉：那违心的目的是什么呢，是为了生存，还是为了保存自我。

沈昌文：为了生存，对，对，对，这以后我经历的政治斗争越来越多，越来越发现这个问题，当然，我想出一些办法来适应。不是说人生需要一种解释嘛，我不断地解释，当然从解释中间，我也取得了某种安慰，可是毕竟还是一个很大的苦恼。

许戈辉：我想知道你在这些历次的政治运动中，又是怎么样去解释自己的。因为人在特定的历史环境下，往往为了保全自我，有可能就要伤害到别人，在这两者当中，你怎么去解释的，怎么去找这种权宜之计。

沈昌文：特别是"文化大革命"，你知道当秘书就要揭发走资派，这走资派还是过去提拔你的，这个时候心里的矛盾当然是非常尖锐。比如说，我不是当了领导的秘书嘛，领导中间有一个副手是陈原先生，他是语言学家，跟我非常好，我们非常谈得来，他很注意提拔我，关心我等等。那么我也揭发他，我说他居然在家里请我吃饭，吃饭的时候，要我多读书，这个是用资产阶级思想腐蚀我，对不对啊。用当时的语言，就是用资产阶级思想来毒害我们的知识青年，这是狼子野心，昭然若揭呀。于是这一张大字报出去，又好像勉强把我的立场站稳了。就是这样的违心活动，在我们当年是非做不可的，而我还做了不少，这是我抱憾的地方。当然这样我就生存下来了，这是那个年代没办法的事情。但我不能用没办法来掩饰自己的不是，那应该说，也的的确确是一个大环境。我至今对你们年轻朋友，可以说是一个劝告了：别觉得委屈呀，你们真是生活在一个太好的时候了。只有一个时候是最糟糕的，"文革"的时候。那时候你任何话也不能讲，你讲什么都是打倒许戈辉。

许戈辉：您现在还经常来这边（指三联书店）吗？

沈昌文：来呀，我必须到这儿来了解最新的动向。

许戈辉：你觉得感动不感动？

沈昌文：最虔诚的读者全坐在这儿。这里也是我经常来的，想了解了解文学书的最新的情况。当然里边还有点小小的私心，比如说，我的这本书销得怎么样。《阁楼人语》就是在《读书》时写的。

　　1996年，沈昌文离开了《读书》杂志。他把自己当主编时写就的《编后絮语》收集成册，纪念自己在《读书》的十年时光。

　　《阁楼人语》是沈昌文一生编辑生涯中的思想的集锦，同时也是对主持《读书》工作多年的回忆。

　　他谦虚地说："在阁楼里可以做的大事，中外通例。我辈阁楼中人绝不可自怨自艾，更不必自轻自贱，要时刻想到，阁楼外面有那么多眼睛望着自己，彼此相睇，心灵相通，由是之故，以后把自己写的鸡零狗碎统叫《阁楼人语》。"

　　"我非常欣赏现在一个词，说这个人不是知识分子，是知道分子，我觉得真是说我了，我倒是都知道，可我不是知识分子。"

——沈昌文

许戈辉：《读书》杂志给您留下这么多让您想起来还很得意的记忆。那当您离开的时候，您觉得失落吗？我记得您当时离开的时候，还有一些争议了？

沈昌文：我跟你说实话，下面的话又是非常糟糕的了，可是我必须直说。在当年的情况之下，当国营企业的领导，如果不贪污，这损失太大了，对不对；而贪污，我的胆量不够，所以我愿意离开。不管外面的舆论界怎么说，对我个人来说是愿意离开。所以当年倒并不是很委屈，如果委屈也无非是说对某个工作的评价等等，这个无所谓。也可以有另外一个说法即使碰到委屈，我这个人也可以找到一个解释，使它变成不委屈，然后变成幸福，所以我很快找到了我的幸福，这个幸福一直延续到现在。

　　在我们和沈公约定拍摄日期的时候，他特意嘱咐我们说当日中午他有一个饭局，是和老朋友的定期聚会，而且还是轮到他做东，所以采访时间要定在饭局之后。

许戈辉：我知道您到这儿来接受我这个采访前，就去吃喝玩乐了，至少是去吃了，和一帮老朋友。吃得还好吗？

沈昌文：吃得挺好，我们几个老人家，在老人家面前，我小孩了，我才七十四岁，他们都，最大的九十二岁了，不过呢，我们还是经常要聚面的。

许戈辉：我是听到您周围，认识您的不少人说过呀，说沈公是一个很有魅力的人，很迷人，不但女人迷他，连男人也迷他呀。您觉得您这个魅力到底是什么，您自己怎么给它定义，你这个迷人是怎么迷法的。

沈昌文：无非是，因为我没学问，我也没专长，我是杂学，所以我很注意看各种各样的东西，要了解了解。现在的年纪老了，智力衰退了，按我过去的习惯，我跟许小姐见面，我先得把许小姐有关的书看看，或者怎么样，然后我谈的时候，我有意无意地说了一句，哦，许小姐一听，这人不简单，还看了我的书籍。我昨晚上才看，这个没有什么的，这不过是我们文化商人的那些绝招。

许戈辉：您要是再说没学问，谁还敢说（自己）有学问啊。

沈昌文：哪里，哪里。另外一个，我可以显得比过去更有学问，我昨儿没做这个工作，我现在知道查Google，查百度，我查了以后，人家一讲，更不得了了，这个家伙，什么什么都知道。

许戈辉：哦，您上网的，是吧？

沈昌文：其实我刚在 Google 看来的，对对对。

许戈辉：我听说您那个脖子上还经常弄个 U 盘挂着。现在 U 盘在哪呢？

沈昌文：U 盘在这呢。我有两个 U 盘，我必须要，经常用的。

许戈辉：这里边都储藏了一些什么啊？

沈昌文：储藏了我当天需要的各种小信息呀。我早晨三点钟就起来上网了，上网了然后把我的有关的资料放在里边。

许戈辉：不过如果要是早上三点钟就开始的话，那您晚上还经常和"狐朋狗友"吃喝玩乐？

沈昌文：哎，那也可以，所以现在我随时随地都可以睡觉，而且跟别的事情一样，不要计较效果，就能最好地睡着。

许戈辉：随时随地都能睡着的人，是特别幸福的人。

沈昌文：哎，对。我想这至少有一个前提呢，就是说他心里没有什么烦恼，思想上没什么压力。要解释，一定有烦恼，有各种，可是你把烦恼解释掉了。所以我是老跟年轻朋友说，人生就是一种解释，你把它解释了，你就痛快了。

许戈辉：这个解释就是意味着化解。

沈昌文：哎，化解，对。

许戈辉：释怀，是吧？

沈昌文：我们宁波人从小，家长就教我们解释了，只是我当时没接受。宁波人有一种解释叫……除死无大事，讨饭的永不穷。就是除了死就没有更大的事了，因此呢，你即使要饭，你也不会觉得穷，因为你还活着，是不是？这不就是60年代的时候，我们党批评的"活命哲学"嘛。

许戈辉：嗯，是啊，听上去好像一点追求都没有了。

沈昌文：一点追求都没有。用这个来解释的话，就是即使你今天丢了钱包，丢了里面两千五百块钱，哎，一想，我命还在呢，是不是，这两千五百块我再想办法跟许戈辉商量，怎么去赚它三千块等等的。

许戈辉：出卖点情报给我。

人称"沈公"的沈昌文已迈入古稀之年，却前卫且是个万人迷。不但是下至十几岁的小女孩上至七十多岁他的同龄人都被他倾倒，他还拥有许多男性"fans"。沈公喜欢听邓丽君的歌，喜欢吃最好的馆子，喜欢泡最时尚的咖啡馆，喜欢上网冲浪。他的想法活跃，才思敏捷，笔记本电脑、U盘、MP3，眼下最时髦的电子产品他一个都不少。他则笑谈自己是"不良老年"。

沈昌文：你听说过二十个字没有？

许戈辉：我听说过您的八个字，二十个字都有什么？

沈昌文：嗯，二十个字都是不正经的。就二十个字的实质来说，是完全符合党员的
　　　　先进性的，可是就形式来说，是完全不符合的。

许戈辉：您说说看，我能想到"吃喝玩乐"，好像四个字，四个字已经概括了人生
　　　　的很多？

沈昌文：第二"谈情说爱"。我每天都跟文化人交往啊。必须真情真爱，不能虚情
　　　　假意的，所以要谈情说爱。然后，这下面是四个字更差劲儿了，要"贪污
　　　　盗窃"，真情真爱的目的是要贪污盗窃。

许戈辉：我想起来了，您曾经强调过这个"窃"是"偷"的概念。

沈昌文：哎，对。

许戈辉：就是要从别人那窃取知识啊，文化啊这些。

沈昌文：对，对，对。盗窃有形资产是不行的了，即使我从许戈辉口袋里掏两毛钱
　　　　出来也是犯罪的，可是可以盗窃无形资产，是吧。我可以问，哎呀，许小
　　　　姐啊，你最近读什么书啊？许小姐说，哎呀，我昨天晚上看了一本书，感
　　　　动极了。我立刻要问什么书，感动在哪里，就等于把你的无形资产给盗窃
　　　　过来了。

　　　退休后的沈昌文最大的乐趣，就是定期和老朋友的聚会。
　　　整整五十年的出版工作经验，令他退休后并未真正离开事业的舞台颐养天年。
　　　杨绛先生的《我们仨》是沈昌文退休后编的第一本书，并成为当年的畅销书，
卖到七十多万册。
　　　他又将台湾的《蔡志忠漫画》《朱德庸漫画》和《几米绘本》推荐到内地出版。
他笑言这是把干出版几十年的经验和资源再次整合"出卖"。

许戈辉：您原来在出版社工作，又做过《读书》杂志的主编，您这整个一个"监守
　　　　自盗"，有着很多很多优越的条件去盗。

沈昌文：所以我必须要跟有知识的人交往，要听他们讲，然后贪污盗窃完了嘛，就
　　　　要"出卖情报"了。因为我知道了这些知识，我的目的还是要出售啊，我

　　　　是商人呐。我海内外的朋友特别多，比如说外省的出版社到了北京，要找
　　　　王蒙组个稿子，怎么办呢？那我说，哎呀，我怎么告诉你呢，明天晚上在
　　　　什么饭馆见吧，那等于出卖了，是吧。他请我吃饭，我就告诉他王蒙家里
　　　　电话怎么打。不过这个情报出卖得好像价格也不太高，一顿饭就给打发了。

许戈辉：我是在不同的地方看您强调过这二十个字的不同的侧面。那咱们总结起来
　　　　来看一看啊，有吃喝玩乐，有谈情说爱，有贪污盗窃，有出卖情报，整个
　　　　就是一个罪大恶极，十恶不赦的形象。那么刚才您跟我说的二十个字，您
　　　　的人生哲学和这个生活内容中的二十个字，还差最后的四个字是什么？

沈昌文：我现在就是老年，老年痴呆症。我刚想出来了，四个字，"坐以待毙"。因
　　　　为刚才我讲了这十六个字，这十六个字都是共产党员不允许的了，因此你
　　　　必定完蛋，叫坐以待毙。那么我不想完蛋怎么办呢，我只好把这个毙改了
　　　　一下，改成人民币的币。因此我把请客吃饭的单据寄到凤凰电视台，然后
　　　　许戈辉呢把人民币给我寄来，我就在家里等许戈辉把人民币寄来叫"坐以
　　　　待币"。

许戈辉：所以用一句时髦的词，您现在这个生活方式越来越和国际接轨了，越来越
　　　　国际化了，所以也可以扩展到海外，坐以待币。

沈昌文：可是我不能接受这种事情。如果许戈辉和我讲完话了以后，钱包里塞给我
　　　　两千块钱，这个不能接受，我必须把单据给你。我跟你言明在先，我看你
　　　　好像又要给我塞两千块钱的意图了。

许戈辉：我们还是请您去吃喝玩乐吧，谈情说爱是不敢了。我听说您特别了解北京
　　　　的吃喝的好去处，还有一个掌中宝，专门记什么什么地方，什么什么好吃。
　　　　您现在口味，喜欢吃什么？

沈昌文：我是主张，跟文化人，跟思想工作者，或者思想家要搞好关系，我没别的
　　　　手段，只有一条——吃。因此我要到哪里去吃，重要的是要了解他们喜欢
　　　　吃什么。比如说吧，有些很有身份地位很高的人，前不久有些（人），特
　　　　别是海外，台湾来的，什么饭馆都吃过，对不对，我就不会请他到三联书
　　　　店的咖啡馆，出去啊我也不请他到咖啡馆旁边的两家饭馆去。我去老字

号，最便宜，大概三十块钱一个人就可以了，还可以吃北京最地道的豆汁
啊什么啦。人家什么大饭馆都去过，所以我要有点小阴谋在里边。更多的
是概括一句话，我之所以喜欢吃饭，是为了取悦对方，包括取悦许戈辉小
姐。就这样，取悦。

许戈辉：正是这个取悦非常有学问，我发现这个贯穿您的一生，就是用最低的成本
追求最高层面上的享受。

沈昌文：对，对，对，而且事先要调查，了解，是为 edit（编辑）。这跟做菜像极
了，做菜无非把各种东西拼在一起嘛，edit 也是这种事情，所以 edit 就是
cooking（烹饪），或者 cooking 就是 edit。我在这中间又得到乐趣，那今
天中午比如说我搭配这个，那个，我一定要像一个 cooking 来搭配，什么
是头条的文章，什么是压轴的。我们今天中午，我访问了（那家饭店），我
已经去研究过了，有一种笋，把那个笋啊不剥皮就煮了，然后加各种佐料，
让你当场吃的时候剥皮，哎哟，吃得那些老头、老太太高兴死了，就是诸
如此类，所以这对我来说最主要的一种交际手段。

许戈辉：如果我要是让您用最简洁的词语来概括您自己，您会怎么说？

沈昌文：做无聊的事来度过这个有涯的人生，就是这样。

图书在版编目（CIP）数据

对话文化名人：名人面对面／凤凰卫视《名人面对面》栏目编.—北京：中国友谊出版公司，2007.8

（友谊凤凰丛书）

ISBN 978-7-5057-2336-8

Ⅰ.对…　Ⅱ.凤…　Ⅲ.文化－名人－生平事迹－世界　Ⅳ.K815.4

中国版本图书馆 CIP 数据核字（2007）第 087479 号

书名	对话文化名人
作者	凤凰卫视《名人面对面》栏目组
出版	中国友谊出版公司
发行	中国友谊出版公司
经销	新华书店
印刷	三河市尚艺印装有限公司
规格	710 × 1020 毫米　　16 开
	18.75 印张　　　280 千字
版次	2007 年 7 月第 1 版
印次	2007 年 7 月第 1 次印刷
书号	ISBN 978-7-5057-2336-8
定价	28.00 元
地址	北京市朝阳区西坝河南里 17 号楼
邮编	100028
电话	(010) 64668676